Berndt W. Wessling

Franz Liszt – ein virtuoses Leben

Berndt W. Wessling

Franz Liszt –

ein virtuoses Leben

R. Piper & Co. Verlag
München Zürich

ISBN 3-492-02019-4

Gesetzt aus der Linotype-Janson
Gesamtherstellung: H. Mühlberger, Augsburg
Printed in Germany

Für Gertrud Wehl-Rosenfeld

Inhalt

Vorwort 9
»Von dieser Musik wird die Zukunft erfüllt sein!« 23
Im Zeichen des Kometen 30
Beethovens Weihekuß 51
»Von den Frauen droht dir Gefahr!« 59
Der Hexenmeister 70
Berlioz und Chopin 80
Marie 88
Thalberg wird besiegt 99
Hilfe für Ungarn 111
Der Virtuose assoluto 124
Frauenlob 143
Carolyne von Sayn-Wittgenstein 157
»Weimar, mein Hort und Wähnen...!« 164
Richard Wagner – das »schädelspaltende« Genie .. 180
Der Neudeutsche 195
Sardanapal 215
Der Abbé 227
Römische Elegie 236
Olga Janina 241
»... und will nun wirken für den Leib der Kirche« 246
Die Wasserspiele der Villa d'Este 258
Die Hofgärtnerei 265
Der Torhüter 275
Via Crucis 282
Zeittafel 295
Die Werke Franz Liszts 297

Diskographie 303
Die wichtigsten Schüler Franz Liszts 305
Quellen 307
Personenregister 310

»Sind nicht genügend Stärken in dem tumultuösen, siedenden, ungeheuren und großartigen Chaos musikalischer Materie, aus dem mehrere Generationen berühmter Komponisten schöpften?« (Maurice Ravel, 1912)

Vorwort

Wenn es nach dem berühmten Medium Rosemary Brown ginge, wünschte sich Franz Liszt heute eine Biographie, die »all das Vordergründig-Menschliche« unberücksichtigt ließe. Die Hellseherin des Toting Bec Common in Großbritannien, der angeblich diverse Meister der Tonkunst aus dem Jenseits neue Kompositionen in die Feder diktieren, hat ihren »Lieblings-Musensohn« mehrfach befragt, wie er sich seine Vita vorstelle. »Weg von der Legende!« soll der Meister gesagt haben. »Weg von den Produkten romantischer Fantasterei!«

Man kann zu dem Phänomen Rosemary Brown stehen wie man will: Daß ihr Enthüllungen über das Schaffen und das Privatleben des Komponisten geglückt sind, die uns viele Zusammenhänge verdeutlicht haben, steht außer Zweifel. Über Rosemary Brown kam der Hinweis, daß sich in Chicago die handschriftlichen Aufzeichnungen der Liszt-Schülerin Ida Bloch befänden, denen »ein Höchstmaß an Objektivität« beizumessen sei. Diese Aufzeichnungen haben in der vorliegenden Biographie weitgehend Berücksichtigung gefunden. Frau Brown erklärte, der Meister habe ihr mitgeteilt, daß im Nohlschen Werkverzeichnis sechs Titel falsch angegeben, zwölf überhaupt nicht erwähnt und mehrere unvollständig aufgeführt seien. Eine entsprechende Überprüfung bestätigte, daß die Geisterseherin recht hatte.

Natürlich »hörte« Frau Brown auch Dubioses: Warum sich gerade die Stücke so großer Beliebtheit erfreuten, die man landläufig als Salon-Musik zu bezeichnen pflege . . .?, fragte sie Liszt. Und aus dem Jenseits kam die Antwort: »Ich habe die Pop-Music vorausgeahnt, die bald die beherrschende Musik der Welt sein wird. Meine beliebtesten Stücke bauen eine Brücke zu dieser Art von Musik!« Auch soll Liszt gesagt haben, daß er den Jazz »in vielen Grundelementen« vorweggenommen hätte. Es wäre für ihn jedoch ein zu großes Wagnis gewesen, sich in dieser musikalischen Form »näher zu präsentieren«, da die Gesellschaft seiner Zeit kein Verständnis für solche »Expressionen« aufgebracht und ihn garantiert in eine Nervenheilanstalt eingewiesen hätte.

Franz Liszts Musik unterliegt noch immer einer bemerkenswert konträren Beurteilung. Die einen empfinden sie als gefühlsarm, trivial, nur-virtuos; die anderen sprechen von Tiefe der Gedanken und Empfindungen oder wie einst Hugo Wolf von dem »Unvergleichlichen Schönheitssinn für musikalische Formen«. Die französischen »Väter der Moderne« (mit Ausnahme Ravels und Darius Milhauds) trugen wesentlich dazu bei, Liszts Musikschöpfungen abzuwerten.

Busoni hat 1912 in einem Essay in der »Vossischen Zeitung« (Weihnachtsausgabe) Urteile namhafter Komponisten über Franz Liszt veröffentlicht. Richard Eichenauer sammelte ebenfalls Meinungen über Liszt (»Angriffe und Vermächtnisse eines Komponisten deutscher Zunge«), die er 1942 in »Die Musik« kommentierte.

In »Time« erschien 1961 ein Artikel von Arthur Collins über Liszt, in dem er Schönberg, Gershwin und Griffes zitierte. Die folgenden Auszüge stammen aus den drei erwähnten Untersuchungen:

Gabriel Fauré: »Nachdem dieser impertinente deutsch-ungarische Eroberer Jahrzehnte hindurch die Atmosphäre unserer Musiksäle vergiftete – wie kurz zuvor Meyerbeer die der Pariser Opernhäuser –, ist es an der Zeit, mit seinen musikalischen Schmachtereien kurzen Prozeß zu machen. Man sollte Lisztsche Musik für ganz Frankreich und die übrige Welt verbieten, damit sich das Publikum endlich von diesem Dunst reinigen kann und wieder lernt, was Musik im ureigensten Sinn ist ...«

Was mag Claude Debussy getrieben haben, vom Lisztianer zum ausgesprochenen Anti-Lisztianer zu werden? In den letzten Jahren seines Lebens warf der Impressionist gerade dem Komponisten, dem er die meisten und wesentlichsten Anregungen verdankte, vor, er sei »der größte Scharlatan des 19. Jahrhunderts« gewesen.

Debussy: »Ein musikalischer Voyeur, der die Salons in aller Welt mit seinem Getue, seiner Falschheit, seiner Egozentrik verpestete wie ein räudiger Schakal!« Ein dreister Effekthascher sei dieser Herr Liszt, »auch in seinem unverständlichen Nachwirken auf die verschiedensten Gestalten unseres Musiklebens ...«

Ferruccio Busoni (1866–1924) zitiert seinen Kollegen Debussy: »Es ist mir unverständlich, wie der sonst so integre Claude von Liszt als einer ordinären Schandgestalt der ausgehenden Romantik gesprochen hat, die so billige Stücke wie ›Les Préludes‹ zusammengepfuscht habe ...«

Busoni argwöhnt: »Sollte Claude erkannt haben, was er diesem so geschmähten Liszt verdankt? Verdankt er ihm nicht alles ...? Um nicht als Epigone zu gelten, wird aus dem Paulus ein Saulus!«

Auch viele britische und amerikanische Tonschöpfer in den ersten Jahrzehnten dieses Jahrhunderts waren ausgesprochene Liszt-Gegner. Ralph Vaughan Williams (1872 bis 1959) nannte Liszt einen »Zerschandeler der Musik, der als Weiberheld herumpriesterte und das übelste Tonparfüm verspritzte, das es je geben konnte!«

Charles Tomlinson Griffes (1884–1920): »Liszt ..., dieser halbseidene Snob, der zufällig ans Klavier geriet und sich auf demselben austobte wie die Waschfrau auf der Wäscheruppel!«

Auch George Gershwin (1898–1937) war nicht gut auf Liszt und seine Musik zu sprechen: »Zweifelsohne hat dieser Komponist einen Rang im europäischen Musikleben eingenommen. Aber dieser Rang wurde ihm von der Gesellschaft zudiktiert, die ihm zu Füßen lag. Ein typisches Produkt der Aristokratie, die solche falschen Götter brauchte, mit denen sie machen konnte, was sie wollte. Der sinnliche, willensschwache Liszt kostete seinen gesellschaftlichen Triumph über alle Maßen aus. Er siegte im Bett ..., und seine Zeit würdigte solche Siege mehr als politische.«

Gershwin kam damit der Meinung seines russischen Kollegen Sergej Prokofieff (1891–1953) nahe, der 1942 in einem Manifest »über die kapitalistische Musik« erklärt hatte: »Je größer der Abstand von der verrotteten hyperromantischen Zeit wird, desto mehr werden sich die Spuren der Komponisten verwischen, die dieser Zeit und ihren Systemen anhingen, ja, nur in dieser grausamen, hohlen und verlogenen Atmosphäre existieren konnten. Liszt zum Beispiel ... Das nächste Jahrtausend wird nur noch seinen Namen festhalten. Seine Musik wird vergessen sein.«

Arnold Schönberg (1874–1951) hingegen glaubte, daß Liszts Musik auch in »fernsten Fernen« noch Verwendung finden könnte; freilich nicht im Konzertsaal. »Es steckt soviel Abgeschmacktheit und Schlagerseligkeit drin, daß auch im kommenden Jahrtausend und darüber hinaus die Filmmusikfabrizierer aus diesem Born schöpfen können ...«

Dabei hatte dieser eine Vater der Zwölftonmusik in seiner ersten künstlerischen Phase so unendlich viel von der Kunst Franz Liszts übernommen, nachempfunden, geborgt! Schönberg weidete sich an einem Essay George Bernard Shaws, der den Schwiegervater Richard Wagners einen »schlechten Illustrator melodramatischer Ergüsse« nannte, der sich dazu »allzu viel Brillantine des Bayreuthers in die Künstlerstirne wischte«.

Auf der anderen Seite die Liszt-Fürsprecher: Sergej Rachmaninow (1873–1943) pries seinen Komponisten-Kollegen als das »musikalische Gesamtphänomen des 19. Jahrhunderts«.

1941 schrieb der russische Musiker in einer New Yorker Zeitung: »Man kann sich zum Werk Franz Liszts verhalten wie der Holzfäller zur Kunsttischlerei oder der Anstreicher zur akademischen Malerei... Er wird nichts von seiner Originalität einbüßen. Neben ihm, der perfektesten romantischen Figur, die man sich vorstellen kann, verblaßt jeder Musiker jener Jahrzehnte: nicht aus Unterlegenheit, sondern aus Mangel an Persönlichkeit. Hätte es die Vokabel ›Persönlichkeit‹ nie zuvor gegeben, für Franz Liszt hätte man sie erfinden müssen. Er war eine so großmächtige Persönlichkeit, daß er sie alle beherrschte: Manchmal durch Überlegenheit, aber auch durch bewußte Unterwürfigkeit. Er war ein großer Diplomat, aber ein ehrlicher. Was hätten Richard Wagner, Peter Cornelius, Saint-Saëns, Lalo und viele andere ohne ihn angefangen? Liszt hob sie auf den Schild. Er schacherte nicht wegen seiner Schutzbefohlenen, selbst dann nicht, wenn es um seinen skrupellosen Schwiegersohn Richard Wagner in Bayreuth ging, der – da Liszt alt geworden – mit seiner beutegierigen Cosima den Wohlwollenden betrog, wo es nur ging. Zweifelsohne war Liszt der bedeutendste ausübende Künstler seines Jahrhunderts, der Virtuose assoluto, wie es ihn vorher und nachher kaum noch einmal gab. Das war seine eine Seite. Andererseits war er ein genialischer Tonschöpfer, der oft genug sein Licht unter den Scheffel stellte. Natürlich hat er auch Zweitrangiges geschaffen, denn er schuf viel. Dennoch: Was will das heißen bei den ›Perlen‹ seiner Tonkunst? Hat Beethoven etwa nicht Zweitrangiges geschrieben? Und Wagner mit seinen Huldigungs-Märschen? Und Mozarts und Haydns Gelegenheitsarbeiten?«

Béla Bartók (1881–1945): »Wenn wir Liszt als Komponisten mit seinen Vorgängern und Zeitgenossen vergleichen, dann finden wir in seinen Werken Merkmale, die wir anderswo vergeblich suchen. Wir stellen fest, daß unter allen größeren Komponisten seiner und der vorhergehenden Zeit kein einziger war, auf den so viele verschiedene Einflüsse einwirkten ... Liszt ging niemals von einem einzigen Punkt aus, noch verschmolz er mehrere einander verwandte Dinge in seinen Werken; er gab sich dem Einfluß der verschiedenartigsten, widersprüchlichsten und fast unversöhnlichsten Elemente hin ... Das Wesen seiner Werke müssen wir in den neuen Ideen finden, denen Liszt als erster Ausdruck verlieh, und in dem kühnen Vordringen in die Zukunft. Diese Dinge erheben Liszt als Komponisten in die Reihen der Großen, und um ihretwillen lieben wir seine Werke, ohne Rücksicht auf ihre Schwächen.«

Wilhelm Furtwängler sah in den großen symphonischen Tongemälden Liszts »Spiegelungen der Epoche und der absoluten Persönlichkeit ihres Schöpfers«.

Furtwängler (1886–1954): »Wie hätten zum Beispiel Straussens ›Don Juan‹, ›Eulenspiegel‹, ›Heldenleben‹ usw. ohne das Vorbild und die Vorarbeit Franz Liszts entstehen können? Er war der große Anreger, für die musikalische Weiterentwicklung wichtiger als Wagner.«

Oder der Pianist Arthur Rubinstein: »Die ihn steinigten, haben ihn zum Märtyrer gemacht. Sie haben ja nicht gewußt, was sie taten. Sie waren dumm, eingebildet. Vor allem: Sie konnten nicht hören. Die absoluten Werte in der Musik nicht heraushören. Wie kann man einen absoluten König in seinem Bereich auslöschen wollen? Man kann ihn entthronen. Aber ein richtiger König bleibt auch dann ein König. Das zum Teil negative Urteil revidiert sich von selber. Gehen Sie doch in die Konzertsäle: Wo gibt es einen Pianisten von Rang – wenn er nicht ein Klavier-Ingenieur der Avantgarde ist –, der auf Liszts Klavierwerke verzichtet? Narr, wer ihm billige Effekte nachsagt!
... Wer will die Grenzen setzen? Ich jedenfalls billige und liebe Liszt ohne Abstriche, auch den Liszt der ›Les Préludes‹ und den des bezaubernden dritten ›Liebestraums‹ ... Und was heißt hier schließlich ›auch‹ ... Eine echte Liebe ist unteilbar, sie verlangt das Ganze oder den Ganzen.«

Stefan Askenase: »Liszts dritter ›Liebestraum‹ ist so populär, daß er fast berüchtigt ist. Von der Klischeevorstellung seiner angeblichen Banalität beeinflußt, hatte auch ich ihn abgelehnt. Als er mir aber kürzlich in die Hände fiel, merkte ich beim Durchsehen, daß dieses Urteil ganz unberechtigt ist, daß es ein inspiriertes, hervorragend konstruiertes, dichterisches Stück ist, welches zu rehabilitieren ich mir vornahm. Ob es mir gelang, bleibt dahingestellt. Ist der ›Liebestraum‹ vielleicht etwas altmodisch, so öffnet die ›Valse oubliée‹ einen neuen Horizont. Ich spiele diesen originellen, eigenwilligen Walzer oft als Zugabe, und die Hörer versuchen zu raten, wohin das wenig bekannte Stück gehört. Fast von allen wird es ins 20. Jahrhundert eingereiht. Es ist auch interessant, daß die letzten Takte dieses Stückes mit dem Beginn eines Prélude von Debussy (La fille aux cheveux de lin) fast identisch sind.«

Ablehnung – Zustimmung; ein Effekthascher – ein Genie. »Eine große Persönlichkeit kann sich nur zwischen diesen Polen ergeben«, sagt Sigmund Freud. Der ethische Wert einer Persönlichkeit besteht in dem Sich-selbst-getreu-Bleiben, in der Gediegenheit und der Echtheit ihres Wesens. Franz Liszt war so ein intelligibler Charakter.

Er war nicht besonders tugendhaft, dennoch sahen seine Mitmenschen in ihm einen ausgeprägten, eigentümlich strukturierten, fest gefügten, fast durchsichtigen Geist, dessen »Wertreich« in vielerlei Hinsicht akzeptabel war. Er war autonom in einer Umgebung, die den Attributen ihrer Zeit auf geradezu unverschämte Art und Weise huldigte und daher in ihrer Wertmäßigkeit – aus unserer Sicht – unter Niveau geriet.

Es läßt sich kein größerer Gegensatz zum Wesen Franz Liszts herausfinden als der zur blasierten Lebensart und indifferenten Kunstauffassung Giacomo Meyerbeers, der um die Mitte des vorigen Jahrhunderts im wahrsten Sinne des Wortes tonangebend war.

In ihren äußeren Lebensgewohnheiten unterschieden sich Liszt und Meyerbeer auf den ersten Blick nicht: Sie waren die verwöhnten und verhätschelten Salon-Kinder der Pariser Hautevolee. Was aber bei Meyerbeer Fassade blieb, keine innere Perzeption erfuhr, das münzte Liszt in eine Verantwortung für alles um, das sich im Bereich seiner Person befand. Er wirkte nach. Und darin lag vor allem für seine Schüler aus aller Welt die ungeheure Faszination. Liszt war nicht – wie Meyerbeer – ein Musik-Kaufmann; er war ein Musik-Philosoph. Er reflektierte seine Ansichten, er maß sich mit seinen Widersachern, er analysierte und trat damit (wie Berlioz) in einen unüberbrückbaren Gegensatz zu den Opportunisten jener Ära: Meyerbeer, Halévy, Donizetti, Glinka, Hérold usw.

Da man ihm, Liszt, zumindest in den ersten beiden Dritteln seines Lebens, unbesehen alles aus der Hand riß, was er produzierte, kam auch das wenig Ausgeformte, das Skizzenhafte, Fragmentarische auf den Markt. Berlioz spricht in diesem Zusammenhang von dem »al-fresco-Liszt«, das dem Image des Meisters so unendlich geschadet habe.

Aber bereits in seiner Schüler-Generation (d'Albert, Stavenhagen, von Sauer, Lamond u. a.) sonderte man den Weizen von der Spreu. Busoni verwandte sich für eine »große Revision« der Lisztschen Werke. Er scheiterte am Einspruch der Familie Wagner, die einen Teil des Erbes verwaltete und um Einkünfte bangte. Er hielt seinen Lehrmeister für den »überragenden Stilbildner an der Schwelle zum Heute«. Das war 1923.

Seit Busonis Tagen hat es die Forscher und Praktiker nicht ruhen lassen, die »große Revision« in Gang zu bringen. Sie hat sich wie von selber vollzogen.

Der progressive Liszt ist längst entdeckt, obwohl in den Archiven noch manches schlummert, das erhärten würde, wie stark er als Bindeglied zur Moderne war. Stücke, für die sich bisher kein Verleger erwärmte; eine Reihe ähnlicher Arbeiten wie die von Askenase erwähnte »Valse oubliée«.

Man sandte sie dem alten Liszt mit vornehm klingenden Entschuldigungsfloskeln zurück und raunte sich insgeheim zu, der Meister sei längst unbrauchbar für die Musik geworden, senil und außer Mode. »Er komponiert wirres Zeug«, schreibt Tochter Cosima 1874 an den Verleger Haslacher.

Von diesem angeblich »völlig wirren Notengekritzel« ist in den Liszt-Biographien bis zum Jahre 1933 (Ramann, Kapp, Bory, Chantavoine, Pourtalés, Schering, Raabe u. a.) kaum die Rede.

Peter Raabe, der in seiner zweibändigen Liszt-Biographie von 1931 zwar die wesentlichsten Fakten aus der Vita des Komponisten aufzeigt und eine Fülle von Anregungen für die weitere Liszt-Forschung bietet, schleicht um den heißen Brei herum, da er, der frühe und eifrige nationalsozialistische Kulturbetrachter, nicht eingestehen durfte, daß man von Liszt sehr einfach eine Brücke zu den Tonschöpfern schlagen kann, deren Arbeiten gerade mit dem Begriff »entartete Kunst« belegt wurden.

Bei Raabe spielt auch das Attribut deutsch eine verwirrende Rolle in der Biographie Liszts. Grotesk, wenn selbst die »Ungarischen Rhapsodien« plötzlich einen »deutschen Seelenadel« bekommen.

Gewiß: Liszts Vorfahren waren deutsch-österreichischer Abstammung. Er selbst bezeichnete aber stets Ungarn als sein Vaterland und fühlte (Brief an Carolyne Sayn-Wittgenstein) »auch der Ungarn Blut in den Adern pulsen«.

Und wer wollte bestreiten, daß die französische »culture« ihn wesentlich beeinflußte? Weder die Deutschen, noch die Ungarn, noch die Franzosen können ihn für sich beanspruchen: Liszt war Kosmopolit.

Was die meisten als ungarisch in etlichen seiner Werke empfinden, hat mit den eigentlichen magyarischen Musikspezifica kaum etwas zu tun. Bartók hat diese »ungarischen« Stellen im Œuvre Liszts als »Schwärmerei für die weltbürgerliche Art der Zigeuner« angesehen.

Bartók: »Eine Huldigung an die Zigeuner-Musik ... von der ungarischen Folklore meilenweit entfernt!«

Zu dem Problem finden wir auch eine Aussage Liszts in einem Essay über Ferencz Erkel, der mit seinen Opern »Bánk Bán« und »Hunyado Lászlo« einen »ungarischen Musikcultus« einzuführen gedachte.

Liszt: »Wie wenig Geist vom wirklichen Ungarn ...!

Einiges aus Italien, Frankreich, gebunden mit der Operette. Nicht einmal den Zigeunern auf die Finger gesehen! Das ungarische Kolorit ist noch keinem ins Herz gedrungen. Man kann es nicht erlernen, man muß es im Blute haben.«

An anderer Stelle: »Es gibt das Ungarische. Es muß entdeckt werden. Für mich aber besteht die andere Musik dieser Gegend, die der Cygans, die auch auf diesem Boden verankert ist, aber überall sein kann, ohne Grenzen, ohne Staat, eine Art von Welt-Musik . . ., in die ich tief vernarrt bin.«

Franz Liszt: Ein romantischer Kosmopolit, Grandseigneur, Dandy, der Mystik und Kabbalistik verhaftet (zweimal ließ er sich bei den Freimaurern aufnehmen), stets auf der Suche nach Gott, nach der Erlösung »von den Peinlichkeiten und Eitelkeiten dieser Welt«, alle Denkformen seiner Zeit nicht ohne Skepsis durchforschend, eine lyrische Natur, hingerissen von der Erscheinung schöner Menschen und der »urtümlich-unbescholtener Naturgewalten«.

Im Vorwort zu »Les Préludes« schrieb Franz Liszt, inspiriert von einem Gedicht Lamartines, nieder, was Leben und Arbeit für ihn bedeuteten:

»Was anderes ist unser Leben als eine Reihenfolge von Präludien zu jenem unbekannten Gesang, dessen ernste und feierliche Note der Tod anstimmt? Die Liebe ist das leuchtende Frührot jedes Herzens. In welchem Geschick aber wurden nicht die ersten Wonnen des Glücks von dem Brausen des Sturms unterbrochen, der mit rauhem Odem seine holden Illusionen verweht, mit tödlichem Blitz seinen Altar zerstört – und welche im Innersten verwundete Seele suchte nicht gern nach solchen Erschütterungen in der lieblichen Stille des Landlebens die eigenen Erinnerungen einzuwiegen? Dennoch trägt der Mann nicht lange die wohlige Ruhe inmitten besänftigender Naturstimmungen, und ›wenn der Drommete Sturmsignal ertönt‹, eilt er, wie immer der Krieg heißen möge, der ihn in die Reihe der Streitenden ruft, auf den gefahrvollen Posten, um im Gedränge des Kampfes wieder zum ganzen Bewußtsein seiner selbst und in den Besitz seiner Kraft zu gelangen.«

Unter diesen Aspekten wird die Gestalt Franz Liszts deutbar, und sie verliert jenen »fürchterlich verschrobenen Zustand akademisch-verwalteter Ästhetik«, den Busoni für das »Erzübel« aller Liszt-Betrachtungen hielt.

Busoni: »Macht ihn frei von aller Problematik historisch-wissenschaftlicher Rückschau. Laßt ihn so leben und wirken, wie er gewirkt hat: als Gefühlsmensch seiner Zeit, als Mittler zwischen den Generationen von fundamentaler Bedeutung, als Apostel der Schönheit in einer Ära, die revolutionär und introvertiert zugleich war. An Liszt kann man ablesen, wie diese Zeit war, in der man Johann Sebastian Bach wiederentdeckte, in der man noch nicht genau wußte, wer Franz Schubert gewesen war, in der Keats und Byron ihre Oden dichteten, Spohr und Weber die deutsche Musikromantik auslebten, aber dann auch die 48er Revolutionäre ihren Tanz aufführten, in der dann das musikdramatische Genie Wagner emporstieg und das getreueste Abbild der Epoche, Giacomo Meyerbeer, Aufstieg und Niedergang erlebte, in der das Deutsche Reich wurde und der Sozialismus seine Geburtsstunde hatte.«

Es hat nach dem Zweiten Weltkrieg einige Forscher und Schriftsteller gegeben, die den Versuch unternahmen, die Persönlichkeit Franz Liszts von den Klischeevorstellungen der Vergangenheit zu befreien, ihn und sein Werk zu entmythologisieren, seine Vita irgendwo in der Mitte zwischen den extremen Deutungen der Lina Ramann (1894) und Ernest Newmans (1934) anzusiedeln.

An erster Stelle muß man die veröffentlichten Ergebnisse

der britischen Liszt-Gesellschaft und der Franz-Liszt-Gesellschaft in Budapest nennen, die dem Historiker und Musikologen ganz neue Aspekte in der Beurteilung von Lebensabläufen und Kompositionen ermöglichten.

Ludwig Kusche gab 1961 eine vielbeachtete Biographie heraus, in der in erster Linie die Modernität Liszts propagiert wurde. Die Essays Emile Harasztis haben wesentliche Abschnitte der Lebensgeschichte Liszts erhellt; Everett Helm hat 1972 die wichtigsten Quellen zur Liszt-Forschung in einem Taschenbuch zusammengetragen.

Das Material aus 125 Jahren »Liszt-Schau« hat der Verfasser studiert, ehe er die nachstehende Erzählung des Lebens dieses »Genies der tausend Möglichkeiten« (Ravel) niederschrieb.

Diese Arbeit berücksichtigt auch die Quellen, die aus irgendwelchen Gründen den bisherigen Biographen nicht zugänglich waren: die Urschrift der Nohlschen Lebensbeschreibung Franz Liszts, die Aufzeichnungen der Liszt-Schülerinnen Gizella Paszthory-Voigt de Leitersberg und Ida Bloch, die Tagebuchseiten Adam Liszts, die im Budapester Liszt-Museum aufbewahrt werden, die Essays von Amy Fay und Anna Block, unbeachtet gebliebene Briefe Joseph Joachims, Hector Berlioz', handschriftliche Aufzeichnungen Eduard Hanslicks und Gustav Mahlers, Mitteilungen des Liszt-Enkels Graf Gilbert Gravinas und Arthur Rubinsteins.

Hamburg, im Juli 1973 Berndt W. Wessling

»Von dieser Musik wird die Zukunft erfüllt sein!«

Großherzogin Marie Paulowna ergriff zitternd ihr perlmuttegefaßtes Lorgnon, um den »einzig wahren Gott der Musik in seiner ganzen Contenance zu erfassen«. Sie schraubte die Okulare auf ganz nah und hatte bald sein wildes Cinquecento-Haupt unmittelbar vor sich. Wie es zuckte, sich wie in tiefer Trauer senkte, dann wieder in die Höhe schnellte und sich drehte, so daß die Landesmutter für einen Augenblick das energische Profil genießen konnte. Kühn, streng, livid vor Anstrengung die Stirn; die buschigen Brauen über den Pfefferaugen; die ciceronianische Nase, der sinnlich-volle Mund, stets zu einem geheimnisvollen Lächeln verzogen ... Dieser Liszt, ein Mann, wie man ihn im ganzen Großherzogtum Sachsen-Weimar nicht noch einmal finden konnte! Um diesen Musikus buhlten alle übrigen Höfe Europas. Marie Paulowna fühlte, wie ihr vor Stolz der Busen schwoll. Karl Friedrich, der allergnädigste und durch Gottes sowie des Zaren aller Reußen Ratschluß ihr zugeführte Gemahl, hielt zwar weniger von dem »Pariser Popanz«, sonnte sich jedoch an den Erfolgen seiner Hofbühne, die unter Liszts Leitung zu einer »Keimzelle der Neudeutschen Musik« geworden war, wie es in der Schumannschen Musikzeitung zu lesen stand.

Karl Friedrich war dagegen gewesen, daß man die Uraufführung des »Lohengrin« betrieb, das Werk dieses abscheulichen Revolutionärs Wagner, der in die Garotte gehörte. Richard Wagner, dieser Flugblätterverteiler, dieser Volksverhetzer, dieser exzentrische Flaneur, den man besser in die tiefste Oubliette werfen und in Ketten schmieden sollte, als ihn irgendwo in Europa herumlaufen zu lassen. Steckbrieflich von den Dresdner Behörden gesucht, ein Vogelfreier ... und im Weimarer Hoftheater aufgeführt!

Schon dieser »Tannhäuser« vor ein paar Jahren ...! Gewiß, Liszt hatte einen kolossalen Erfolg für den Landesverräter und sein Opus erwirken können, aber diese penetranten Maßregelungen, die er, Karl Friedrich (»immerhin eine absolute Hoheit in den Regionen von Weimar und Eisenach!«), sich dauernd von Vetter Majestät zu Dresden hatte gefallen lassen müssen, dem der Aufsässige Anno 48 durch die Lappen gegangen war. Da half nur ein großherzoglicher Machtspruch: »Also mit dem Wagner, da komme mir fortan keener!«

Aber Marie Paulowna war ihm doch damit gekommen. Tagtäglich. Sie war von einem regelrechten Tannhäuser-Wahn besessen. Selbst im großherzoglichen Bett, das man nur noch höchst selten gemeinsam aufsuchte, konnte Madame die Orgien nicht vergessen, die dieser vermaledeite Junker Tannhäuser mit der Göttin Venus erlebt haben sollte. Und woher hatte die Frau Gemahlin diese genauen Kenntnisse über das lasterhafte Geschehen im Hörselberge? Natürlich von Maestro Franz Liszt; von wem sonst!

Nun, das Kapitel »Tannhäuser« gehörte der Vergangenheit an. Der Erfolg des Stückes hatte Karl Friedrich weder dazu veranlaßt, für den der sächsischen Lande verwiesenen Wagner einzutreten, noch das monatliche Honorar des Dirigenten Liszt um ein geringes aufzubessern. Marie Paulowna und die Frau Erbgroßherzogin mußten nach wie vor ihren Musikgott aus den eigenen Schatullen bezahlen, und die waren nicht gerade üppig gefüllt. Der Maestro wußte sehr genau, daß der großherzogliche Hofselcher Kübler in einem Monat das Sechzigfache von dem verdiente, was man ihm selber von allerhöchster Seite zubilligte.

»Es reicht nur für ein halbes Brötchen zum Frühstück und für ein weiteres halbes zum Fünf-Uhr-Tee«, pflegte Liszt zu sagen. Jeder in Weimar wußte natürlich, wer für die übrigen Brötchenhälften bezahlte und für den delikatesten aller Aufstriche sorgte: Madame Carolyne, die Fürstin zu Sayn-Wittgenstein, mit der Meister Franz in wilder Ehe auf der Altenburg hauste.

Wie gesagt: Der »Tannhäuser« war in den Augen Karl Friedrichs passé; aber schon nahte das neue Verhängnis. Lohengrin hieß der Held. Marie Paulowna erfuhr durch Liszt davon. Liszt hatte ihr und der Erbgroßherzogin beim Tee aus der jüngsten Oper Wagners vorgespielt. Die Damen waren »wie von einem Zauberfinger berührt«.

»Karl Friedrich, dieser Lohengrin ist . . .!« Hoheit hatten sich die Ohren zugehalten, um sich die Einzelheiten über das neue Produkt der Fantasie Wagners zu ersparen: Lohengrin beim Lever, Lohengrin beim Lunch, beim Diner, beim Cercle . . . Fünf Monate hindurch ging das. Dann hatte Karl Friedrich nachgegeben und die Uraufführung erlaubt. Er hatte noch mehr erlaubt: Wagner durfte heimlich seinen Gönner Liszt auf der Altenburg besuchen. Sogar im Theater hatte sich der Dreiste gezeigt und überdies die Wartburg besichtigt. Marie Paulowna steckte mit diesem Wüstling ebenso unter einer Decke wie mit diesem geschniegelten Liszt, der allen Weibern den Kopf verdrehte, ob sie achtzehn oder achtzig waren, von edler Herkunft oder gemeinem Stande. Liszt brauchte nur eine Wunschvorstellung zu haben; Madame erriet sie und ließ ihn gewähren.

Und jetzt saß er, Karl Friedrich, in der Fürstenloge, die musik- und wonnetrunkene Frau Gemahlin an seiner Seite.

Neben ihr, nicht weniger erregt, die Frau Erbgroßherzogin, Vetter Meiningen, Vetter Schwarzburg-Rudolstadt und Vetter Reuß älterer Linie. Regierungspflichten!

Da unten vor dem Vierzig-Mann-Orchester dieser Liszt, der sich fast die Arme ausriß, damit auch ja jeder Blaseton und jeder Geigenstrich zur rechten Zeit ausgeführt wurde. Übel war diese Musik nicht. Das mußte auch Karl Friedrich zugeben, der ansonsten mehr von flotten Armeemärschen und Parademusik hielt als von symphonischem Gedudel und Opern. Warum sich nur die Frau Gemahlin so echauffierte! Marie Paulowna ließ die linke Associé-Loge kaum aus den Augen, in der die Fürstin thronte: Carolyne, Liszts Inspiratrice, Geliebte und Geldgeberin. Carolyne hatte eine Robe aus lilanem Sammet gewählt; darüber ein Cape aus crèmefarbenen Valenciennes-Spitzen. Stachelbeergroße Smaragde lagen um ihren Schwanenhals und um ihre Handgelenke. Das Haar hatte sie zu einer Demi-Fontange aufgesteckt und mit Silberwerk und grünlichen Perlen durchzogen.

Maskenhaft, dieses Antlitz, dachte Marie Paulowna bei sich. Eine kalte, geltungsbedürftige, berechnende Frau. Er hätte eine andere verdient. Es könnte sein, daß sie ihn eines Tages zugrunde richtet. Sie versteht nichts von der Musik, die aus dem Orchestergraben heraufklingt. Sie langweilt sich; sie gähnt hinter dem Fächer und betrachtet ihre Fingernägel oder scherzt mit den Kriechern, die neben ihr sitzen und ihr aus der Hand fressen: Da ist dieser kurzsichtige Peter Cornelius, der sich wie ein Spulwurm windet, wenn man ihm die Chance gibt, sich vorzustellen. Und dieser merkwürdige Sobolewski, der Mausohren und ein viel zu flaches Kinn hat. Man könnte sich vor ihm fürchten!

Marie Paulowna wendet sich angeekelt von der Gruppe ab. Am besten, man schließt die Augen und schlürft diese

Musik, von der man trunken werden kann. Madame hat die Fähigkeit, sich selbst in Trance zu versetzen. Kaum hat sie die Lider niedergeschlagen, läßt sie sich von den hohen Streicherwellen einlullen. Und da sinkt er herab aus der Rotunde ihres Hoftheaters: der Heilige Gral, die riesige Flachschale, aus einem einzigen Aquamarin geschliffen. Rubinrote Flämmchen züngeln über den Rand. Eine Schar holder Engel umflirrt das kostbare Gefäß. Zwei blondgelockte Epheben reichen es Franz Liszt, der es mit den Lippen berührt. Und dann tragen die Mystischen den Gral wieder davon.

Marie Paulowna öffnet die Augen. Der Bühnenvorhang fließt auseinander: die weite Scheldelandschaft bei Antwerpen bietet sich ihr und dem illustren Publikum. Von weither sind die Kritiker und Freunde der neuen Musik herbeigereist, um Zeugen »des Beginns einer großartigen Ära in der abendländischen Kunst« zu werden. So hat Franz Liszt das Ereignis der Uraufführung des »Lohengrin« vor wenigen Tagen in einer Zeitung bezeichnet.

Ohne Liszt, ohne sein ständiges Antichambrieren bei den Großherzoglichen wäre diese Aufführung niemals zustande gekommen. »Ich glaube an diese Musik«, hat Liszt verlauten lassen, »denn sie offenbart das Reinste und Edelste, das ein musischer Mensch empfinden kann. Seit Mozarts ›Zauberflöte‹ ist nichts Erhabeneres mehr geschrieben worden.«

Wagner schreibt dem Freund »mit staunendem Stammeln«. Die Uraufführung seiner Schwanen-Oper vergleicht er mit dem letzten Schöpfungstag, »an welchem das Endliche ward.« Liszt ist der Prophet Wagnerschen Wähnens. »Mein Heiland!« schreit der in Verzückung geratene Revolutionär, als Liszt ihm das Uraufführungsdatum mitteilt. Post scriptum: Ob der Heiland nicht an die fünftausend Gulden lockermachen könne; die »Rienzi«- und die »Holländer«-Partitur als Gegenleistung, und wenn's gar nicht anders ginge, auch noch die »Tannhäuser«-Reinschrift...

Liszt kennt seinen Freund sehr genau: Er weiß um die genialische Fähigkeit dieses Getriebenen, er kennt aber auch die düsteren Wesenszüge Richard Wagners, der für jedes Geben ein zehnfaches Nehmen verlangt.

Nachdem der erste Akt des »Lohengrin« verklungen ist, läßt die Großherzogin Liszt in den Salon hinter der Fürstenloge bitten.

»Ich weiß, Liszt, welche Tat Sie heute begehen«, sagt sie in höchster Erregung. »Sie schenken der Kunstwelt ein Werk, das sicherlich zu den bedeutendsten gehört, welche je geschaffen wurden und auch in Hinkunft geschaffen sein werden. Für diese Tat, mein Freund, müßte es sich für Sie eigentlich schon gelohnt haben, zu leben!«

Und Liszt antwortet: »Sie, Königliche Hoheit, haben soeben ausgesprochen, was ich während des Ablaufes dieses ersten Aktes der Oper von Richard Wagner empfunden habe. Ich weiß: Es ist ein entscheidender Augenblick in meinem Leben und in der Kunst überhaupt. Wir stehen an der Schwelle zu einer neuen Ära in der Musik. Von dieser Musik wird die Zukunft erfüllt sein. Dieser ›Lohengrin‹, Königliche Hoheit, ist der Komet, der auf der neuen Bahn voranziehen wird. Und Sie, Madame, haben dieses Fanal entzündet. Ich danke Ihnen im Namen der Kunst. Sie haben sich durch Ihr Engagement, durch Ihr Eintreten für die Sache unsterblich gemacht!«

Darauf die Großherzogin: »Von Kometen haben Sie, mein Lieber, schon immer viel gehalten; schließlich sind Sie unter einem solchen Zeichen geboren worden. Aber das Prädikat, das Sie soeben aussprachen, dürfen Sie nur auf sich beziehen. Fürsten können, wenn sie wollen, Helfer der

Kunst sein. Unsterblich allein sind die, die diese Kunst schaffen und sie zum Leben erwecken!«

Liszt: »Ich verneige mich in Demut vor Ihnen, Madame . . .!«

Marie Paulowna: »Und vor Ihnen, Maestro Liszt, verneigt sich in diesem Augenblick die ganze Welt!«

Im Zeichen des Kometen

Dem großen Kometen seines Geburtsjahres 1811 maß Franz Liszt zeit seines Lebens »kosmische Bedeutung in allen Konstellationen und Actionen« bei, die ihn und sein Werk betrafen. An seine »vielgeliebte, tausendschöne« Schülerin Sarah Magnus-Heinze aus Dresden schrieb er am 1. Januar des Jahres 1862: »... und es war ein Jahr des Glücks, in dem ich geboren. Wie es der große Komet verkündet hat, der kein Irrstern war, sondern ein Zeichen der anderen Welt, verkündend, daß mir Licht und Gnade beschieden sein werde. Die Olberssche Deutung, meine Verehrte, trifft also zu, nicht wahr ...«

Der Bremer Astronom und Mediziner Wilhelm Olbers hatte das »unwahrscheinlich hervorragende Himmelszeichen« als erster entdeckt. Und er hatte dem Kometen »I« eine »wunderbare Weltenallzukunft« prophezeit, über die sich die Zeitungsschreiber, Romanciers und Essayisten nicht fantasievoll genug auslassen konnten.

Mehrere Jahre hindurch erfanden sie die kuriosesten Geschichten um den Schweifstern von 1811 und über Personen, die in seinem Zeichen das Licht der Welt erblickt hatten. Noch auf dem Herbstjahrmarkt der Wiener Südvorstadt im Jahre 1842 wurde ein siamesisches Zwillingspaar gezeigt, »das durch den kalten Schlag des Haarsternes von 1811 zu einem solchen worden«, schreibt der Walzerkönig Johann Strauß in einem Brief an seinen Bruder Josef.

Wilhelm Olbers hatte in seiner Beschreibung des Kometen »I« – bewußt oder unbewußt – Politisches einfließen lassen. Zwar hatte ihn Napoleon I. gerade wegen einer Denkschrift über die Bräune der menschlichen Haut ausgezeichnet; mit seinen astronomischen Auslassungen von 1811 kam er jedoch den europäischen Anti-Buonapartes ungemein entgegen.

Man wertete diverse Sätze des in aller Welt geachteten Wissenschaftlers als Propagandamaterial gegen den Korsen aus: »... und wird wie ein neues Licht der Freiheit über uns stehen ... ist das Fanal, das Anlaß zu einer neuen Gerechtigkeit auf der Welt gibt ... unter seinem Feuer wird alles Unredliche verglühen ...«

Olbers war ein Kind der Romantik. Neben wissenschaftlich exakten Aussagen kamen bei ihm auch unordentliche, will sagen: pseudowissenschaftliche Ausführungen vor. Die Astronomie liebäugelte eben immer noch mit ihrer dämonischen Stieftochter, der Astrologie.

Der Kaiserliche Hof zu Wien beschäftigte sich, wie mancherlei Protokolle aus jenen Jahren beweisen, inständig mit der Himmelserscheinung, in der etliche Hofschranzen den Niedergang Napoleons angezeigt sehen wollten. Der größere Teil der Kamarilla fand jedoch in dem Kometen »I« eine »von höheren Mächten gesandte Bestätigung« dafür, daß man recht gehandelt hatte, als man auf die Politik des Korsen einschwenkte und ihm, dem »Heros der neuen Zeit«, die Tochter des Kaisers, Erzherzogin Marie Louise, als Morgengabe der »Anbruchs-Ära« offerierte.

Daß sowohl in Wien als auch in Paris die Geburt des Königs von Rom (den Buonaparte und Marie Louise als »Frucht der ersten Schritte zu einem ewigen Bündnis zwischen Frankreich und Österreich« eiligst gezeugt hatten) im Kometen-Jahr unter den Prognosen des Sterndeuters Wilhelm Olbers als »Stunde des Weltenschicksals« gefeiert wurde, versteht sich beinahe von selbst.

Für den König von Rom war der Komet jedoch ein Unglückszeichen. 1832 starb er in den Armen seiner Mutter an der Lungenschwindsucht: gescheitert am Leben und an seinem Ehrgeiz, es dem Vater in politischen Dingen gleichzutun.

Für Franz Liszt hingegen erfüllte sich in jeder Weise der Orakelspruch des Bremer Astronomen: »Es ist von ungemeinem Vorteil, unter diesem Stern geboren zu werden. Denn der Komete zeigt sich vom Kern her sehr hart und günstig. Und günstig wird seine lange Bahn sein. Noch ist er ein wohlleuchtender Punkt, aber die gleißende Hülle zeigt sich alsbald. Aus dem Punkte, den wir mit bloßem Auge erkennen können, aber kommt das Material, welches den Schweif uns liefert. Nähert sich der Komete unserer Sonne, so nehmen seine Hüllen wieder ab, wie es mit allen wahren Größen solcher Erscheinungen zugeht. Wir haben es mit einem Phänomen zu tun, das in diesem Jahrhundert nicht alltäglich ist.«

Wohlgeboren Adam Liszt, Rentmeister der Fürstlich Esterházyschen Großschäferei Raiding im Burgenland, war auf dem Weg von Steinamanger-Kanizsa nach Sopron, das wir unter der Bezeichnung Ödenburg kennen, um Steuergelder für seinen Dienstherrn einzutreiben, als er über dem Neusiedler See zum ersten Male den riesigen Schweifstern sah, der von nun an fast zehn Monate lang über dem gesamten Komitat stehen sollte.

Auf der Széchenyi-Promenade in Sopron, auf der Grabenrunde und dem Korso standen die Menschen in Scharen, um das Naturwunder zu bestaunen, als Adam Liszt mit der blaugelben Berline der Esterházyschen Verwaltung das Zentrum der Regierungshauptstadt erreichte.

Später hat Adam Liszt, in den Beschreibungen der Kindheit seines Sohnes Ferencz, über das »zutiefst aufregende Ereignis« berichtet. Für die Soproner war der gewaltige Haarstern auf jeden Fall ein Fingerzeig der heiligen Elisabeth, der Schutzpatronin des ganzen Magyarenlandes.

Damit galt der Komet für sie als Glückszeichen erster Güte. »Ein gutes Symbol für die Zukunft Ungarns!« hieß es im Ödenburger Kirchenblatt, zumal der Komet mit seinem Schweif in Richtung Bethlehem wies, also gen Südosten, und nicht nach Csorna hinüber, wo der Teufelsstern von 1804 erschienen war, der dem Emporkömmling Buonaparte gegolten hatte.

Adam Liszt, der Rentmeister, mischte sich unter das Volk, behorchte die Alten, die seltsame Orakel befragten und im »Ewigen Kalender von Raab« nachschlugen, ob dort nicht etwas über die Himmelserscheinung verbucht stünde.

Der Klerus von Sopron versammelte sich gegen Mitternacht auf dem Platz vor der großen Ringofenziegelei und stimmte ein Te Deum Laudamus an. Die Schüler des Honvéd-Gymnasiums verteilten Räucherwerk, geweihte Kerzen und Heiligenbildchen unter das Volk, das sich alsbald zu einem wohlgeordneten Zug formierte. Eine Wallfahrt zu den vier Klöstern in der Umgebung Ödenburgs begann, die bis zum Morgen dauerte. Adam Liszt schloß sich den frommen Pilgern an.

Dem Rentmeister kam das Gotteszeichen gerade recht. Eine glückliche Zukunft, das war's, was er sich herbeisehnte, denn er hatte gerade das Aufgebot bestellt, um die Kremserin Maria Anna Lager als Gattin nach Raiding heimzuführen. Vor stattlich versammelter Menge und unter dem christlichen Zuspruch eines Erzpriesters, eines Priesters und eines Diakons gab sich das Paar am 11. Januar des Jahres 1811 das Jawort.

Maria Anna teilte nach den Flitterwochen, die man im benachbarten Brennberg bei Freunden verbrachte, ihrer Sippe mit, daß sie dem Himmel Dank sagen müsse »für den besten Mann der Welt, welcher ein schönes Amt hat und in der Musik ein wahrer Gott ist«.

Adam Liszt sah die beruflichen Dinge freilich weniger rosig und göttlich als seine schmucke Eheliebste. Das Amt war eine Bürde. Viel lieber hätte er im Quartett des Fürsten das Violoncello gespielt, das er seit der Schulzeit »mit herrlichstem Klange konnte zum Schwingen bringen wie ein galanter Troubadour die Seele eines schönen Ritterfräuleins«. So hat es uns Adams berühmter Sohn hinterlassen.

Auch das Hammerklavier, die Gitarre und die Geige wußte Adam Liszt anmutig zu handhaben. Die »rechte Unterweisung« dazu hatte er peu à peu dem Esterházyschen Kapellmeister und »Hof-Virtuosi« Johann Nepomuk Hummel abgesehen, mit dem er während seiner Beschäftigung in Eisenstadt und Esterház in näheren Kontakt gekommen war.

Hummel wiederum stand in engster Verbindung mit Joseph Haydn, zu dem Adam Liszt wie zu einem Erzheiligen aufblickte. Einen Dialog zwischen dem Rentmeister und Haydn, von dem so viele Biographen Franz Liszts berichten, hat es jedoch nicht gegeben. Wie hätte Adam Liszt ansonsten an Hummel schreiben können, daß er es als das größte Versäumnis seines Lebens ansehen müsse, mit dem »göttlichen Joseph niehemalen auf Plausch gekommen zu sein«.

Adam Liszt bildete sich autodidaktisch heran. Gar zu gern wäre er ein berühmter Virtuose geworden: So einer wie der Geiger Schuppanzigh in Wien, wie dessen Kollege Baillot in Paris, der fünfhundert Gulden an einem Abend verdiente, wie der Wunder-Cellist Louis Duport in Brüssel, den er beim Hammerklavier-Virtuosen und nachmaligen Verleger Diabelli in Wien kennengelernt hatte.

Diabelli übrigens berichtet am 8. Dezember 1812, er habe anläßlich eines Besuches in Eisenstadt einen »von Genien heimgesuchten Laien« entdeckt, den Güterverwalter Liszt, »welcher auf seinem Instrumente wie ein Alter und in allerachtbarster Haltung agierte«.

Adam Liszt brauchte nicht die Bestätigung anderer, um zu wissen, daß er das Zeug zu einem Virtuosen besaß. Leider zwang ihn die »Ungunst der Familienverhältnisse« dazu, einem sicheren Broterwerb nachzustreben.

Zu Hummel sagte er: »Wenn ich dereinst einen Knaben besitze, so will mir Gott in ihm erfüllen, was er an mir nicht erfüllen konnte.«

Zu schicklicher Zeit, nämlich am 22. Oktober des Jahres 1811, konnte der Rentmeister Se. Fürstlichen Gnaden »mit Aufmünterung, väterlichem Stolz, Ergebenheit und ewigersterbender Ehrfurcht« davon Mitteilung geben, daß sein Eheweib, die tüchtige Kremserin, einem »wahrlich herrlichen, in allen Teilen und Gliedern wohlgestallten Knaben und Fortsetzer der Linie im Mannesstamme« das Leben geschenkt habe.

Der fesche Nicci – wie der leichtbucklige Nicolaus Esterházy unter seinesgleichen tituliert wurde – ließ sich huldvollst herab, dem glücklichen Vater eine Gehaltsaufbesserung vom kommenden Weihnachtsfeste an zu garantieren, obwohl die Schatullen wegen »zufälliger Transaktionen« (sprich: Spielschulden) ziemlich leer waren.

Die Mutter wurde von dem Fürsten mit einer silbernen Busenspange sowie einem Handschreiben mit fürstlichem Insiegel bedacht, das noch – goldgerahmt – im Jahre 1866 über ihrer Bettstatt in der Pariser Wohnung hing, als sie sich anschickte, »in höchstem Frieden und lindester Sanftmut von dieser Welt in eine bessere hinüberzuwechseln«.

Zwei Tage vor dem Christfest des Jahres 1811 begutachtete Nicci Esterházy bei der »Abrechnung mit dem dienenden Pöbel« zu Raiding den Knaben, der bereits der heiligen Taufe zugeführt und mit dem guthabsburgischen Namen Ferencz = Franz versehen worden war.

Der Fürst machte dem Adam Liszt Komplimente über Komplimente (so will es die Fama), die dem »festen, munteren und engelsschönen« Knaben galten, aber auch der Rentmeisterin Maria Anna, die »vom Scheitel bis zur Sohle wegen ihrer zartrosa Wangen, ihrer Devotheit und superben Manierlichkeit« dem Nicci »mit größter Deutlichkeit in die fürstlichen Augen stach«.

Nicolaus Esterházy war als Feinschmecker in Sachen holder Weiblichkeit weithin gerühmt und gefürchtet. In seiner Jugend hatte er bei den Tagelöhner- und Arbeiterfamilien auf dem mittelalterlichen Jus primae noctis bestanden, das er weit und breit im Ödenburgischen durchzusetzen vermochte, galt er doch als höchst spendabel. Und manch ein armes Pärchen hatte es durch die Gewährung dieses Rechtes, das längst keines mehr war, zu einem prächtigen Anwesen oder gar einem kleinen Ladengeschäft gebracht.

Es heißt, daß Fürst Nicci auch bei Adam Liszt, der nun gewiß nicht zu den Armen der Gegend zählte, vorsichtig anfragen ließ, wie es mit der Hochzeitsnacht bestellt wäre und ob der Herr Rentmeister der Großschäferei nicht gegen ein fürstliches Salair und Übereignung eines kleinen Gutes die Güte hätte ...

Da war der Herr bei seinem Knecht an die falsche Adresse geraten. Adam Liszt soll den Sekretarius, den Nicci mit der delikaten Verhandlungsaufgabe betraut hatte, eigenhändig aus dem Fenster geworfen haben. Johann Nepomuk Hummel will den Raidinger Fenstersturz gesehen haben. Und Hummel war ein ehrenwerter Mann ...

Anlaß zu diesen Gerüchten gab die Tatsache, daß der Rentmeister in der Lage war, mitten im Dorf ein Haus zu erbauen, das »solid«, also wenigstens zum Teil aus Stein war. Ansonsten gab es nur primitive Holzhütten in Raiding.

Wie Hummel weiter berichtet, habe Liszt Adam nach dem »impertinenten Vorfall« sofort seinen Dienst bei Esterházy aufgekündigt und ins Siebenbürgische hinüberwechseln wollen, »wo dasselbe ganz östlich ist«.

Der Plan zerschlug sich jedoch, denn Nicci war dahintergekommen. Der Fürst mochte den tüchtigen Rentmeister nicht missen. Er besaß bei seinen Adelskumpanen in Siebenbürgen großen Einfluß, beschwatzte seinen Vetter Waldenburg, der den Adam haben wollte, so daß dem Rentmeister eines Tages mitgeteilt wurde, er möge doch lieber in Raiding bleiben, denn die Waldenburgischen Güter in Siebenbürgen würden gerade von einer bösen Seuche heimgesucht, die sowohl das Vieh als auch die Menschen befalle. Es wäre doch jammerschade um einen so überaus tüchtigen Beamten ...

So kam es, daß Adams Sohn Franzl seine Kindheit im burgenländischen Raiding verbrachte.

Vater Liszt glaubte nicht nur an die Lehren der alleinseligmachenden katholischen Kirche; er war auch, wie viele seiner Zeitgenossen, mit Haut und Haaren der Magie verfallen. Er dachte zwar nicht daran, aus Häckerling pures Gold gewinnen zu können oder den Stein der Weisen, gar die geheimnisvolle Blaue Blume zu finden, die man als Symbol des Unerreichbaren in allen europäischen Salons verehrte. Er glaubte aber fest daran, daß es Mittel und Wege geben müßte, um aus seinem Erstgeborenen, dem Franzl, ein Genie werden zu lassen.

Es war sogar bis nach Raiding gedrungen, daß Nicolaus Esterházy sich der Magie bedient hatte, um den Plan Napoleons zu fördern, ihn zum König von Ungarn zu machen. Doch irgendeine Tinktur, irgendein Abrakadabra mußte da versagt haben, denn der Korse hatte seinen Vorschlag an die magyarischen Magnaten sehr bald zurückgezogen, einen »sekkanten« Nicci auf der Strecke lassend.

Aus dem Tagebuch, das Adam Liszt bald nach der Geburt seines Stammhalters anlegte, erfahren wir, was der Rentmeister alles unternahm, »um die Sterne recht günstig für den Liebling zu placieren«.

Johann Nepomuk Hummel, zweifelsohne einer der bedeutendsten Klaviervirtuosen seiner Zeit, stand mit allerhand Spiritisten und Magiern in Verbindung. Außerdem war er Großmeister eines maurerischen Bezirks im Ungarland und deswegen »zutiefst symbolkundig« – wie Salieri schreibt.

Hummel hatte dem Rentmeister von Salben und Tinkturen der Zigeuner erzählt, die aus dem Blut von Igeln, Kröten und bestimmten Schlangen gewonnen würden. Damit wurde der kleine Franz bei abnehmendem Mond an Herz, Stirn, Füßen und Händen eingerieben.

Als die Karriere seines Sohnes begann, schwur Adam Liszt Stein und Bein, daß die Mittel der Zigeuner dieses Wunder bewirkt hätten. Außerdem glaubte der Rentmeister, daß die Salben seinen Bub vom Starrkrampf und vom »hitzigen Fieber« heilen könnten, woran der Knabe seit seiner Geburt litt.

Maria Anna, die Mutter, war weniger romantisch veranlagt. »Sie wäre eine gute Geschäftsfrau gewesen, die sich Gulden für Gulden erspart und am Ende ihres Lebens von irgendeinem Fürsten den Erbadel für ihren Sohn erkauft hätte«, schreibt Franz Liszts Gefährtin Carolyne Sayn-Wittgenstein nach dem Tode Maria Annas an Gizella Paszthory-Voigt de Leitersberg, Meisterschülerin Liszts.

Die Rentmeisterin war nicht knauserig, im Gegenteil: Gab es Gesellschaften, tischte sie auf, was Küche und Keller hergaben. Sie sah allerdings ihrem Gemahl gelegentlich auf die Finger, die sich nicht nur mit dem Schlagen des Clavezimbels, dem Zupfen der Gitarre und dem Streichen des Violoncellos befaßten, sondern auch recht gern mit Spielkarten und Würfeln.

Sie verwaltete das Einkommen, damit sich Adam Liszts Träume verwirklichen konnten: »Mein Sohn ist vom Schicksal mir bestimmt, er wird jenes Künstlerideal in die Tat umsetzen, das meine Jugend vergeblich bezaubert hat. In ihm will ich mich verjüngen und fortpflanzen!«

Was die Zukunftsplanungen Adam Liszts im Hinblick auf den begabten Franz anbetrafen, ließ sich Frau Maria Anna von dem »Feuer der Mutmaßungen« anstecken. Auch sie hatte längst herausgefunden, daß der Bub »von höherem Wesen war und unter höchster Protektion stand«.

Sie war ungemein fromm. Kein Tag verging, an dem sie nicht die Frühmesse und Spätmesse besuchte. Sonntags ging sie bisweilen viermal in die Gottesdienste. In den Jahren, in denen sie in Paris lebte, geisterte sie durch sämtliche Kathedralen und Kapellen der Seine-Stadt, so daß Carolyne in einem Brief an Liszt schreibt: »Sie betet sich schier um den Verstand. Ist das Frommheit? Oder eine nimmersatte Neugier auf die himmlischen Wohltaten, die sie sich verspricht?«

Der Franzl war ob der Glaubensemsigkeit seiner Mutter zutiefst gerührt. Zeitweilig tat er es ihr gleich: Am Morgen kaum erwacht, griff er zum Gebetbüchlein, und noch vor dem Schulgang eilte er zur Messe. »Den Hang zum Priesterlichen ererbte der große Sohn von ihr«, heißt es bei George Sand. »Einmal sagte er, Liszt, zu mir: Die Mutter sei die Wächterin auf seinem Wege zum Himmel.«

Die Rentmeisterin achtete auch darauf, daß der stolze Vater seinen Sohn nicht über Gebühr strapazierte. Dauerte ihr das Exercitium am Pianoforte zu lange, holte sie den Buben einfach fort und machte dem »Alten« einen gewaltigen Lärm: Ob man es wie der garstige Leopold Mozart treiben wolle, der seinen Wolfgang Amadé zuschaden gekünstlert hätte . . .? Spielen müsse das Kind, mit den Kleinen aus der Nachbarschaft, da es sich sonst zu sehr isoliere. Ging Liszt-Vater dann brummend und schimpfend aus dem Übungszimmer und die Mutter zurück in die Küche, schlüpfte der Knabe wieder zum Fenster herein, »um das geliebte Pianoforte wie nach langem Verlust eines geliebten Freundes zu umarmen«.

Adam Liszt war kein Leopold Mozart, der seinen Wolfgang bis zur physischen Erschöpfung an der Orgel oder dem Cembalo probieren ließ und damit den Keim für den frühen Tod des Genies legte. »Erst soll er leben, dann soll er der Kunst dienen«, sagte der Rentmeister. »Vermag er beides ins Lot zu bringen, macht er gewißlich seinen Weg.«

Maria Anna wurde stutzig, als sie dahinterkam, daß sich ihr Bub überhaupt nicht für die Nachbarskinder interessierte. Sie besprach die Sache mit ihrem Beichtvater, der ihr erklärte, der Franzl habe die Anlagen zu einem getreuen Diener der alleinseligmachenden katholischen Kirche, da er die Welt fliehe und das Laute hasse.

Was auch geschah, Vater Adam notierte »mit der kleinlichsten und ängstlichsten Pünktlichkeit eines zärtlichen Vaters«, was der Franzl anstellte.

»Er war vom ersten Schrei an etwas Außergewöhnliches«, heißt es in den Journalen. »Nicht wie andere Kinder wuchs er auf, sondern mit Ernst und offenen Ohren für die Klänge, die ihm zugetragen wurden. Die Musik und das Gebet . . ., er hat sie mit der Milch der Mutter eingesogen.«

Der kleine Franz, so kugelrund und rosig er sich gleich nach der Geburt den Verwandten gezeigt hatte, war ein spitteliges, kränkelndes, überempfindliches Kind. Der Arzt mußte zeitweilig jeden Tag kommen, da der Bub ständig fieberte.

Adam Liszt: »Es begann eine Periode, worin der Knabe abwechselnd mit Nervenleiden und Temperatur zu kämpfen hatte, die ihn mehrmals in Lebensgefahr brachten. Einmal, in seinem zweiten oder dritten Jahr, hielten wir ihn für tot und ließen einen Sarg machen. Dieser beunruhigende Zustand dauerte bis in sein sechstes Jahr fort. In seinem sechsten Jahr hörte er mich ein Konzert von Ries in cis-Moll spielen. Er lehnte sich ans Klavier, war ganz Ohr. Am Abend kam er aus dem Garten zurück und sang das Thema. Wir ließen's ihn wiederholen, er wußte nicht, was er sang: Das war das erste Anzeichen seines Genies. Er bat unaufhörlich, mit ihm das ordentliche Klavierspiel zu beginnen. Nach drei Monaten des Unterrichts kehrte das Fieber zurück und nötigte uns zur Unterbrechung . . . Er blieb sich in seinen Übungen nicht gleich, doch immer folgsam bis in sein neuntes Jahr. Dies war der Zeitpunkt, wo er zum ersten Male öffentlich spielte, und zwar zu Ödenburg. Er spielte ein Konzert in Es-Dur von Ries und phantasierte. Das Fieber hatte ihn ergriffen, schon ehe er sich ans Klavier setzte. Und ward durch das Spielen noch verstärkt. Schon lange zeigte er großes Verlangen, öffentlich zu erscheinen. Er bewies dabei viel Unbefangenheit und Mut.«

Franzl Liszt unterschied sich von den meisten Wunderkindern seiner Zeit, die – wie es der Freiherr vom Stein in einem Vortrag vor der Berliner Akademie erklärte – herangezüchtet würden wie pommersches Mastvieh zur fürstlichen Galatafel.

Hatte der Wunderkindercircus bereits zu Glucks und Mozarts Zeiten die sonderbarsten Blüten getrieben, so entdeckten die Kunstbeflissenen der ersten Jahrzehnte des vorigen Jahrhunderts »die Lust am gebildeten Kinde« (Heine) und machten daraus ein unglaubliches Geschäft.

Die begabtesten Wunderkinder der Romantik waren Giacomo Meyerbeer und Felix Mendelssohn.

»Nach diesen edlen Vorbildern trachteten viele Eltern ihre Kinder zu erziehen und auszurichten«, schreibt Rahel Varnhagen von Ense, die in Berlin einen pompösen Salon führte, in dem sich alles traf, was in Kunst und Politik Rang und Namen hatte.

Auch Großbritannien hatte »unglaublich frühreife und porzellanfeine Wunderknaben« (Scott), die von der Gesellschaft verhätschelt wurden.

George Noël Gordon Lord Byron, im kindlichen Alter bereits ein Poet, den man bei Empfängen wie einen interessanten Nachtisch herumreichte, schrieb 1817 an Percy Bysshe Shelley, das andere britische Wunderkind der Literatur: »Die Knaben regieren! Wer wollte meinen, Geist und Genie offenbarten sich nicht am ehesten im reinen, kindlichen Gemüte? Wehe, wenn der erste Frühling zerbricht und Du stehst nur auf magerem Podeste ... Das bricht Dir den Hals. Da sind sie ausgeliefert, die Kleinen, die Hübschen (Sie müssen doch alle hübsch sein, nicht wahr, denn ein guter Geist verkriecht sich doch gewiß nicht in einen häßlichen Körper, wie?), die Vorlauten. Der Geist wird stumm. Du bist nicht mehr in Mode, sobald Dir der erste Bart sprießt. Du kannst verschwinden, erwachsen und blöde sein. Oder Du mußt einen furchtbaren Skandal riskieren ... oder gar politisch werden, um die Dickköpfe der Aristokratie zum Platzen zu bringen. Oh, welches Jahrhundert, das einen solchen Kinderkultus hervorbringt ...!«

Wenig später in einem weiteren Brief an Shelley: »Da stecken sie irgendeinen Bengel in Mannshosen ... und lassen ihn über die Weisheiten dieser Welt dozieren. Wer mit acht oder neun Jahren noch nicht erwachsen ist und nicht weiß, was der Niederschlag der Augen einer Dame der Gesellschaft bedeutet, der wird nie erwachsen! Vor allem diese armen, armen Würmer, denen man notdürftigst ein Instrumentenspiel beigebracht hat ... diese ewigen, ungesunden Mozarts, diese heimlichen Kastraten, die nie alt werden sollen ... Es ist zum Weinen, so unnatürlich!«

Der junge Engländer John Field muß noch als Achtzehnjähriger in Knabenhosen und Blousons auftreten, weil sein geschäftstüchtiger Vater ihn überall als Klaviervirtuosen von knapp elf Jahren anpreist und plakatiert.

So ein elf Jahre altes Klavierwunder muß man natürlich bestaunen. Vater Field macht ein großes Geschäft, bis die Sache beim Herzog von Enghien auffliegt.

Der Herzog, bei dem man gastiert, riecht Lunte. Er bittet bei einer Gartenparty, an der die Fields teilnehmen, den jungen Künstler, »ob des noch kindlichen Alters« ungeniert mit den kleinen Prinzen und Prinzessinen in der Loire nackend zu baden.

Wohl oder übel muß das »Kind« John in die Fluten tauchen. Angesichts des nackten Wunderkindes fällt die Herzogin in Ohnmacht, und die Erzieherin birgt unter dem Gelächter des Herzogs die »auf den Tod erschreckten Kinder«, die einen »vollständigen Mann in aller Schamlosigkeit« gesehen haben.

Die Karriere des jungen Field erleidet nach diesem Vorfall, der in allen Salons Tagesgespräch ist, eine empfindliche Niederlage. Alles verzeiht man einem Wunderkind, nur nicht, daß es erwachsen wird!

Adam Liszt kennt die Fieldsche Geschichte sehr genau. »Wir haben Franzen niehemalen jünger gemacht, als er war. Er hat immer die wahre Natur gezeigt, in der er steckte. Und er hat dennoch die lauterste Furore gemacht!«

An anderer Stelle schreibt Adam Liszt, ihm und seiner Frau hätte die »Beersche Art« besonders gefallen, »einen gewißlich talentierten Knaben vorzuführen«. Er meint damit die Art und Weise, in der das reiche und angesehene Berliner Ehepaar Juda und Amalia Hertz Beer seinen Sohn Jacob der Öffentlichkeit präsentiert: in gediegenem Rahmen, ohne Gewinn an der Sache und nur unter den Augen der gesellschaftlichen Zierde.

Zwar haben die Liszts nicht einen solch pompösen Salon wie die Beers in der Spandauer Straße 72 der preußischen Metropole, aber sie haben die »gediegene und vornehme Vorstellung«, ihres Sohnes Kunst sei ebenfalls nur für einen erlesenen Kreis bestimmt.

Der kleine Jacob Beer habe als Giacomo Meyerbeer einen kometenhaften Aufstieg begonnen, schreibt Adam Liszt an Hummel, »weil man distinguiert und ohne den allzu lauten Effekt« an die Laufbahn herangegangen sei. Ebenso lautlos und distinguiert soll die Karriere des Rentmeistersohns aus Raiding im Burgenland beginnen.

Der neunjährige Franzl verlangt von seinen Eltern, öffentlich auftreten zu dürfen. Er hat inzwischen, zumeist in Begleitung des Vaters, bedeutende Klavier-Virtuosen erlebt: Franz Hünten, den jungen Ignaz Moscheles, Wenzeslaus Ruziczka, der auch ein großartiger Organist ist, Peter von Winter. Man hat sie in Ödenburg oder Eisenstadt gehört, wo sie unter dem Protektorat des Esterházy auftraten. Und natürlich Hummel, der Virtuose aller Virtuosen ... Ihnen will der Franzl nacheifern.

Aber noch etwas anderes hat ihn gepackt, das er Jahrzehnte später der Sayn-Wittgenstein gegenüber »die Musik von innen« nennen wird. Diese »Musik von innen« vermögen nicht die weltberühmten akademischen Virtuosen zu erzeugen, sondern jene Menschen, denen – nach Liszt – die Virtuosität in der Musik als »Tugend und Seelenäußerung« mit in die Wiege gelegt worden ist. Es handelt sich um die Zigeuner.

Als der Franzl mit dem Vater zum ersten Male Wien besucht (1822), erlebt er den spektakulären Auftritt des Zigeunergeigers Bihary. Nicht nur das Spiel dieses »rasenden, wilden Musikapolls« fasziniert den elf Jahre alten Franz Liszt, sondern auch die »biegsame, überweltlichschöne, rassige Erscheinung des Mannes«, der keine Note kennt, aber die schwierigsten Griffe auf seinem Instrument beherrscht.

Immer in seinem späteren Leben, wenn Liszt der »Musik von innen« begegnet, taucht das Bild des glutvollen Bihary vor ihm auf.

»Wie Tropfen einer geistfeurigen Essenz schlugen die Töne der bezaubernden Geige an mein Ohr«, schreibt Liszt in Erinnerung an das Jugenderlebnis. »Wäre mein Gedächtnis aus weichem Ton und jede seiner Noten ein Diamantnagel gewesen, sie würden nicht fester darin haften. Wäre meine Seele eine von dem in sein Bett zurückgekehrten Flußgott erweichtes Erdreich, jeder Ton des Künstlers ein befruchtendes Samenkorn ..., er hätte nicht tiefer in mir wurzeln können!«

Daß die Kunst Biharys seine eigene in mannigfaltiger Weise befruchten wird, bringt der Knabe in Gesprächen mit Hummel und Ferdinand Hand zum Ausdruck, die ihn nach seinen ersten Konzerten in Ödenburg, Eisenstadt und Preßburg ausgiebig befragen, wohin denn »seine Lust an der Kunst ihn specie tendiere«.

Hummel vergleicht den Knaben im Konzertsaal, der nach den Darbietungen mit der Gesellschaft freimütig und angeblich tiefschürfend diskutiert, in seiner überschwenglichen Art mit dem zwölfjährigen Jesus von Nazareth im Tempel vor den Schriftgelehrten.

»Wisset Ihr nicht, daß er sein muß, in dem, das seines Vaters ist?« heißt es in Anlehnung an den Text des Neuen Testamentes in den Ausführungen Hummels an Diabelli. Und er fügt hinzu, daß unter dem Vater kein anderer als Ludwig van Beethoven, der zu der Zeit bereits völlig taub ist, zu verstehen sei: »An ihn glaubt der junge Liszt wie an den heiligen Geist!«

Hummel weiß, welchen Einfluß Diabelli auf Beethoven hat. Diabelli und der Sekretär Schindler gehören zu den wenigen Menschen in des Symphonikers Umgebung, auf die Beethoven hört.

Sind Diabelli und Schindler geneigt und genügend vorbereitet, wird sich der große Schweiger womöglich herablassen und das Wunderkind empfangen. So haben es Vater Liszt und Hummel ausgetüftelt.

Der Kritiker Hand berichtet, er sei von dem jungen Liszt nur zum Teil überzeugt gewesen. »Zuviel Theater!«

Er fügt hinzu: »Die Eltern sind sehr zurückhaltend; verflucht sei aber die Meute, die das begabte Kind in den Rachen der Wiener Gesellschaft werfen will, wo man auf einen neuen Mozart wartet wie die Juden auf den Messias!«

Auch Hand schreibt, der junge Liszt habe »mit gewisser Deutlichkeit auf den Eindruck der zigeunerischen Musik hingewiesen, deren Bekanntschaft ihm in Wien zuteil ward«. Hand: »Er stellt sie über die der ungarischen Nationalmusik, welches denn doch eine kindliche Auslegung ist. Die ungarische Musik steht doch wesentlich höher im Niveau als die der schrecklich ungebildeten Zigeuner.«

Interessant, daß Hand überhaupt eine Unterscheidung zwischen ungarischer und zigeunerischer Musik macht, denn damals wirft man beide noch in einen Topf. Vermutlich aber verstand der Kritiker unter »ungarischer Nationalmusik« jene, die in den großen Städten des Landes von Italienern und Franzosen auf magyarische Sujets komponiert wurde.

Noch Zoltan Kodály ärgert sich über die Musikhistoriker, »die den Unsinn des 19. Jahrhunderts mitmachen und Meyerbeer für einen Franzosen, Händel für einen Engländer, Hummel für einen Ungarn halten«.

Auf jeden Fall hat Bihary in dem jungen Liszt den Funken entzündet, »der aus Jugendschwärmerei Ehrgeiz und Leidenschaft entstehen ließ« (Carolyne).

Dem Geheimnis der Zigeuner-Seele bleibt Liszt zeit seines Lebens auf der Spur. »Nicht das Ungarische hat mich so sehr inspiriert, denn ich war ja doch nach Österreich hin erzogen, auch meine Sprache deutsch, obwohl ich das Land meiner Geburt herzlich liebe. Nein! Es ist dieses Unfaßbare und Einzigartige des anderen Volkes, das in meinem Volk lebt.«

Als ihm in den vierziger Jahren der ungarische Graf Téléky den Zigeunerknaben Józsy in die Pariser Wohnung bringt und Liszt von diesem »ungestümen, kleinen Cygan« hin- und hergerissen ist, wird das Jugenderlebnis Bihary »auf okkulte Weise« noch einmal wiederholt. Stundenlang lauscht der berühmte Virtuose und Komponist Franz Liszt dem leidenschaftlichen Spiel der »hochherzigen Freundesgabe Télékys«.

Balzac und George Sand dokumentieren in Briefen und Tagebuchaufzeichnungen gleichzeitig, daß Liszt angesichts Józsys »wie mit ganzem Körper und ganzem Geist« in Feuer stünde. Die Sand: »Der Schöne ist ein Wunder für ihn. Liszt frißt dem Gelbhäutigen aus der Hand. Niemand darf ihn jetzt ansprechen. Er träumt das große Mysterium seiner Jugend.«

Die Gesellschaft beginnt zu tuscheln, so daß Balzac den »Meisterfreund« geradheraus fragt, ob »Ernsthaftes« im Schwange sei.

Liszt ist über soviel Unverfrorenheit der High-Society entsetzt: »Ihr wißt ja nicht, was rein ist. Eure Ohren sind taub für diese Musik, für das, was ich erlebe.«

Wenn Liszt später als Virtuose durch die Lande zieht, kommt er sich stets wie einer aus Biharys Sippe vor: »Sie haben die Pfähle ihrer Zelte in allen Landen Europas aufgestellt, und ich durchlief das wirre Netz von Wegen und Pfaden, auf dem sie im Laufe der Zeiten umherirrten, in einigen Jahren ihre geschichtlichen Geschicke gewissermaßen in gedrängtem Bilde wiederholend. Ich blieb dabei gleich ihnen der Bevölkerung jener Länder fremd, verfolgte gleich ihnen mein Ideal in einem unausgesetzten Aufgehen in der Kunst, wenn nicht in der Natur.«

Bereits der Knabe ist den »freudestrahlenden und zugleich schmerzflammenden« Momenten in der Zigeunermusik erlegen. Er erkennt, daß die »Cygans« sich ein festeres und tieferes Gewebe aus Freud und Leid weben als die Menschen der sogenannten zivilisierten Welt es vermögen: »... ein Gewebe, welches, wechselnd von Liebe, Gesang, Tanz und Wein, wie von vier Elementen der Wollust und des Taumels erweckt und beschwichtigt wird.«

Wenn er glaubt, daß ihm Vater und Mutter nicht zuhören, spielt er auf dem Klavier Biharys Melodien nach. Für

Vater Adam ein weiterer Anlaß, den Sohn »akkurat« unterweisen zu lassen. »Der Komet hat uns gesagt, daß wir Glück mit dem Buben haben werden«, schreibt der Rentmeister. »Unsere Zukunft liegt nicht hier, sie liegt in Wien!«

Seit langem hat Adam Liszt mit dem alten Salieri, mit Karl Czerny und Muzio Clementi korrespondiert, die den Knaben »auf Klavier, Komposition, Harmonie, Kontrapunktus und allerhand Bildung zum täglichen Gebrauch« ausbilden sollen.

Hummel hat vorgesorgt. Auch die finanzielle Situation der Liszts ist durchaus nicht schlecht. Nach dem Preßburger Konzert des Buben am 20. November 1820 hat sich ein Förderungskomitee unter dem Protektorat der Grafen Szápáry, Erdödy und Appónyi gebildet, das für sechs Jahre hindurch dem Franzl jährlich 600 Gulden für Ausbildungszwecke garantiert. Das verkaufte Haus, die Möbel und einige Wertsachen ergeben eine Summe von fast 3000 Gulden. Wenn man sich einschränkt, wird man für eine Weile in Wien leben können.

Nicolaus Esterházy ist ziemlich verdutzt, als ihm der Adam Liszt aufkündigt. Wegen eines musikbegeisterten Buben eine so sichere Stellung aufzugeben . . .! Er willigt in die Entlassung ein.

Die Fürstin schenkt dem Franzl das Stammbuch Joseph Haydns, in das sich alle berühmten Musiker eintrugen, die jemals mit dem »Quartett-Pepi« zusammengewirkt haben.

Nach zwei Minuten hat der Nicci die Sache schon wieder vergessen, denn er hat wieder einmal seine grauslichen Tarockwochen. An ein Abschiedsgeschenk, auf das Adam Liszt wegen der langjährigen treuen Dienste wartet, denkt der Fürst nicht. Statt dessen sendet der Kanzleirat von Kaunitz eine Börse, »die er dem Fürsten beim Spiel abgewonnen«.

Bevor die Kutsche die Liszts nach Wien bringt, trägt der emeritierte Rentmeister in sein Schreibbüchl ein: »Vertrauen auf Gott. Er wird's wohlmachen. Seine Hand über uns und dem Ferencz. Amen.« Und ein etwas später hinzugefügter Nachsatz: »Wahrlich, der Komete war gut!«

Beethovens Weihekuß

Die Liszts trafen in Wien zu einer Zeit ein, da Staatskanzler Fürst Metternich mit allen Kräften bemüht war, die europäische Machtstellung, die Österreich auf dem Wiener Kongreß von 1815 erlangt hatte, zu behaupten und zu erhöhen. Die engherzige und kurzsichtige Metternichsche Politik, von vielen seiner Zeitgenossen als brisantes System gepriesen, versuchte, durch Niederhaltung jeder Volksbewegung eine Wiederkehr der »verderblichen Revolutionszeit« zu verhindern.

In der unumschränkten landesväterlichen Gewalt sah man das Heil der Monarchie. Jede freiere Bewegung, auch auf künstlerischem Gebiet, wurde durch eine brutale Zensur unterdrückt. Österreich stand an der Spitze der Reaktion.

Adam Liszt, bis dahin lediglich mit der Esterházyschen Haus- und Familienpolitik vertraut, mußte sich von seinen Wiener Fürsprechern in die Mysterien der k. und k. Staatsgeschäfte einweihen lassen:

Kein Goldstück und keinen Silberling zu den Bankgeschäften tragen, die alles in wertloses Papiergeld umtauschen ... Abends nicht später als zehn Uhr in den Straßen herumlaufen, da man sonst von Metternichs Spitzeln gefangen und einer hochnotpeinlichen Gerichtsbefragung ausgeliefert wird. Nie ein Wort über die »nach ruchloser Freiheit« strebenden Griechen verlieren; kein Sterbenswörtchen über die Staatsbankrotte fallenlassen, da diese »Staats- und Majestätsbeleidigung« mit drei Jahren Kerker geahndet wird.

Adam Liszt belehrte seine Familie in der kleinen Mietwohnung, die man in der Südstadt gefunden hatte. Franz Liszt schreibt später: »Die Atmosphäre zu Wien war damals sehr ungesund. Man kam sich vor wie in einem riesigen Gefängnis. Alles hörte auf Metternichs Kommando. Und hätte es nicht die großen, alles Politische und Diplomatische in den Schatten stellenden Männer der Kunst gegeben, wir wären wohl gar bald dieser Stätte entflohen . . .«

Vater Liszt nutzt jedoch »die Stunde Metternichs«. Wo immer er in Berührung mit einflußreichen Menschen der Wiener Gesellschaft kommt, rühmt er die diplomatischen und menschlichen Fähigkeiten des Staatsmannes.

Es bleibt nicht aus, daß der Fürst von diesem auffälligen Gerede hört. Diabelli und Hummel werden von ihm befragt, was es mit dem Esterházyschen Beamten und seinem Wunderkind auf sich habe.

»Das neunte Weltwunder!« erklärt Diabelli. Metternich wird bald darauf bereit sein, einen Empfehlungsbrief an Maestro Luigi Cherubini, den Direktor des Pariser Konservatoriums, zu richten, bei dem die »Perle Ungarns« die richtige Fassung bekommen soll.

Über dieses Schreiben des allmächtigen Staatskanzlers flüstert tout Wien. So etwas hat es zuvor noch nicht gegeben. Wieso kümmert sich Metternich um Künstler, zumal um solche, die es noch gar nicht verdient haben, so genannt zu werden?

Kurz zuvor hat der Diktator Österreichs ein Unterstützungsgesuch für Franz Schubert abgelehnt. »So überflüssig wie ein Haar in der Suppe« ist nach seiner Meinung eine Staatspension, die Beethoven zugute kommen soll.

Adam Liszt schlägt aus der Gunst Metternichs ein unerhörtes Kapital. Läßt er den Franzl in einem Wiener Salon auftreten, wird dem »ff.-Publikum« zuvor erklärt, daß der

Knabe den Beistand des durchlauchtigsten Herrn Staatskanzlers genieße. Daraufhin stellt sich auch die Presse um, die »das Nahen des neuen Mozarts mit Skepsis zur Kenntnis nahm.« Man überbietet sich mit Lobpreisungen.

Wenige Tage nach dem Eintreffen in Wien läßt sich Vater Liszt auf Empfehlung des Herrn von Kaunitz bei den Arnsteins melden, deren Salon dafür bekannt ist, junge Talente zu fördern.

Auch beim Bankier Eskeles, beim Grafen de Marialva und beim Grafen Khevenhüller sprach der Rentmeister außer Diensten vor. Diese Namen finden sich jedenfalls in der Liste der »sehr geneigten Personen von Stand«, die sich nach dem ersten Konzert Franzls im Arnsteinschen Palais am Hohen Markt sofort bereit erklärten, für die Existenz der Familie Liszt und für die Ausbildung des Knaben zu sorgen.

Das Honorar, das der Bub für seine Konzerte in den Landschlössern der Eskeles und Khevenhüller zu Baden und Schönbrunn erhält, erregt den Neid der Arrivierten. Hummel, der sonst so lisztfreundlich ist, meint, daß auch die Hälfte des Einkommens »noch stattlich« wäre. Er habe leider nicht mehr die Jugend, um die schöne Madame Eskeles-Fließ zu beeindrucken, »die in ihrem Salon jedem Apoll freigiebig diverse Börsen bereithält, ob sie nun einen Profit hat oder nicht«.

Hummel fühlt sich etwas aus dem Spiel gebracht, nachdem ihm Adam Liszt vor versammelter Menge »eifrig contra« wegen der »diabolischen Forderung von einem Gulden für die Unterrichtsstunde« gegeben hat.

»Halsabschneider!« hat ihm der Rentmeister zugerufen. Hummel ist nicht nachtragend. Schon beim nächsten Franz-Liszt-Konzert sitzt er in der ersten Reihe und applaudiert dem allmählich Beifall gewohnten Knaben.

Die Liszts haben keine Not. Vater Adam überlegt, wer denn nun am ehesten für den Unterricht des Buben infrage kommen könne. »Ach ja, wenn Beethoven nicht taub und so traurig dahinlebte, dann wäre alle Sorge dahin, denn er ist der größte und liebste Meister, den die Welt hat!« erklärt der Vater Diabelli, bei dem sich der Franzl »honorarfrei« die schwierigsten Werke aussuchen darf.

Beethoven fällt als Lehrer aus. Adam Liszt hat aber bereits von Raiding aus mit dem alten Salieri und mit Czerny korrespondiert. Mal sehen, wie die das Wunderkind einschätzen ... »Wenn sie nicht wollen«, sagt Adam Liszt, »machen wir uns gleich nach Paris auf, obwohl es besser wäre, wenn der Bub noch ein oder zwei Jahre hier in Wien das Ordentliche lernt.«

Mutter Liszt ist zunächst gegen den »unheimlichen« Salieri, von dem man sagt, er habe Mozart umgebracht. Als sie jedoch dessen Bekanntschaft gemacht hat, weiß sie, daß alles nur ein »hündisch Gerücht« ist.

Der freundliche alte Herr, der noch ganz im Alt-Wiener Opern-Milieu lebt, erklärt sich sofort bereit, den Buben zu unterrichten. Doch die Stunden werden für den Eleven alsbald unerträglich. Anstatt über klaviertechnische Probleme zu referieren, verliert sich Salieri in langatmige Lobpreisungen über Metastasio und die italienischen Opernschöpfer. Die ersten Zeichen der geistigen Umnachtung machen sich bemerkbar. Adam Liszt nimmt seinen Sohn aus der Lehre bei dem »Spinnerten«.

Immerhin hat Salieri den Knaben angeregt, sich mit dem Klavierwerk Beethovens auseinanderzusetzen.

»Es steigert sich in mir die Gier, endlich dem großen Manne zu begegnen, von dem ich den Weihekuß empfangen sollte ...«, schreibt Franz Liszt fünfzig Jahre später. Um diesen Weihekuß zu erhalten, unternehmen die Liszts manche Anstrengung. Sie bearbeiten Diabelli, die Begegnung herbeizuführen.

Der jedoch erklärt, daß es ein Fehler sei, dem Buben Unterricht bei Karl Czerny angedeihen zu lassen. Beethoven sei ein erklärter Gegner dieses Virtuosen und Pädagogen, den er zwischen 1801 und 1803 selber unterrichtet habe.

»Wenn der Alte den Geruch Czernys in die Nase bekommt, fletscht er die Zähne und schafft mir Kümmernisse«, sagt Diabelli. »Ich kann den Franzl nicht mit dem Querkopf Beethoven zusammenbringen!«

Man wendet sich an Schindler, der es tatsächlich schafft, daß der Rentmeister und sein Sohn Beethoven vorgestellt werden. Da dieser taub ist, müssen die Besucher ihre Wünsche in ein Konversationsheft eintragen.

Darin schreibt Adam Liszt im April 1823: »Ich habe schon oft meinen Wunsch gegen Herrn von Schindler geäußert, die hohe Bekanntschaft mit Ihnen zu machen, und bin sehr erfreut, daß es jetzt sein kann, nachdem ich Sonntag, den 13., ein Konzert geben werde und ich untertänigst bitte, mir die hohe Gegenwart zu schenken.« Der Vater schreibt für den Sohn.

Beethoven muß abgewinkt haben, denn wenige Tage darauf trägt Schindler in das Konversationsheft ein: »Der kleine Liszt hat mich dringend ersucht, Sie recht schön zu bitten um ein Thema, worüber er morgen im Konzerte zu phantasieren wünschte. Er will es aber versiegelt erst dort öffnen. Mit der freien Phantasie des Kleinen ist es aber noch nicht streng zu nehmen, daß man es deuten könnte. Der Bursche ist ein tüchtiger Klavierspieler; was Phantasie anbelangt, so ist es noch weit am Tage bis man sagen kann: er phantasiert. Czerny ist sein Lehrer. – 11 Jahre eben. – Kommen Sie doch, es wird den Karl selbst unterhalten, wie der kleine Bursche spielt. – Leider, daß der Kleine in Händen des Czerny ist! – Sie mögen es erraten haben. – Nicht wahr, Sie werden die etwas unfreundliche Aufnahme von letzthin dadurch gutmachen, daß Sie morgen das Konzert des kleinen Liszt besuchen? – Es wird den Kleinen aufmuntern. – Versprechen Sie es mir, daß Sie dahin kommen.«

Es ist nicht mehr zu klären, ob Beethoven mit seinem Neffen Karl wirklich zu dem Konzert kam. Liszt behauptete es jedenfalls. Demzufolge trat der »Titan, umstrahlt von Glorie und jener Milde des Himmels, die das Genie verklärt« nach Beendigung des Programms auf das Wunderkind zu, umarmte es und sagte: »Du bist die Zukunft!«

Interessant ist, daß die Wiener Rezensenten die Anwesenheit Beethovens bei diesem Konzert verschwiegen. Wie denn ... die Jounaille hätte sich eine solche Sensation entgehen lassen?

»Est deus in nobis!« brillierte die Kritik. »Ja wohl waltete ein Gott in dieser schöpferischen Vortragsnacht des Kleinen mit der freien Stirn, der kühnen Nase und dem durch sein großes, tiefes Auge förmlich leuchtenden Antlitz, das von dem strotzenden Haar wie von anderen Ausstrahlungen dieser Kraft umwallt schien ...« Kein Wort über Beethoven und dessen Weihekuß.

Ob Franzl Liszt den »Götter-Schmatz« (Carolyne) nun bekam oder nicht, er war der erklärte Liebling der Wiener Gesellschaft geworden. Aber auch Czerny profitierte von dem Erfolg seines Schützlings. Er wurde über Nacht der gutbezahlte Klavierlehrer eines Schwarms von Junkern, Comtessen und höheren Fräuleins.

Bald gewährte Czerny dem Franzl Freistunden und dazu Einzelunterricht, eine Auszeichnung, die er außer Liszt lediglich dem jungen Joseph Weigl zubilligte, der später durch seine Oper »Die Schweizerfamilie« bekannt wurde.

Nach etwa zwei Jahren fand Adam Liszt, daß es mit dem

»trocknen Étüdengeklimper« genug sei. Endlich wollte er das Empfehlungsschreiben Metternichs in Paris Cherubini zu Füßen legen. Außerdem hatte Madame Eskeles-Fließ, die mit dem schönen Luigi vor Jahren ein Techtelmechtel gehabt hatte, ein längeres Schreiben verfaßt, in dem zu lesen stand, daß der Czerny-Schüler Franz Liszt zu den »herrlichsten Zierden der k. und k. Monarchie« gehöre und es redlich verdient hätte, im Pariser Musik-Tempel »mit der Weisheit des Töne-Magiers« versehen zu werden.

Die Liszts hatten inzwischen herausgefunden, daß man nicht so ohne weiteres zu dem allmächtigen Maestro in der Seine-Metropole vordringen konnte, der so etwas wie ein spanisches Zeremoniell an seiner Hochschule eingeführt hatte, dem sich alle zu unterwerfen hatten, die mit ihm verkehren wollten oder mußten. Dazu gehörte sogar ein passendes Kostüm aus schwarzer Seide mit Kniehosen und einem Kavaliersdegen.

Durch ein Kurier-Billett hatte man anzufragen, wann der Maestro geneigt wäre, Audienz zu gewähren. Cherubini ließ mit seiner Antwort auf sich warten. So nutzte man die Zeit, um in München und Stuttgart Konzerte zu geben, wo der Wunderknabe eine triumphale Presse fand, die man dem Herrn Konservatoriums-Direktor durch reitende Boten zustellen ließ.

Dann traf der Bescheid des Ersten Sekretärs der Pariser Musikhochschule ein, wodurch Vater Liszt und der »angeblich« so talentierte Knabe zur Vorstellung gebeten wurden. Hinzugefügt wurde, daß diese Vorstellung das »Erste Institut Frankreichs« zu nichts verpflichte.

Adam Liszt ließ diese Antwort von Freunden und Gönnern nach allen Seiten hin untersuchen. Madame Eskeles-Fließ sah sich genötigt, eine zweite Depesche an ihren einstigen Günstling abzusenden, in der sie ihn beschwor, die »guten und biederen Liszts« nicht durch eine »verstockte und unangenehme Bürokratie« zu verschrecken.

Eine andere Depesche Madames ging an Ignaz Moscheles, der sich gerade in München aufhielt. Moscheles schrieb nun seinerseits an Cherubini und entschloß sich, die Liszts nach Paris zu begleiten.

Mutter Maria Anna blieb in Wien zurück.

Das »neunte Weltwunder« traf nach sechs Tagen in Paris ein, das für mehrere Jahrzehnte hindurch die Basis all seiner künstlerischen Unternehmungen werden sollte.

Moscheles berichtet, der Knabe habe bei der Einfahrt in Paris ausgerufen: »Ja, hier will ich leben! Es scheint die Sonne höher als anderswo! Es strahlt der Ruhm dieser Stadt bis in mein Herz hinein!« Das mag durchaus stimmen, denn der Franzl pflegte recht altklug zu reden, »weil man ihn so schnell erwachsen gemacht hatte und ihn behandelte wie einen richtigen Mann. Da waren aber noch Grenzen gesetzt . . ., und es war mancherlei in seinen Worten hohl und unnatürlich« (Peter von Winter).

Metternichs Empfehlungsbrief öffnete den Liszts die Tür zum Allerheiligsten des Conservatoire. In der vorgeschriebenen Kleidung erschienen sie zur festgesetzten Stunde bei Luigi Cherubini, der kaum von seinen Schriften aufsah, nicht einmal grüßte und in die Gegend schnarrte: »Ein Fremder kann nicht ins Konservatorium kommen!«

»Von den Frauen droht dir Gefahr!«

Maria Luigi Zenobio Cherubini war 1821 Direktor des Conservatoire geworden. Er hatte lange auf diesen Posten gewartet. Bei Napoleon stand er in Ungnade; in der Restauration galt er zunächst als Buonapartist, weil er dem Kaiser 1806 als Dirigent der Hofkapelle nach Schönbrunn gefolgt war.

»Papst geworden, ließ er die große Nation fühlen, welche Macht er nun besaß. Eigentlich gutmütig, begann er jetzt ein großmächtiges Theater. Er tyrannisierte alle ... und machte Eindruck«, schreibt sein Biograph Bottée de Toulmon.

Daß Beethoven ihn, den Schöpfer der Opern »Medée«, »Lodoïska« und »Les deux journées«, den bedeutendsten Operndramatiker der Zeit genannt hatte, erhöhte sein Prestige ungemein.

»Beethoven und ich haben ...«, so pflegte er stets zu beginnen, fragte man ihn nach irgendwelchen musikalischen Dingen.

Das Empfehlungsschreiben Metternichs, das ihm Adam Liszt übergab, ließ Cherubini unbeachtet. Statt dessen zog er aus einem Haufen von Papieren die Briefe der Madame Eskeles-Fließ heraus und schrie: »Das Weib denkt, sie hat mich. Aber sie soll sich zum Teufel scheren ...!«

Nach dieser Bemerkung stürzten Adam Liszt Tränenströme aus den Augen. Er nötigte seinen Sohn, in die Knie zu gehen. Der Knabe nahm die Aufforderung des Vaters allzu gewichtig: Er warf sich auf den Boden, raffte sich wieder auf und umklammerte die Beine Maestro Luigis, der die Glocke ergriff und seine Sekretäre zusammenrief.

Nachdem man Vater und Sohn Liszt in einem Zimmer der Domestiken mit einem Branntwein wieder »bei sich selbst« gebracht hatte, wie de Toulmon berichtet, setzte man ihnen auseinander, daß an eine Aufnahme des Knaben in eine der Klassen des Conservatoire überhaupt nicht gedacht werden könne, da die Statuten den Besuch der Musikschule für Ausländer nicht vorsähen.

Moscheles, der die beiden vor dem Institut erwartete, sah »in einen Abgrund von Trauer und Enttäuschung«.

Noch dreißig Jahre später erregt den Komponisten die erste Begegnung mit Luigi Cherubini: »Ich bebte an allen Gliedern. Nichtsdestoweniger verharrte, flehte mein Vater; seine Stimme belebte meinen Mut, und ich versuchte ebenfalls, einige Worte zu stammeln. Allein das Reglement war unerbittlich – und ich untröstlich. Alles schien mir verloren, selbst die Ehre, und ich glaubte an keine Hilfe mehr. Mein Klagen und Seufzen wollte gar nicht enden. Die Wunde war zu tief und blutete noch lange Zeit fort.«

Liszts Schülerin Ida Bloch hat ein Gespräch festgehalten, in dem sich der Meister darüber beklagte, daß die Bildung seines Vaters und seine eigene »zum Zeitpunkt der Konfrontation mit Cherubini« nicht ausgereicht habe, um zu reüssieren. »Dem Weltmann Cherubini konnte man nur mit weltmännischer Perfektion entgegentreten, erfolgreich entgegentreten!«

Liszt (nach Ida Bloch): »Was hatten wir schon zu Raiding erlebt und in unseren Geist aufgenommen? Zwar verstrich eine Zeit, in der wir zu Wien an der Gesellschaft teilhatten, aber diese Zeit war zu kurz, um ganz in der Gesellschaft aufzugehen. Wir hatten nicht die elegante, durchtriebene Art, uns Cherubini verständlich zu machen. Ach, es mangelte in meiner frühesten Jugend an vielerlei Kenntnissen! Meine Bildung war vielfach mangelhaft. Und das meiste, das ich wußte, hatte ich wie ein Schauspieler eingeübt...«

Das peinliche Gefühl, nicht genügend gebildet zu sein, um in der Gesellschaft bestehen zu können, hat Liszt in den Pariser Jahren und auch später außerordentlich belastet. Die »Raidinger Herkunft«, die ihm Carolyne unverständlicherweise vorhielt, wenn er ihr nicht willfährig war, verdrängte Liszt ins Unterbewußtsein, und hier wirkten die Vorstellungsgruppen aus seiner Kindheit weiter.

Noch 1854 schreibt Liszt an seinen Sohn Daniel: »Man hat später gut schaffen und arbeiten – denen, die nicht regelrechte Schulstudien durchgemacht haben, mangelt immer ein gewisser Fonds, der leicht flüssig gemacht werden kann, und noch jetzt bedaure ich oft, daß ich es versäumt habe, nach dem Tode meines Vaters strenge Unterrichtskurse durchzumachen. Aber einerseits kannte ich niemand, der imstande gewesen wäre, mir mit der Überlegenheit und Einsicht zu raten, die nötig ist, wenn der Rat von einem lebhaften Geiste befolgt werden soll, und andererseits war ich seit meinem zwölften Jahr genötigt, für meinen und meiner Eltern Unterhalt zu sorgen. Dazu mußte ich musikalische Studien machen, die meine Zeit ganz in Anspruch nahmen bis zum sechzehnten Jahre, in dem ich begann, im Klavierspiel und sogar in der Harmonielehre und im Kontrapunkt Unterricht zu erteilen und mich in den Salons und Konzertsälen wohl oder übel als Virtuos hören zu lassen. Es gelang mir in der Tat ziemlich rasch, eine leidlich einträgliche Stellung und künstlerischen Ruf zu erwerben. Wertvoller wäre es freilich für mich gewesen, wenn ich damals meinen Geist regelrecht ausgebildet und mein Wissen mehr dem der hervorragenden Männer angepaßt hätte, mit denen ich trotz meiner Jugend in Verkehr trat und von denen mich einige ihrer Freundschaft würdigten. Das hat mich veranlaßt, über viele Fragen nachzudenken, den Mangel planmäßiger Studien so gut ich konnte durch Lesen auszugleichen und mich vielleicht auch vor manchen meiner Fachgenossen auszuzeichnen, die auf nichts anderes bedacht sind als auf ihre Sechzehntelnoten und den gewöhnlichen Verlauf ihres Philisterlebens ...«

Was Cherubini – ganz abgesehen von den bestehenden Aufnahmebeschränkungen – abhielt, sich für den jungen Liszt zu erwärmen, war die Tatsache, daß die vorgelegten Kompositionen nicht dem Niveau entsprachen, das man von Aspiranten des Conservatoire erwartete.

Moscheles berichtet, daß es sich um Transkriptionen bekannter Opernstücke gehandelt habe, um eine »elegante Fuge« über ein Thema aus Rossinis »Cenerentola« und eine Bearbeitung von Cherubinis (!) Hauptarie aus der »Medée«.

Der gestrenge Herr Direktor des Conservatoire wurde in den nächsten Tagen noch mehrfach gebeten, seine Ansicht über den jungen Liszt zu revidieren. Moscheles machte ihm seine Aufwartung, die Baronin von Lesser versuchte im Auftrage der Eskeles-Fließ, den Maestro umzustimmen. Es nützte nichts. Cherubini wich von seinen Prinzipien und den Gesetzen des Instituts nicht ab.

Nur einmal, etliche Jahre später, umging er alle Satzungen, als der Synagogenvorsänger Juda Eberscht mit einem Koberle bei ihm erschien. Der kleine Jacob aus Offenbach durfte bei den ersten Lehrern des Conservatoire studieren. Und somit gehört es zu den Verdiensten Cherubinis, daß die Welt einen genialischen Tonschöpfer kennenlernte, der sich Jacques Offenbach nannte. Franz Liszt hat die Absage Cherubinis diesem – zumindest nach außen hin – nie übelgenommen.

Liszt: »Ich muß bekennen, daß dieser italienische Meister, dem Paris sehr viel verdankt, einer der größten Meister des obligaten Akkompagnements gewesen ist. Alles in seinem Satz ist bis ins kleinste motivisch belebt. Cherubini verdient größte Achtung!«

Und Maestro Luigi seinerseits machte dem Virtuosen Liszt in den folgenden Jahren gewichtige Elogen. Zu Reicha sagte er: »Ich habe ihm, Liszt, leider nicht helfen können; aber er besaß soviel Genie, daß er sich selber half. Für ein Genie der beste Weg.«

Antonin Reicha war Lehrer am Conservatoire. Der Kollege Beethovens im Bonner Orchester, Cellospieler im Fürstlich Oettingenschen Ensemble zu Wallerstein, Schöpfer der Opern »Cagliostro«, »Natalie« und »Sappho«, wurde 1818 Nachfolger Méhuls in der »Schule der Genien«. Gounod, Berlioz und César Franck zählten zu seinen wichtigsten Schülern.

Baronin von Lesser machte die Liszts mit Reicha bekannt. Adam Liszt hatte von dem ausgezeichneten Pädagogen gehört, der auch beim Esterházy gastierte, als er um 1800 in der Nähe von Eisenstadt den Schlußakt der Oper »Argène, regina di Granata« komponierte, die der Wiener Hof bei ihm bestellt hatte.

Beinahe wäre es zu einem peinlichen Rencontre gekommen, als Adam Liszt auf den piekfeinen Professor zustürzte, diesen als Landsmann abküßte und mit »Genosse Rejcha« anredete.

Reicha geriet in Rage und belehrte den Rentmeister, der sich verlegen wand, daß man in Paris auf solche »burlesken Szenen« keinen Wert lege. Der Baronin von Lesser wurde ein Fauteuil angeboten, während Vater Liszt und sein Sohn stehenbleiben mußten.

In Franzl keimte bereits jetzt die Abneigung, die er in

all den Studienjahren und darüber hinaus gegen den hochgerühmten Pädagogen empfand. Wenig anders wollte es ihm mit Ferdinand Paër ergehen, den Ignaz Moscheles als zweiten Lehrer vorgeschlagen hatte.

Paër war als Günstling Napoleons in geachtete Positionen vorgerückt und schließlich Direktor der Italienischen Oper geworden. Charles Gounod nannte beide die »Pfauen-Maestri«. Ihre Eitelkeit muß das Maß des Erträglichen weit überschritten haben.

Paër spickte den Leibschneider Reichas mit dicken Börsen, um herauszufinden, welche Farben, welchen Zuschnitt, welche Applikationen das neue Staatsgewand des »Gegners« haben würde. Reicha wiederum hatte in der Dienstmagd Paërs die rechte Kundschafterin, um seinerseits in Erfahrung zu bringen, ob sein modischer Kontrahent für den nächsten Hofball etwas Außergewöhnliches in Auftrag gegeben hatte.

Ob Reicha oder Paër den jungen Liszt darin bestärkten, sich einem Opernstoff zu widmen, läßt sich nicht mehr feststellen. Auf jeden Fall versuchten beide, ihm die Nur-Virtuosen-Laufbahn auszureden. Sie machten Cherubini herunter und lobten die simplen Arbeiten, die Franzl zur Aufnahme ins Conservatoire eingereicht hatte, über den grünen Klee.

Mit der Bemerkung, er habe von ihnen ein gutes Handwerk erlernt, aber ansonsten von den »Gecken« in keiner Weise profitieren können, tut Liszt später seine Studienzeit ab. Kein Wort mehr über Reicha und Paër, die sich bald damit brüsten, »Le petit Litz« gemacht zu haben.

Beim ersten öffentlichen Konzert Franz Liszts im königlichen Operntheater (März 1824) thronen Paër und Reicha in den Prosceniumslogen und nehmen die Honneurs der Gesellschaft entgegen.

Während Reicha am Schluß der Darbietungen Lilienblüten auf »Le petit Litz« herabregnen läßt, hat Paër Körbe voll Rosen parat stehen, die er wie eine Muse über den Jüngling ausschüttet, der coram publico von Talma, dem ersten Schauspieler Frankreichs und erklärten Publikumsliebling, umarmt und abgeküßt wird. Für diese Bemühung hat Paër dem Busenfreund Talma zwanzig Louisdor zu hinterlegen. Die Szene ist also perfekt und wird von den Journalisten bis ins letzte Detail ausgeschlachtet.

Vater Liszt kann freudestrahlend nach Eisenstadt berichten: »Dieses Konzert war ein öffentlicher Triumph für meinen Buben; sobald er auftrat, war des Applaudierens kein Ende; nach jeder Pause sprach sich der Enthusiasmus in lebhaftester Bewunderung aus, nach jedem Stück wurde er zwei- und dreimal gerufen ... Schon vorher beschäftigten sich die Zeitungen damit, das Talent meines Buben zu erheben; allein nach dem Konzert war es außerordentlich, und stelle Dir vor, am 9. März wetteiferten 14 Journalisten, über das Talent zu schreiben und noch ist kein Ende. Man nennt ihn allgemein das Wunderkind, den in Jünglingsgestalt neu erstandenen Mozart. Freund! Weißt, was ich zu allem diesem sage? Ich weine – und aufrichtig Dir gesagt, seine Phantasie am Klavier ist wirklich außerordentlich und dieses ist's eben, was die Herren und Damen in Paris zum höchsten Grad des Erstaunens und der Bewunderung bringt. Und stelle Dir vor, wir gehen fast jeden Tag in Gesellschaften, überall wird nur phantasiert, improvisiert und über aufgegebene Themen gespielt, und dennoch bekennen alle einstimmig, daß sie ihn stets neu spielen hören. Auch hat er hier schon mehrere Sachen fürs Klavier und Gesang geschrieben, die man immer zu hören wünscht und die man mir recht gut bezahlen wollte; allein ich hoffe, eine bessere Spekulation in London damit zu machen ...«

Die Läden stellen Portraits von »Le petit Litz« aus, Gipsabgüsse seiner Hände gelten in den Salons als allerliebste Mitbringsel. In einem Geschäft an der Opéra Comique kann man sogar den Abguß seines Kopfes bewundern, den Gall, der Begründer der Phrenologie, angefertigt hat.

Die Beschreibung dazu lautet: »Diese Form ist die des Knaben Franz Liszt aus Ungarn, welcher schon im zarten Alter von dreizehn Jahren als ein Genie dargestellt wird. Von diesem bewundernswerten Haupte ist zu sagen, daß es viele großartige Rückschlüsse auf den Geist des Trägers zuläßt ...«

Baronin von Lesser ist es, die das Wunderkind in das Haus des Pianofortefabrikanten Sébastien Érard bringt. Érard hat gerade einen neuen Flügel konstruiert. Welch günstigere und erfolgversprechendere Reklame kann er sich vorstellen, als das umjubelte Wunderkind an diesem Flügel zu präsentieren? Er zahlt an Vater Liszt 800 Louisdor, wofür ihm die Rechte zugebilligt werden, den Knaben in Frankreich und Großbritannien auftreten zu lassen.

Am 21. Juni 1824 gibt Franz Liszt sein erstes und eine Woche darauf sein zweites Konzert in London. Die Reklame, die Érard gemacht hat, ist für damalige Zeiten ungeheuerlich. In mehr als sechshundert Ladengeschäften ist das Porträt des Knaben ausgestellt. Ausrufer werden bestellt. Persönlich besucht der Klavierfabrikant die High-Society, um diese zu den Gala-Veranstaltungen einzuladen.

Wie in Paris wird der Knabe mit Beifall und Präsenten überschüttet. Die Zeitungsschreiber erfinden die kuriosesten Begebenheiten, um die bisherige Vita des Wunderkindes anzureichern.

Eine dieser Zeitungs-Legenden ist die Geschichte von der Erscheinung der heiligen Elisabeth, die dem sieben Jahre alten Knaben eine »feuerumkränzte« Leier gezeigt haben soll, das Symbol seiner Zukunft und seines Lebenszieles.

Der königliche Hof wird aufmerksam. Georg IV., ansonsten den Musen nicht unbedingt zugetan, empfängt die Liszts in Carlton-House. Majestät lädt den Wunderknaben für das nächste Jahr nach Windsor, und auch der Herzog von Devonshire bestellt ein Gala-Konzert, »wofür ihm zweihundert Pfund nicht zu viel«.

Érard macht mit dem Franzl nach der Rückkehr aus England eine Tournee durch die französischen Provinzhauptstädte. Die Kritik stellt ihn nunmehr mit Hummel, Moscheles, Kalkbrenner und Cramer, den berühmtesten Klavierspielern der Zeit, gleich.

Kalkbrenner entgegnet auf die Lobeshymnen, der kleine Liszt sei in seinen Augen nichts weiter als eine »aufgezogene Spieluhr, die bald abgelaufen und dann keinen Ton mehr von sich gibt . . .«.

Nachdem der Vertrag mit Érard erfüllt ist, wird der Unterricht bei Paër und Reicha fortgesetzt. Paër überwacht die Instrumentation der einaktigen Oper »Don Sanche«, die der Franzl für die Académie Royale komponiert.

Am 17. Oktober 1825 findet die Uraufführung in der Großen Oper statt. Tout Paris wartet auf den Geniestreich des Vierzehnjährigen. Der Einakter wird mit einer Ballett-Pantomime »La Dansomanie« von Méhul gekoppelt. Rodolphe Kreutzer hat die musikalische Leitung.

Die Erwartungen der »Crème de la crème« werden enttäuscht: ein naives, plump konstruiertes Werkchen, das allzu deutlich die Handschrift Paërs zeigt. Nach drei Aufführungen verschwindet der »Don Sanche« vom Spielplan der Großen Oper. Der einzige Versuch Franz Liszts, sich mit dem Genre Oper auseinanderzusetzen.

1827 meldete sich Sébastien Érard abermals, um gegen ein ansehnliches Honorar und »gefälligstem Protektorate« eine Tournee mit dem Wunderkind zu unternehmen.

Diesmal werden die Städte der Schweiz »erobert« und zwei Konzerte in der Royal Philharmonic Society in London absolviert. Beim letzten Konzert Liszts in der Themse-Metropole stellt sich Fieber ein, dem ein zwei Tage währender Starrkrampf folgt. Die Ärzte konstatieren: Überarbeitung. Sie raten dringend zu einer Badekur in Boulogne-sur-Mèr, wo Liszt Vater und Sohn im Juli 1827 eintreffen.

Aber nicht nur der Wunderknabe ist gänzlich erschöpft; auch Adam Liszt fühlt sich »stark marode«. Nach dem Genuß von Meeresfrüchten wird er von einem heftigen Magen- und Darmkatarrh befallen. Hinzu kommt eine akute Herzschwäche. Franzl sieht die Kräfte seines Vaters dahinschwinden. Am 27. August stirbt Adam Liszt, wohlversehen mit den Sterbesakramenten der katholischen Kirche, in den Armen seines Sohnes.

Bevor ihn der Schmerz um den Verlust »des liebsten Menschen« übermannt, erledigt Liszt mit Hilfe einiger hinzugeeilter Freunde aus Paris die Funeralien.

Der Rentmeister hat seinen Tod vorausgeahnt. Die Mutter von Wien nach Paris zu holen, sei die erste Pflicht des Sohnes, sagt der Sterbende, um dann mahnend hinzuzufügen: »Je crains pour toi les femmes!«

Franz Liszt: »Auf seinem Totenbette in Boulogne sagte mir mein Vater, daß ich ein gutes Herz und Verstand besäße, aber daß er fürchte, daß die Frauen mein Leben verwirren und mich beherrschen würden. Diese Vermutung war sonderbar, denn ich hatte mit sechzehn Jahren noch keine Ahnung, was ein Weib ist, und bat treuherzig meinen Beichtvater, mir das 6. und 9. Gebot zu erklären, da ich fürchtete, sie vielleicht unbewußt übertreten zu haben.«

Adam Liszt hatte, im Gegensatz zu anderen Erwartungen, nichts als Schulden hinterlassen. Der Sohn erklärte sich vor den Behörden sofort bereit, diese Schulden abzutragen, damit nichts die Ehre und das Andenken an den Verstorbenen beeinträchtige. Maria Anna Liszt traf in Paris ein. Sie wurde von Baronin Lesser mit den Worten empfangen, daß der Franzl inzwischen zu einer »L'espoir des dames« herangereift sei.

Der Hexenmeister

Der Auftritt Niccolò Paganinis am 9. März 1831 in der Großen Oper von Paris erregte die Gemüter der Pariser Gesellschaft mehr als die Ereignisse der gerade zurückliegenden Juli-Revolution.

Die gesamte Bühne war schwarz ausgeschlagen. In der Mitte des Hintergrundes hing ein gewaltiger Spiegel. Vier schwarzgekleidete Theaterdiener schritten feierlich über die Szene und entzündeten mehr als zweihundert Kerzen, die in riesigen Kandelabern neben dem Spiegel staken. Bei dieser »mysteriösen Beerdigungsszene« fielen die ersten Damen in Ohnmacht.

Madame Eliza de Pourtalés berichtet, daß die »dämonische« Stille allmählich von dem Röcheln der Damen und Herren abgelöst worden sei, »die vor Aufregung und Erwartung dem Schlagfluß nahe«. Die Presse hatte Paganinis Erscheinen so phantasievoll angekündigt, daß die bigotten Gemüter glaubten, sie würden unmittelbar mit dem Satan konfrontiert.

Balzac schreibt, er habe »mit tollster Inbrunst betende Frauen und Männer« gesehen, die beim Erscheinen des Teufelsgeigers auf der Szene »wie leblos zurückgefallen« und erst mit Hilfe von starken Essenzen und Aderlässen wieder ins Diesseits befördert worden seien.

Daß Paganini übernatürliche Kräfte besitzen mußte, glaubte jeder, der ein Vermögen als Eintrittsgeld für das Konzert des Genuesen ausgab. Hatte er nicht seine Geliebte umgebracht und lange Zeit im Keller eines finsteren

Kerkers geschmachtet, aus dem ihn der Teufel befreite, den er durch sein rasantes Spiel zu gewinnen wußte? Nur die Geige hatte er ins Verlies mitnehmen dürfen, wo er schließlich, nachdem ihm drei Saiten gerissen, auf der G-Saite allein zu musizieren gezwungen war ... Und das hatte selbst Luzifer verblüfft!

Welch ein Zufall, daß ihm am Ende des Pariser Konzertes ebenfalls das Malheur passierte: Drei Saiten gerissen ...

Das Publikum springt von den Sitzen auf, um zu erleben, ob Satan auch diesmal eingreift. Schrei der Masse: Paganini spielt so virtuos wie zuvor auf allen vier Saiten jetzt auf der einen weiter. Er hat dieses Kunststück viele Jahre hindurch kultiviert. Und es tut seine Wirkung.

Balzac: »... es war jetzt die Zeit gekommen, da sich etliche Damen vor Hysterie die Kleider aufrissen. Man sah würdige Herren, die sich vor Raserei mit ihren Nachbarn schlugen.«

Ein solches Wunder an Virtuosität hatte man noch nie zuvor in Paris erlebt. Als Geiger vereinte dieser Magier alle Eigenschaften, von denen schon eine einzige einen anderen berühmt gemacht hätte: Klangzauber, geniale Auffassungsgabe, stupende Technik im Doppelgriff-, Staccato- und Flageolettspiel sowie im Pizzicato mit der linken Hand.

Manche scheinbaren Unmöglichkeiten, durch die er alle Zuhörer in sprachloses Erstaunen versetzte, erklären sich dadurch, daß er die Saiten seiner Geige zu besonderen Zwecken umstimmte, also die ehedem sehr beliebte Scordatura pflegte.

Zu den in tiefster Seele vom Spiel Niccolò Paganinis Getroffenen gehörte Franz Liszt. Die Erkenntnis, daß nur durch neue, ungewöhnliche Mittel ein so illustres Publikum in Enthusiasmus versetzt werden könne, bewog ihn nach dem Konzert seinen Freunden mitzuteilen: »Ich habe soeben beschlossen, der Paganini des Klaviers zu werden!« Schon sein nächstes Konzert zeigte einen gewandelten Liszt.

So schreibt der Rezensent der »Pariser Musikzeitung«, in der Liszt übrigens eine stattliche Zahl von Essays veröffentlichte: »Sein Vortrag ist seine Sprache geworden, seine Seele. Er ist der poetischste, vollendetste Inbegriff aller Eindrücke, die er empfangen hat, alles dessen, wovon er eingenommen ist. Diese Eindrücke, die er allem Anscheine nach vermittelst der Sprache gar nicht wiedergeben und in klaren und bestimmten Gedanken aussprechen könnte, diese reproduziert er in ihrer ganzen unbegrenzten Ausdehnung mit einer Kraft der Wahrheit, mit einer Gewalt der Natur, mit einer Energie der Empfindung, mit einem Zauber der Anmut, welche nie erreicht werden können. Aber bald ist seine Kunst leidend, ein Instrument, ein Echo: sie drückt aus, sie übersetzt. Bald ist sie wieder tätig: sie spricht, sie ist das Organ, dessen er sich zur Entfaltung seiner Ideen bedient. Daher kommt es, daß Liszts Vortrag kein mechanisches, materielles Exercitium, sondern vielmehr und im eigentlichen Sinne eine Komposition, eine wirkliche Schöpfung der Kunst ist.«

Die Karikaturisten bemächtigen sich des Tasten-Wunders Liszt: Mal stellen sie ihn als Beethoven-Priester dar, mal als geschniegelten Affen, der ein Diamanthalsband trägt und von den Damen der Pariser Gesellschaft an die Leine genommen worden ist. Man kann ihn als tanzenden Harlekin bewundern und als Gottvater, der segnend und zelebrierend über das Tastenfeld schreitet.

Es gibt keinen Klavierspieler in jener Zeit, der so sehr dem Geschmack, den Wünschen des Publikums entgegenkommt wie Franz Liszt. Wenn er nach einem Air Bachs das Haupt auf die Klaviatur fallen läßt und die Hände faltet, ist die Menge andächtiger als beim Hochamt in Notre Dame. Wenn ihm bei Revolutionsstücken, die damals sehr in Mode sind, die Tränen des Hasses aus den Augen springen, droht die hypnotisierte Hautevolee wutschnaubend dem imaginären Tyrannen ... wie sie beim vaterländischen Adagio den Märtyrern der Freiheit Dankeszähren widmet.

Musik war ungemein dazu angetan, politische Emotionen hervorzurufen. War nicht wenige Jahre zuvor, nämlich 1830, bei der Erstaufführung von Aubers Oper »Die Stumme von Portici« in Brüssel die Revolution ausgebrochen?

Dieser Liszt mußte auf seiten der Liberalen stehen, die zwar den Herzog von Orléans als Louis Philippe auf den Thron gebracht hatten, doch mit dem königlichen Geizhals denkbar unglücklich waren und auf Änderung der politischen Verhältnisse sannen.

Casimir-Périer, der Führer der Liberalen, erschien bei Liszt, um ein Revolutionsstück in Auftrag zu geben. Kaum war diese »unpatriotische Tat« bekanntgeworden, machte sich auch die Herzogin von Berry, die den Legitimisten angehörte, auf den Weg, um eine »geharnischte und kämpferische« Komposition zu bestellen. Als schließlich auch Vertreter der Republikaner auftauchten, um einen Revolutionsmarsch zu erbitten, waren alle drei politischen Aktionsgruppen bei Franz Liszt vorstellig geworden.

Er hielt alle Auftraggeber hin, begann an einer »Revolutions-Symphonie« zu arbeiten, war aber in kürzester Zeit der Sache ledig, als Louis Philippe allen Verschwörungen zuvorkam und die Häupter derselben nach Algerien verbannte. Die »Revolutions-Symphonie« wurde nie vollendet.

Der Sinn für »politische Transaktionen« war bei Liszt erwacht, nachdem er vom Minister de Saint-Cricq in der Gesellschaft bloßgestellt worden war. Saint-Cricq, Politiker der Regierungszeit Karls X., hatte eine bildschöne Tochter, Caroline. Liszt erteilte ihr Klavierunterricht und wies sie in die Anfangsgründe der Harmonielehre und des Kontrapunktes ein.

Bei dieser Einweisung muß der junge Mann, der bis dahin noch nie ein Weib »in seiner ihr eigenen Natürlichkeit« gesehen hatte, entdeckt haben, daß es neben der Agape auch noch die Erotik und den Sexus gibt. Caroline war Franzens erste Flamme. Und sie loderte so hell, daß er in kürzester Zeit die Metamorphose vom Knaben zum Manne durchmachte und sich dem »teuersten Geschöpf auf der Welt« ergab.

Der junge Liszt war nach dem Tode des Vaters darauf angewiesen, Klavierunterricht zu erteilen. Er mußte sich und die Mutter durchbringen, die ihn liebevoll umsorgte und ihn von dem Plan abbrachte, Priester zu werden.

Die Erkenntnis, daß etwas in ihm geschehen, welches nicht mit der reinen Auffassung der alleinseligmachenden Kirche in Einklang zu bringen sei, trieb ihn zu religiösen Übungen und Kasteiungen. Es gab niemanden, der den Pubertierenden aufklärte. Bisweilen half das Gebet, »wenn sich der Abgrund der Unterwelt auftat«; aber nicht immer.

Die Gegenwart Carolines machte alle strengen Vorsätze wieder zunichte. Mutter Liszt befreite ihren Sohn von den Gewissensqualen, indem sie ihm erklärte, es sei gottgewollt, wenn er derlei Empfindungen für ein Mädchen hege. Da es nun einmal solche Gefühle gäbe, dürfe er nicht in den Fehler verfallen, gegen die Mächte der Natur anzukämpfen, zumal die Natur vom lieben Gott geschaffen sei ...

Es brauchte lange, ehe sich das rechte Verhältnis zu den Dingen der Erotik in Franz Liszt einstellte. Als es soweit war und er sich Caroline de Saint-Cricq »zu näherer Bindung« erklären wollte, machte ihm der Minister einen Strich durch die Rechnung. Er hatte das Techtelmechtel zwischen dem Klavierlehrer und seiner Tochter seit einiger Zeit beobachtet und auch dulden müssen, da seine Frau auf den Tod krank darniederlag und er die Anwesenheit Liszts für das Gemüt des Töchterleins »als für medizinisch günstig« ansah.

Kaum war aber die teure Gattin in die ewigen Gefilde hinübergewechselt, wurde es dem Minister zuviel. Er verbot dem Klavierlehrer das Haus und verbannte die schöne Tochter in den Süden Frankreichs. Liszt resignierte.

Die folgende Zeit hat er später mit nur wenigen Worten abgetan: » ... machte ich eine Krankheit von zwei Jahren durch, während welcher mein ungestümes Bedürfnis des Glaubens und der Hingabe sich an die ernsten Übungen des Katholizismus verlor. Meine brennende Stirn beugte sich über die Stufen von Saint Vincent de Paule! Entsagung alles Irdischen war der einzige Hebel, das einzige Wort meines Lebens!«

Liszt war in Werther-Stimmung. Wochenlang lag er völlig apathisch darnieder. Es kursierte das Gerücht, er sei gestorben. Im »Étoile« erschien sogar eine diesbezügliche Nachricht: »Franz Liszt, geboren 1811 in Raiding, gestorben 1828 in Paris.«

Die Damen der Gesellschaft mühten sich inständig um ihn. Wie zufällig vergaßen sie prallgefüllte Börsen im Salon, die Madame Liszt zur Zählung in die Küche hinaustrug: »Mit spitzen Fingern, als hätte sie eine Fledermaus des Teufels bei den Ohren . . .« Jedoch man brauchte das Geld, um die nicht gerade billige Wohnung und die unbürgerlich hohen Lebenskosten bestreiten zu können.

Schließlich genas der von den Hautevolee-Damen so zärtlich und emsig umsorgte Musensohn wenigstens soweit, daß das Unterrichtgeben fortgesetzt werden konnte. Neue Elevinnen waren die Töchter des britischen Gesandten Lord Granville und eine Nichte der Herzogin von Berry, vor der Mutter Maria Anna jedesmal in die Knie ging, ward sie ihrer ansichtig.

Die Zeit der »Mattigkeit und des Aufwärtsschreitens zur Gesundheit« gab Liszt Gelegenheit, einige Bildungslücken zu füllen. Einem älteren Freund befahl er: »Lehren Sie mich die ganze französische Literatur!« Die Antwort: »Es scheint eine große Begriffsverwirrung im Kopfe des jungen Mannes zu herrschen!«

Manchmal las Liszt Tag und Nacht und erhob sich gar nicht von der Bettstatt. Byrons Hymnen hatten es ihm besonders angetan; er las aber auch die bedeutendsten Werke der modernen Franzosen: Hugo und Balzac, die er persönlich kannte. Mit dem Gedankengut Voltaires, Montaignes, Pascals und Kants machte er sich vertraut, so daß er »über einiges« mitreden konnte, als er zu Beginn der dreißiger Jahre wieder in der Gesellschaft erschien.

Mit zeitgenössischen Kompositionen befaßte er sich in den »trüben, abgeschiedenen und ungepflegten« Jahren nur wenig. »Ich entdeckte Bellini und war von dessen Schöpfungen so eingenommen, daß es für längere Zeit keinen Raum mehr für andere Musik in meinem Geiste gab; abgesehen von der Musik Bachs, in die ich mich vertiefte, weil sie mir soviel Glaubensstärke ausstrahlte, die ich besitzen wollte.«

Bachs 48 Präludien und Fugen standen dann auch sozusagen Pate, als Liszt sich entschloß, seine »48 exercises dans tous les tons majeurs et mineurs« niederzulegen, – an Karl Czernys Klavierstil erinnernde Étüden, von denen aber nur ein Dutzend ausgeführt wurde. Umgearbeitet erschienen sie 1838 als »Grandes Études« und 1851 als »Études d'exécution transcendante«.

Es wurde damals nicht unbedingt gern gesehen, wenn sich ein frommer Katholik über Gebühr mit den Arbeiten des Protestanten Bach auseinandersetzte. Noch Cherubini verbot seinen Schülern, die Oratorien des Thomas-Kantors zu studieren, weil aus diesen nichts anderes als der verwegene Unsinn der Reformation Luthers spreche.

List scheute sich nicht, in streng katholischen Kreisen über Bachs Werke zu philosophieren, was ihm die Bemerkung der Herzogin Aremberg eintrug: »Zweihundert Jahre früher ... und man hätte Sie verbrannt!« Darauf antwortete Liszt: »Zweihundert Jahre später ... und man wird die verbrennen, die sich gegen Bach wenden!«

Carolyne Sayn-Wittgenstein schreibt, Liszt sei in jenen Jahren das »Opfer« freireligiöser Richtungen geworden. »Er hatte seinen Glauben zu ernst genommen, zu sehr geeifert ..., jetzt kam die Wende. Und wie er diese Wende später bereute! Daß er in den besten Jahren seines Lebens der getreueste Sohn seiner Kirche wurde, hängt damit zusammen, daß er einsah, welchen Fehler er beging, als er seinem Eifer abschwor und abtrünnig wurde.«

Neben den Werken Voltaires und Kants hatte Liszt auch etliche der Saint-Simonisten gelesen, mit deren Ideen er sympathisierte. Er tat dies um so unbekümmerter, als auch sein Beichtvater, Abbé Félicité Robert de Lamennais, dem religiösen Sozialismus des d'Alembert-Schülers Claude Henri Comte de Saint-Simon huldigte.

De Lamennais verkündete seinem Beichtsohn: »Die eigentliche Aufgabe der Gesellschaft besteht darin, die Arbeiterfrage als das soziale Problem dieser Zeit zu erkennen. Diese Frage ist international nur auf dem Wege des Staatssozialismus und mit Hilfe einer religiösen Reform zu lösen. Wir müssen ein neues Christentum der werktätigen Bruderliebe ohne Priester und Dogma erstreben . . .«

Für solch lose Reden hatte de Lamennais manche Rügen einstecken müssen; schließlich wurde er sogar exkommuniziert, was aber Franz Liszt nicht daran hinderte, ihn weiter als offiziellen Beichtvater zu bemühen.

Auch Mutter Maria Anna benutzte ihn als »Sünden-Tilger«; freilich aus anderen Motiven. Sie hatte herausgefunden, daß der lange, gepflegte Bart de Lamennais' »einfach ehrlicher aussieht als der aller übrigen Priester«.

Der Saint-Simonismus Liszts hielt allerdings nur eine Weile an. Begierig nach allem Neuen und Revolutionären, stürzte er sich bisweilen rücksichtslos in geistige Abenteuer. So meinte er, man müsse für Bellini, als dieser plötzlich im Alter von 34 Jahren in Puteaux bei Paris gestorben war, ein Pantheon errichten, denn von diesem seien die »kühnsten und zukunftsträchtigsten« musikalischen Richtlinien gegeben worden. Er richtete eine Petition an den König, die dieser in die Akte »gefährliche Dokumente« beim Polizeipräsidenten abheften ließ. Alles, was mit solch starken Attributen wie »kühn« oder »zukunftsträchtig« versehen war, galt in den Augen der Obrigkeit als revolutionär und staatsgefährdend. Mehr als einmal geriet der Name Franz Liszts in die Akten des Kriminalinspekteurs.

Liszt mußte überall dabei sein. Für die Freimaurerei interessierte er sich, weil er in Erfahrung gebracht hatte, daß Balzac mit dieser geheimen Bruderschaft liebäugelte und daß Joachim Murat, der Napoleon-Günstling, Mitglied einer Loge gewesen war. »Murat, dieser edle Stratege für die Freiheit!«

Kein Wunder, daß sich die Freunde, die dem Thron Louis Philippes nahestanden, allmählich von ihm zurückzogen. Er brauche sie nicht, bedeutete er ihnen. »Ich habe das Wunder Paganini erlebt und weiß jetzt, welchen Weg ich nehmen muß!« Vergessen waren Saint-Simon, Murat, der Sozialismus und die Arbeiterfrage.

Liszt: »Was ist mir erschienen! ... Welch ein Mann, welch eine Geige, welch ein Künstler! O Gott, was für Qualen, für Elend, für Marter in diesen vier Saiten! Und sein Ausdruck, seine Art zu phrasieren ... und endlich seine Seele!«

Der überaus hagere Paganini, der wie eine Vogelscheuche aussah, wie eine Karikatur von Daumier, hatte Franz Liszt so bezaubert, daß in seinem ganzen Denken für nichts anderes mehr Platz war als für die Frage: Wie tue ich es diesem Phänomen gleich?

Liszt fand die Formel, die ihn zum Paganini des Klaviers machte, so daß der Rezensent der »Pariser Musikzeitung« seine Leser fragen konnte: »Woher kommt es, daß wir ganz von selbst, sobald sich Liszt ans Klavier setzt, um die einfachste Sache, ein Caprice, einen Walzer, eine Étüde von Cramer, Chopin oder Moscheles zu spielen, in unserer Brust plötzlich eine Beklemmung, ein Stocken des Atems spüren?«

Manche hielten die Leidenschaft, das Feuer des Spiels, die Hingabe Liszts für Nervosität. So kann man es in einem Bericht der »Schumannschen Musikzeitung« aus dem Jahre 1834 lesen: »Er besiegt alles, nur seine Nerven wird er nicht besiegen können, denen, fürchte ich, wird er unterliegen. Man sieht mit einem Worte einen ungeheuer nervösen Menschen, der ungeheuer Klavier spielt.«

Berlioz und Chopin

Eine wichtige Erscheinung im Pariser Musikleben der frühen dreißiger Jahre des vorigen Jahrhunderts war der Dirigent und Geiger Rodolphe Kreutzer, dem Beethoven eine Violin-Sonate widmete. Er galt als äußerst intrigant. Von kleinem Wuchs und einem unangenehmen Äußeren, schleppte er mancherlei Komplexe mit sich herum, die er an den Menschen seiner Umgebung abreagierte.

Jean François Lesueur, Kreutzers Vorgesetzter an der Großen Oper, nennt ihn in einem Brief an Langlé eine Spinne, »die jeden in ihr Netz zieht, dessen sie habhaft werden kann: vor allem schöne Typen ...«

Kreutzer hatte den »Don Sanche« des Wunderknaben Franz Liszt für die Große Oper angenommen, die »Francs-Juges« von Hector Berlioz aber abgelehnt. Da er Einfluß auf die Programmgestaltung der concerts spirituels hatte, hintertrieb er die Aufführung der heroischen Szene »La révolution greque« von Berlioz, für den Kreutzer »nicht einen Funken Zuneigung« empfand, da ihm der »Junge« zu arrogant, zu eisig und allzu nobel gegenübergetreten war.

Liszt hörte von den Intrigen Kreutzers. Dem gedemütigten Berlioz, den er bis dahin nicht kannte, trat er freundschaftlich zur Seite. Er ließ sich ihm vorstellen und schrieb unverzüglich einen Brief an den einflußreichen Grafen de La Rochefoucauld: »Monsieur Kreutzer ist durchaus ein ehrenwerter Mann. Er hat eine respektable Oper, Mort d'Abel, verfaßt, welche der gute Berlioz ziemlich gelobt hat. Man sagt Gutes über Herrn Kreutzer, der auch mir versucht hat, die Wege zu ebnen. Aber er ist kurzsichtig, wenn er die grandiosen Kompositionen von Berlioz ablehnt, in denen so hohe und edle künstlerische Ideale verflochten sind, daß jeder von uns darin nur das Höchste und Erstrebenswerteste in der Musik unserer Tage erblicken kann.«

Franz Liszt lernt Berlioz fast zur gleichen Zeit kennen wie Paganini und Frédéric Chopin, der gerade von Warschau nach Paris gekommen ist.

Paganini kehrte nach Italien zurück und verschwand aus dem Gesichtskreis Liszts; das Verhältnis zu Chopin kühlte sehr bald ab; Berlioz blieb ihm »Freund und Lehrer« auf Lebenszeit.

Noch der greise Liszt entsinnt sich der »traulichen, lehrreichen und zauberhaften« Stunden mit dem Schöpfer des »Benvenuto Cellini« und der »Troyens«.

Liszt: »Ja, ja! Er und nur er! Ich lebe in ihm fort bis zu meinem letzten Atemzuge. Paganini gab mir das Feuer, Berlioz die Tiefe und den Adel. Was er über seine Musik hinterlassen hat, ist nicht nur das Bekenntnis zu den eigenen Werten, es ist das Bekenntnis zur Musik dieses Jahrhunderts schlechthin. Und es ist auch, abgesehen von den Eigentümlichkeiten des Wesens meines Freundes und Lehrers, mein Bekenntnis. Eine ewig gültige Deutung, die auch fernen Generationen zur Klärung des Genies Hector Berlioz dienen mag ...«

Liszt bezieht sich auf ein Postscriptum in einem Brief des Freundes an den Verleger Schlesinger. Auf der Altenburg hatte Liszt eine Abschrift davon über seinem Schreibtisch hängen: »Im allgemeinen ist mein Stil sehr kühn, hat aber nicht die mindeste Tendenz, das zu zerstören, was die Kunst an aufbauenden Elementen aufweist. Im Gegenteil, ich versuche, diese Elemente zu steigern. Ich habe nicht im Traum daran gedacht, Musik ›ohne Melodie‹ zu schreiben, wie man in Frankreich verrückterweise behauptet hat. Diese Schule besteht heute in Deutschland, und ich verabscheue sie. Man kann sich leicht davon überzeugen, daß ich stets darauf bedacht war, in meinen Kompositionen einen wahren melodiösen Luxus zu entfalten, ohne mich darauf zu beschränken, eine sehr kurz gehaltene Melodie für ein Thema aufzustellen, wie es die größten Meister sehr oft getan haben. Man kann diesen Melodien Wert, Unterschiedlichkeit, Neuartigkeit und Zauber absprechen – mir kommt ein Urteil darüber nicht zu; aber ihre Existenz zu leugnen – und daran halte ich fest –, ist böswillig und albern. Da aber diese Formen oft von übergroßen Dimensionen sind, erkennen kindlich-kurzsichtige Geister ihre Form nicht klar; oder sie vermählen sich mit Neben-Melodien, die dann für dieselben kindlichen Geister die Konturen verletzen; oder aber, diese Melodien ähneln den kleinen, Melodien genannten Drolligkeiten der niederen Musikbevölkerung so wenig, daß man sich nicht entschließen kann, den einen wie den anderen den gleichen Namen zu geben. Die vorherrschenden Eigenschaften meiner Musik sind leidenschaftlicher Ausdruck, innere Glut, rhythmische Begeisterung und das Unerwartete. Wenn ich sage, leidenschaftlicher Ausdruck, so heißt das ein Ausdruck, der darauf versessen ist, den intimsten Sinn eines Themas wiederzugeben, sogar dann, wenn das Thema der Leidenschaft entgegengesetzt ist und es sich darum handelt, milde und zarte Gefühle oder tiefste Ruhe zum Ausdruck zu bringen.«

Das ist das innere Programm der Musik Franz Liszts; das Essentielle aller Kompositionen der Wagner-Schule, der neurussischen Richtung, schließlich der Impressionisten und ihrer Nachfolger.

Von fast allen Ouvertüren und Symphonien Berlioz' hat Franz Liszt Transkriptionen angefertigt. Er eignete sich die Technik dieser Werke an und erlag so der Imagination seines Freundes. Über Liszt führt der Weg zu Richard Strauss und Gustav Mahler ...

Näher kennengelernt hatten sich Liszt und Berlioz, als die Intrigen Kreutzers der Gesellschaft bekannt wurden und man allgemein gegen den »stinkigen Kauz« Sturm lief; jedoch ohne Erfolg. Damals hatte Berlioz dem Freund, »der aus dem Himmel fiel«, von seiner Leidenschaft zu der Schauspielerin Harriet Smithson erzählt, die sich in der »Symphonie fantastique« niederschlug.

Liszt war von dieser »Programmusik« hingerissen. Alles, was einen Mann in Aufruhr versetzen kann, fand er in diesem gigantischen Werk dokumentiert: Höllenschmerz, Sentimentalität, Gier, teuflische Verlockungen, paradiesische Erfüllung, Liebesruhe, süßes Tändeln und verträumtes Schmachten.

Der »Pfuhl der Leidenschaften« (Wagner) galt der sicherlich interessanten, aber keineswegs schönen Dame Harriet, die ihrem Hector das Leben zur Qual machte. Die Familie Smithson verweigerte den Heiratsdispens. Harriet bricht sich das Bein, wird von Gläubigern verfolgt. Es wird eine Benefizvorstellung arrangiert, damit die dringlichsten Schulden der Schauspielerin abgedeckt werden können. Liszt spielt eine eigene Transkription von Rossinis »Zitti, zitti!« aus »Cenerentola«.

Chopin und Rubini treten ebenfalls auf. Harriet benutzt die ansehnliche Summe, die bei dem Konzert zusammenkommt, um sich neue Kleider anzuschaffen. Berlioz nimmt in ihrer Gegenwart Gift, hat aber das Gegengift gleich zur Hand.

Liszt muß sich stundenlang die Tiraden des Freundes anhören, der sich heute in die Seine stürzen und morgen auf den Stufen der Madeleine erdolchen will.

Am 3. Oktober 1833 setzt Franz Liszt seinen Namen als Zeuge unter die Trauungsurkunde von Harriet und Hector, die sich in der englischen Botschaft das Jawort gegeben haben. Mit der Heirat beginnen aber erst die Sorgen: Berlioz hat kein gesichertes Einkommen. Harriet verfällt in Depressionen. Liszt und Chopin helfen. Immer wieder.

Im Théâtre Italien wird ein weiterer Benefiz-Abend veranstaltet, der für Berlioz zu einem Fiasko wird. Liszt erntet den größten Triumph mit einem Konzertstück von Weber, den er gerade für sich entdeckt hatte. Dann entlädt sich die Mißgunst des Publikums, angestachelt durch Hetzartikel von Rodolphe Kreutzer, auf die arme Harriet und Hector. Bevor Berlioz die Hand zum Beginn der »Fantastique« heben kann, ist das Orchester geflüchtet.

Liszt tröstet den Freund. Chopin übersendet eine so hohe Summe, daß die Neuvermählten »total beschämt« sind.

Liszt begreift die Situation, die Berlioz' Schaffen lähmt. »Nicht eine Note seit Monaten!«

So könnte es Meister Franz auch in sein Tagebuch geschrieben haben, denn seit wenigen Wochen kennt und liebt er die Gräfin Adèle Laprunarède, die ihm die Tage und die Nächte raubt »wie eine kühne Beherrscherin alles Wollens und Wähnens«.

Adèle ist eine Dame in den besten Jahren, verheiratet mit dem bigotten Grafen Laprunarède auf Marlioz bei Genf. Die geborene Chelerd, später Herzogin von Fleury, macht sich an den »unverdorbenen und jungfräulichen und deswegen so interessanten« Virtuosen heran.

An ihre Freundin Hélène Saint-Georges schreibt sie später: »Ich darf mich rühmen, die erste Wirkliche in seinem Leben gewesen zu sein ...«

Liszt ist darauf bedacht, die Liaison vor den Freunden geheimzuhalten. Eine Indiskretion Mutter Maria Annas aber deckt das »Panscherl« auf. In den Salons des Faubourg St. Germain ergeht man sich in fantasievollen Ausdeutungen des Verhältnisses. Man dichtet Liszt ein Duell mit dem Grafen Laprunarède an, will von einem gescheiterten Entführungsversuch Adèles wissen, bei dem sich Liszt die Nase aufgeschlagen hat. (In Wirklichkeit rührt die kleine Wunde im Gesicht von einem Treppensturz im Hause Chopins her.)

Solcherart Geschichten machen den Betroffenen nur noch interessanter. Man reißt sich um ihn. Bisweilen gibt es an einem Tage gleich sechs Einladungen zum Diner.

Mutter Liszt fertigt alle Boten mit der Bemerkung ab: »Herr von Liszt hat dringend zu arbeiten; er ist unabkömmlich!« Frau Maria Anna legt auf das »von« großen Wert, da ihr Gatte Adam stets auf den Adel seiner Familie hinzuweisen pflegte, »der in den Wirren des Preußenkrieges verlorengegangen«.

Sie ist der Meinung, daß Adel nicht verlorengehen kann, und deswegen unterzeichnet sie auch alle Dokumente mit »Maria Anna von Liszt, gewesene Gattin des Fürstlich Esterházyschen Rentmeisters Adam von Liszt und Verwalters mit dito Emolumenten«.

In den Armen der erfahrenen Adèle Laprunarède will Liszt Caroline Saint-Cricq vergessen. Doch die Geliebte erscheint ihm bald als »sehr direkt, sehr oberflächlich und sehr zänkisch«. Der Virtuose arrangiert sich mit ihr. Während sie sich dem Herzog von Fleury zuwendet, flieht Liszt (»von der Liebe demaskiert«) in den Salon Frédéric Chopins, aus den ihn erst George Sand vertreibt, die ihre »freie Liebe« auch auf den Klavier-Hexenmeister ausdehnen will.

»Oh, dieses Spiel! Was es mir gibt! Nur er, nur er kann seine Werke spielen! Sonst keiner ...!« befindet Liszt. Chopin ist lediglich ein Jahr älter als er, aber sehr viel reifer und »fertiger« als Komponist und Mann.

Liszt bewundert an Chopins Spiel und in dessen Kompositionen die »unheimliche Poesie«. Er vergleicht diese Musik mit dem ätherischen Öl der Blauen Blume. »Hier duftet, was die Welt bisher nicht hat spüren können!«

Die Musik des Polen geht ihm zu Herzen; aber sie wühlt ihn nicht so auf wie die Paganinis. Neidlos anerkennt er, daß Chopin bereits das Niveau erreicht hat, »das Weber am Ende seines Lebens gefunden«. Er fühlt sich dem Erfinder glanzvoller Polonaisen und Krakowiaks als Tonschöpfer unterlegen.

Es schafft ihm aber doch Befriedigung, daß sich Chopin ganz und gar dem Klavier verschrieben hat. »Die Begegnung mit Berlioz hatte mir gezeigt, daß ich einen anderen Weg gehen mußte. Ich durfte das Orchester nicht auslassen. Er wies mir die Richtung ...«

Legte sich nach dem Erscheinen George Sands die Begeisterung für Chopin, so wuchs die für Robert Schumann ins Unermeßliche. Liszt hatte die »Papillons« und den »Carneval« erhalten und in Erfahrung gebracht, daß der »Hohepriester am Rheine« an eigenen Paganini-Variationen arbeitete. Also waren die Künste des genialischen Genuesen auch in Deutschland geachtet, wenn nicht gar enthusiastisch begrüßt worden.

»Zu ihm, dem Gleichgesinnten, sollte ich, wenn mich Paris nicht fesselte wie einen Bagno an die Galeere. Dieser Schumann ist neben Berlioz die größte Offenbarung dieser Zeit!«

Liszt trug als erster Pianist in Paris den »Carneval« vor: im Salon der Herzogin von Ranzan. Ein illustres Publikum war zugegen. Chopin saß neben Rossini und Heinrich Heine. Giacomo Meyerbeer wurde von Eugène Delacroix und der Vicomtesse de La Rochefoucauld flankiert ... Neben der Herzogin von Ranzan fiel dem Virtuosen die glutäugige Gräfin Marie Cathérine Sophie d'Agoult auf.

Marie

Als sie sich zum ersten Male in den Armen lagen, waren sie sich dessen bewußt, mit einer Liaison einen öffentlichen Skandal zu riskieren. Doch über solche Lappalien setzten sich die Gräfin d'Agoult und Franz Liszt hinweg. Sie hielten sich für das schönste Liebespaar von Paris und besangen sich gegenseitig in »Morgengebeten«, in denen von Éloise und Abelard, Romeo und Julia, Hermann und Dorothea oder Orpheus und Euridice die Rede war.

»Julia weint sich die Augen aus, wenn sie ihren Romeo einen ganzen langen Tag lang nicht gesehen hat . . .!«

»Romeo ist untröstlich, daß sich ihm seine göttliche Julia am gestrigen Abend versagte . . .!«

»Euridice, wann kommst du? Hörst du nicht, wie ich zu den Klängen meiner Leier weine?«

»Mein Orpheus, erwecke mich zu neuen Taten der Liebe. Ich will dir auf ewig gehören. Immer dein!«

»Éloise, was geschieht, wenn ich dich heute nicht erblicke? Ich werde mich vor Sehnsuchtsfeuer verzehren und nicht mehr ich sein . . .!«

». . . und wenn es nächtlich zu werden beginnt, kommt mein Abelard, der nichts fürchtet, außer, daß ich ihm untreu werden könnte!«

»Meine Dorothea! Seelenhort! Meine Braut . . .!«

»Zu schön, um wahr zu sein, daß ich dich finde, mein Hermann!« Zitate aus Liebesbriefen, die Liszt mit der Gräfin d'Agoult in den ersten Wochen ihrer Begegnung wechselte. Liebesbriefe, die man Siebzehn- oder Achtzehnjährigen zuordnen würde, kennte man nicht die Urheber. Nun, Liszt war gerade zweiundzwanzig Jahre alt geworden und hatte – wie er später Berlioz gegenüber preisgab – immer noch pubertäre Gelüste. Die Gräfin hingegen war bereits achtundzwanzig, und ihre Ehe mit dem ehrenwerten Grafen Charles d'Agoult, der zum Hofstaat der Dauphine gehörte, war durch drei Kinder gesegnet, von denen allerdings eines gerade zu der Zeit an einer Infektion starb, als sie versuchte, das »neunte Weltwunder« in ihren Bann zu ziehen.

Marie d'Agoult war nicht unbedingt schön. Heine spricht einmal verächtlich von ihren »Bethmannschen Füßen«, für die sämtliche Pariser Schuhe zu klein seien. Delacroix findet, daß ihr Gesicht schief ist und »von eigenartig slawischer Ausprägung, zumal sich die Backenknochen unangenehm stark behaupten«. Mickiewicz spöttelt, Marie habe das gebärfreudigste Becken aller Pariser Salon-Damen und brauche in dieser Hinsicht keine Konkurrenz zu fürchten. Chopin ärgert sich über die unvorteilhafte Garderobe, die Gräfin d'Agoult zur Schau trägt. Chopin: »Wenn sich ein Papagei das Gefieder eines Paradiesvogels zulegte, dann hätte man etwa den Aufzug dieser Dame.« Rossini, der Feinschmecker, fügt hinzu, daß Marie nicht in der Lage sei, Fasanenbraten von ordinärem Schweinefleisch zu unterscheiden. »Von Trüffeln weiß sie nur, daß sie mit der Nase von gewissen Erdtieren hervorgebracht werden.«

Franz Liszt stören diese Unebenheiten im Aussehen und in der Bildung Maries keineswegs. Er übersieht alle Schwächen, weil er zum ersten Male in seinem Leben eine reife Frau wirklich liebt.

Die Gräfin ist von seinen Attitüden fasziniert: von den natürlichen und den aufgesetzten, denen »à la Paganini«. Sie war eigentlich über das Alter hinaus, in aller Öffentlichkeit für einen jungen Mann zu schwärmen. Sie überhörte es, wenn ihre Freundinnen sie wegen ihrer »Drolerien« neckten und Heinrich Heines Geliebte sie einen Pirol nannte, »der zu spät angefangen hat zu singen«.

Marie Cathérine Sophie de Flavigny, verehelichte Comtesse d'Agoult, 1805 in Frankfurt am Main als Tochter eines französischen Aristokraten und einer Tochter des jüdischen Bankiers Bethmann geboren, war erst verhältnismäßig spät zur Frau herangereift.

Ihre Erziehung war ohne System gewesen, eher »apart« als grundlegend. Entweder hielten sich ihre Eltern in Frankfurt auf oder in Mortier in der Touraine, wo der Vicomte de Flavigny ein Schloß erworben hatte, nachdem die Bourbonen, denen er als Page und Offizier diente, wieder an die Macht gekommen waren.

Da er früh starb, nämlich 1818, und die Mutter es vorzog, in den Schoß der Frankfurter Sippe zurückzukehren, wurde Marie »umständehalber« in ein Kloster nahe bei Paris gesteckt, wo sie »überaus eifrig im katholischen Glauben, aber ohne den geringsten Eifer in den Nützlichkeiten des Lebens« unterrichtet wurde.

»Ich wußte nicht, daß Schiller und Goethe gelebt hatten«, schreibt die Gräfin später. »Ich wußte schon gar nicht, daß Frankreich außer seiner Katholizität auch sonst noch Geistiges besaß, über das man reden konnte.« Doch Marie besaß Einfühlungsvermögen und holte nach Entlassung aus dem Kloster sehr schnell nach, was sie versäumt hatte. »Ich aß die Bildung in mich hinein wie den morgendlichen Brei!«

Durch König Karl X., mit dem Maries Mutter in Verbindung stand, kam ein Ehevertrag mit dem Grafen d'Agoult zustande, in den das junge Fräulein einwilligte, ohne den zukünftigen Gemahl gesehen zu haben. Sie glaubte, in der Ehe jene Freiheit zu finden, die ihr bei den Nonnen versagt gewesen war. Und sie erhielt diese Freiheit in mancherlei Hinsicht. Charles d'Agoult nahm seine ehelichen Pflichten nicht sehr ernst und ließ es zu, daß sich Marie zur Kurzweil ab und an einen aristokratischen Beau hielt.

Jedenfalls war sie in die Mysterien der erlaubten und der unerlaubten Seitensprünge eingeweiht, als sie mit Franz Liszt zusammentraf. Sie erkannte sogleich, daß sie es mit einem weithin Unerfahrenen zu tun hatte, der sich zwar draufgängerisch benahm, es jedoch keineswegs war. So ergriff sie die Initiative.

Später, als ihre Beziehungen auf dem Nullpunkt angelangt waren, legte Liszt ihre Aktivität als Überwindung ihrer Minderwertigkeitskomplexe aus. Sie hätte sich moralisch und körperlich vielen Frauen ihrer Umgebung unterlegen gefühlt und dies durch Überheblichkeit, Machthunger und Vernichtungswünsche auszugleichen versucht. Zu solchen Verleumdungen war Liszt durchaus fähig (George Sand: »Es gibt Zeiten, da ist er mehr Satan als lieber Gott. Wehe dem, der dann mit ihm zu tun hat! Er reißt ihm die Haare vom Kopfe!«).

Maries Geltungsbedürfnis lag zweifelsohne über der Norm. Und davon profitierte Liszt ungemein. Die Propaganda, die sie für ihn machte, war unglaublich. Traf das Paar irgendwo mit einem Prominenten zusammen, begann Marie sogleich lange Abhandlungen über das Genie Franz Liszts. Hörte man auch über vieles, was Marie plapperte, hinweg, so blieb doch dies und das im Bewußtsein des zum Zuhören Gezwungenen haften. Marie d'Agoult legte den Keim zu der ungeheuren Popularität, die Liszt bereits im Alter von dreißig Jahren besaß.

Der Entschluß, sich von ihrem Gatten und ihren beiden Kindern zu trennen, um dem Geliebten zu folgen, muß ihr nicht leicht gefallen sein. Der Bethmannsche Kaufmannsgeist war in ihr erwacht, ehe sie Paris verließ: Ihren gesamten Schmuck und mehrere Millionen Barschaft ließ sie in einem Genfer Bankhaus deponieren. Davon konnte man etliche Jahre bequem leben. Liszts Existenz war durchaus nicht gesichert. Auch in dieser Hinsicht war Marie die führende und disponierende Kraft.

In einem widersprach er ihr allerdings dauernd: Ihre musikalischen Fähigkeiten waren ungenügend. Sie konnte Mozart kaum von Haydn unterscheiden und liebte die tönenden Plattitüden Grétrys und Hillers über alle Maßen. Ihre Urteile in Sachen Musik beschämten Liszt zutiefst, so daß er sie eines Tages bat, wenigstens in Gegenwart von Fachleuten mit ihrem Urteil zurückzuhalten. Marie fügte sich, wenn sie es auch kaum fertigbrachte, über Schumann, Chopin oder Berlioz nicht die Nase zu rümpfen und etwas Abfälliges zu sagen.

Marie und Liszt bewegten sich in Paris so auffällig, so »anstößig verliebt« – wie George Sand formuliert –, daß ihnen sehr bald keine andere Möglichkeit mehr blieb, als die Seine-Metropole zu verlassen. Graf d'Agoult hatte seiner Frau die Mitteilung zukommen lassen, daß sie etwas mehr auf ihren Stand achten möge und daß er es – in Anbetracht des in der Schweiz deponierten Schmucks und Geldes – für angebracht hielte, daß sich Marie nebst Galan aus seiner Nähe entfernen würde. So entschloß man sich rasch zu einer Reise nach Lyon, um von dort aus ein geeignetes Domizil im Ausland zu suchen. Im August 1835 trafen Marie und Liszt in Genf ein und mieteten sich ein Haus in der Rue Tabazan.

Die glücklichste Zeit im Leben dieses Paares begann. Liszt konnte sich endlich in Muße, umhegt von der Geliebten, ernsthaften Kompositionen widmen. Wollte er faulenzen, trieb sie ihn an, »Erhabenes und Geniales für die

Nachwelt zu schaffen«. Den Genfern gefiel es zunächst nicht sonderlich, daß dieses aus Paris »unter abenteuerlichen Umständen« geflohene Liebespaar sich in ihrer Stadt niedergelassen hatte. Aber die Ansichten änderten sich bald: Marie verstand es, die politischen Gremien der Stadt für sich und Liszt einzunehmen. Sie verteilte großzügig Gelder zur Sanierung der Spitäler und zum Aufbau von Kirchen und Schulen, und sie veranlaßte Liszt, kostenlos Meisterkurse am soeben errichteten Konservatorium der Stadt abzuhalten.

Hinzu kam, daß sich die geistige Elite um die Gräfin und den berühmten Pianisten scharte: der Schriftsteller Adolphe Pictet, der Historiker Sismondo de Sismondi, der Ökonom Fazy und der Bankier Milliquet. Liszt mußte ihnen die jeweils abgeschlossenen Kompositionen vorspielen, und so kamen sie in den Genuß, als erste die vielen Transkriptionen, die »Klavierpartituren«, beliebter Opernstücke von Auber, Rossini, Berlioz und Verdi zu hören; aber auch die ersten Stücke der »Années de Pèlerinage« und den »Grand Galop chromatique«. Häufig kamen Gäste aus Paris, denn Genf lag auf der Italien-Route. Die Comtesse Potocka und die Fürstin Belgiojoso trugen sich in Maries Journal ein wie Chlodwige de Montmorency, die Elsa Maxwell ihrer Zeit, und die ebenso als Klatschbase der internationalen Gesellschaft bekannte Ida de Saint-Géoffre, die nichts eiligeres zu tun hatte, als in den Pariser Salons herumzuposaunen, daß Marie guter Hoffnung sei.

Im Dezember 1835 wird Blandine, das erste Kind Maries und Liszts, geboren. Der Vater ist verrückt nach dem »süßen Balg«. Er hält das Neugeborene im linken Arm und spielt ihm mit der rechten Hand chromatische Läufe vor. »Es soll ein Wunderkind werden!« erzählt er allen Besuchern.

Marie ist darum verlegen, daß sie eine »so alte« Mutter sein muß. Liszt zeigt sich als Kavalier: Als er die Geburt der kleinen Blandine Rachel meldet, weist er sich als »François Liszt, professeur de musique, âgé de 24 ans et 1 mois« aus und läßt Marie als »Cathérine-Adélaide Méran, rentière, âgée de 24 ans, née à Paris« eintragen.

Marie ist überglücklich und schreibt über das Manuskript des Pastorales aus den »Années de Pèlerinage« die Worte: »Von einem Engel geschaffen, der mich zur holdesten Frau der Welt gemacht hat!«

Die holdeste Frau der Welt muß sehr bald einsehen, daß die Geburt Blandines nicht nur eitel Freude bereitet. Graf d'Agoult, immer noch ihr Ehemann, erfährt von der »Frucht der verbotenen Liebe« und muß – vor der Gesellschaft – so tun, als sei er außer sich vor Entrüstung. Im Grunde genommen ist es ihm völlig gleichgültig, was die beiden da in Genf treiben: Er hat gerade eine sehr anspruchsvolle Liaison mit einer Hofdame, die sich ebenfalls in gesegnetem Zustande befindet. Aber das zählt nicht in Paris. Ein Mann kann sich so etwas erlauben, eine Frau auf gar keinen Fall. So meldet Charles d'Agoult formell Protest an, erwähnt aber gleichzeitig, daß es mit einer Scheidung nicht eile. Protest und Anlaß des Protestes werden bald wieder vergessen, in der Rue Tabazan kehrt Ruhe ein.

Marie überhäuft Liszt mit Schmuck, er muß sich Fracks und Mäntel bei den ersten Schneidern Genfs und Zürichs anmessen lassen. Eines Tages kommt sie sogar auf die Idee, für ihn einen Privatfriseur zu engagieren, da sein »bildschönes und in der Welt einmalig fesselndes Haar« nicht von einem gewöhnlichen Barbier gestutzt und in die gehörige Façon gebracht werden könne.

Liszt weist einen privaten Haarkünstler jedoch mit dem Bemerken zurück, er habe bisher in keiner Gazette den Hinweis gefunden, daß auch Meyerbeer, der Opernpapst von Paris, einen solchen in seinem Gefolge führe. Wie könne er, der »gemeine« Pianist François Liszt, sich über Meyerbeer erheben und einen Friseur nur für die Bedürfnisse seines eigenen Schopfes anstellen? Man lächelt über solche Probleme. Nicht wahr, die Gräfin und der Herr Komponist werden sich einen Jux gemacht haben . . .

Gefehlt! Die Einstellung des Haarkünstlers hat die beiden über sechs Monate hindurch beschäftigt. In jener Zeit waren solche Angelegenheiten der »civilisation« von höchster Wichtigkeit. Rossini hielt sich einen eigenen Perückenmacher und verfügte in seinem Testament nicht nur, mit welcher künstlichen Haarzier er bestattet zu werden wünsche, sondern setzte den Coiffeur auch noch zu seinem Teilerben ein.

Von der »edlen und einmaligen« Haarpracht ihres Geliebten schwärmt Marie in einem Brief an die Schriftstellerin George Sand, die das »Familienleben« in der Rue Tabazan bald ganz empfindlich stören sollte. George Sand hatte bereits in Paris versucht, an Liszt heranzukommen. Es war ihr jedoch nicht geglückt, seine Aufmerksamkeit zu erregen. Natürlich hatte er von dem »männermordenden Vampyr« gehört, der, zigarrerauchend und in enge Beinkleider gehüllt, durch die Salons zog, um sich die passenden Partner auszuwählen; aber eine solche Figur war nichts für den jungen Liszt, der sich nach Weiblichkeit und Geborgenheit sehnte und beides in Marie gefunden zu haben glaubte.

George Sand hatte Anknüpfungspunkte durch die Artikel gefunden, die Marie unter Liszts Namen in der Pariser Musikzeitung veröffentlichte. Marie legte darin Zeugnis ab von ihren durch den Geliebten erworbenen Musikkenntnissen. Liszt redigierte die Beiträge, und manchmal waren die Manuskripte von ihm so sehr korrigiert und vervollständigt, daß Maries Anteil an der Arbeit auf ein Minimum zusammenschwand.

George Sand hatte eines Tages geschrieben, sie müsse unbedingt den Verfasser der »aufregenden und gediegenen« Essays persönlich kennenlernen. Demzufolge würde sie dann und dann mit Gefolge in Genf eintreffen.

Marie und Liszt waren nicht sehr erfreut darüber, daß »die Bestie« sich ansagte, aber doch auch nicht abgeneigt, sie zu empfangen, denn George besaß großen Einfluß in Paris . . ., und die Liszts hatten gerade bemerkt, daß ihr Einfluß in der Gesellschaft der Seine-Metropole merklich zu schwinden begann. Von dem »neunten Weltwunder« sprach niemand mehr. Die Agenten schickten Liszts Gesuche um Konzerttätigkeit in Frankreich, Deutschland und England ohne Begleitschreiben zurück; es fand sich kein Verleger, der seine neuen Kompositionen drucken wollte. Um in den Kreisen der französischen Hautevolee etwas zu bedeuten, mußte man in Paris leben und dort seine privaten und geschäftlichen Interessen verfolgen: unter den Augen dieser snobistischen Horde, die jedes Detail einer Liaison genießen wollte und von den Listen ihrer Jours jeden strich, der seine Intimitäten der Meute nicht preisgab.

George Sand mochte da einiges ändern können. Sie lebte zwar gerade in Scheidung, hatte sich aber – wie man auch in Genf bereits wußte – mit Louis Michel de Bourges liiert, »einem der großen Männer des Augenblicks«, dem George die berühmten Zeilen widmete: »Dich liebe ich seit dem Tage, an dem ich geboren wurde, und durch all die Phantome hindurch, in denen ich einen Augenblick lang glaubte, Dich zu finden und zu besitzen.«

George kam nach Genf. Von diesem Augenblick an bekam die Verbindung zwischen Marie d'Agoult und Liszt einen Riß. Zwar ist so gut wie erwiesen, daß zwischen der

Sand und dem Komponisten nie ein Verhältnis bestand, aber die vielgeliebte Autorin trieb durch ihre herrische, dominierende und befehlende Art einen Keil zwischen das Liebespaar, der durch keine noch so große Anstrengung aller Beteiligten zu entfernen war.

Marie bemühte sich bald nicht mehr darum, die Dinge Franzens zu lenken. Seine Begegnung mit George hatte ihn von ihr emanzipiert; sie brauchte nicht mehr »das Weib zu sein, das alle Fäden in der Hand hält.« Marie ändert ihre Taktik: Sie wird unterwürfig dienendes, hingebungsvolles Weib. Liszt bemerkt die Veränderung, »die ihn leider nicht interessiert«. Marie jedoch bleibt bis ans Ende ihrer Tage »nichts als liebende Frau«, und als solche verfaßt sie jene Liebesbriefe, die der Nachwelt erhalten geblieben sind und bezeugen, daß ihr nichts mehr am Herzen lag, als das Glück und der Erfolg des Mannes, den das Schicksal ihr nach faden Ehejahren zugeführt hatte.

Marie d'Agoult: »Sie wissen nicht genügend, was Sie für mich sind! Sie wissen nicht, was alles ein Wort, eine Betonung in der tiefsten Tiefe meiner Seele aufrühren kann, daß mein Leben und Tod in Ihrer Hand liegt und daß durch Sie und von Ihnen unsagbare Freuden wie unaussprechliche Leiden für mich kommen. Ach, ich schwöre es Ihnen und kann es Ihnen sogar heute, nach dieser langen Abwesenheit, nach so viel Traurigem, das sich zwischen uns angehäuft hat, nach Ihren Fehlern und meinen noch tausendmal größeren, sagen, niemals ist ein Mann so geliebt worden!«

Die Tage von Genf sind für Liszt und Marie »die Realisation vieler Geschichten aus Tausendundeinernacht«. An den Cercles nehmen berühmte Durchreisende teil: Jérôme Buonaparte, der Bruder des Korsen und Exkönig von Westphalen, der mit Marie zu den Polonaisen Chopins, die Liszt auf dem Flügel im Salon der Tabazan-Villa herunterdonnert, die Tour »über Tische und Bänke« macht. Auch die Kinder Jérômes sind häufig anwesend: die anmutige Prinzessin Mathilde, der Liszt eine Étude widmet, und der junge Prinz Napoleon, »der seinem höchsten Namen so gar keine Ehre macht«, da er dem klavierspielenden Komponisten Konfekt und »peinlichsten Unflat« in den Kragen praktiziert.

Exkönig Jérôme wird über George Sand ausgefragt, die sich mit dem humorvollen Monarchen einige Monate lang abgegeben hat. Jérôme ist Grandseigneur und faßt sein Urteil über George mit den Worten zusammen: »Sie ist eine Nachfahrin König Augusts des Starken von Sachsen-Polen und des Großmarschalls von Sachsen ... Das sagt alles!«

Als George mit ihren beiden Kindern in Genf eintraf, waren auch Maries Sprößlinge aus Paris gerade angekommen. Charles d'Agoult hielt es nämlich für angebracht und der Erziehung seiner Nachkommen für förderlich, daß sie hin und wieder »in den Genuß der Mutteratmosphäre« kämen. In der Rue Tabazan herrschte eitel Leben. Adolphe Pictet schreibt: »Es war das Hamagedon über die Villa hereingebrochen ...«

Thalberg wird besiegt

Die Liszts waren auf einer Bergtour, als George Sand in der Rue Tabazan vorfuhr. Sie wandte sich an Adolphe Pictet, der wußte, daß sich Marie und Liszt mit den Kindern im Hotel Union in Chamonix aufhielten. George fuhr ihnen nach. Amüsiert las sie die Eintragungen, die Liszt in das Hotelbuch gemacht hatte: »Geboren auf dem Parnaß, vom Zweifel kommend und zur Wahrheit gehend.«

George trug sich daneben als Wanderer ein, nannte als ihren Geburtsort Europa, ihren Wohnort die Natur, ihre Herkunft »von Gott« und ihr Reiseziel den Himmel. Ausgestellt seien ihre Reisedokumente von der öffentlichen Meinung, notierte sie.

Die Begrüßung erfolgte so, als ob sich uralte Freunde nach langer Zeit wieder träfen. Pictet, der sich George angeschlossen hatte, berichtet, daß man sogleich »sehr intim« gewesen sei, womit er meint, daß man ungezwungen und ohne gesellschaftliche Floskeln sich frank und frei gegeben habe. George küßte Marie und nannte sie »mein Baby«. Liszt wurde von der Schriftstellerin mit »Engelskind« tituliert. Engelskind hatte Putzi bei sich, jenen merkwürdigen Hermann Cohen, den Liszt stets als seinen Lieblingsschüler zu bezeichnen pflegte und der – nach einem regelrechten Lotterleben – Franziskanerpater wurde und in Sack und Asche starb.

Man war eine große Familie. Marie kleidete sich, der Freundin zum Gefallen, mit einem dunkelblauen Blusenkleid, wie wir es auf zahlreichen Abbildungen der Sand betrachten können. Es stand Marie gar nicht, versetzte George aber in eine Art von Hysterie, die sich darin äußerte, daß sie Marie dauernd mit »mein Ebenbild«, »meine Zwillingsschwester« oder »mein zweites Ich« anredete. Das ganze Theater sollte offenbar Liszt imponieren, der jedoch von dem Weibergeäff wenig hielt und mit Putzi vierhändig spielte.

George ließ ihre Pariser Freunde sofort wissen, was sie von Liszt hielt. Sie beschrieb ihn folgendermaßen: »Hochgewachsen, überschlank, mit bleichem Gesicht, großen meergrünen Augen, in denen blitzartig Lichter aufleuchteten wie bei einer sprühenden Welle, von kränklicher und zugleich machtvoller Erscheinung, unentschlossenem Gang, schien er mehr zu gleiten als den Boden zu berühren, sah zerstreut aus, unruhig wie ein Gespenst, dem die Stunde der Rückkehr in die Finsternis schlägt.«

Die Sand, ein Kind ihrer Zeit, liebte Verklausulierungen, Unwägbares, Glorifizierungen, Metamorphosen. Ganz anders erscheint uns Liszt in einer Charakterisierung, die Pictet verfaßte: »Schlank, breit in den Schultern, Leben und Gesundheit ausstrahlend, glich er einem Idealbild von Mann. Wie sehr stand er doch im Gegensatz zu den bleichen Erscheinungen seiner Zeitgenossen, denen Leiden und Krankheit ein Ausdruck ihrer Bestimmung war ...«

Wer hat recht? Auf jeden Fall wirkt die Beschreibung Georges sehr viel plastischer, und sie ist ganz nach dem Geschmack ihrer Leserschaft abgefaßt. Die Liszts haben ihr klar und deutlich zu verstehen gegeben, wie sehr man es wünschen würde, wenn sich die Pariser Gesellschaft dem »neunten Weltwunder« wieder etwas mehr zuwenden würde. George hat verstanden. Sofort beginnt sie von Chamonix aus eine rege Korrespondenz mit ihren Freunden in der Hauptstadt, vor allem mit Alfred de Musset, bei dem sie Liszt zum ersten Male sah und von dem sie weiß, daß er ein großer Verehrer der Kunst des jungen Meisters ist.

George versteht die Musik Liszts – im Gegensatz zu Marie.

Beide, George und Liszt, spüren sofort die Seelenverwandtschaft, die zwischen ihnen besteht. Religiöse Mystik hat auch die Jugend der Sand geprägt. Sie hat ebenfalls eine sozialpolitische Phase durchgemacht. Sie ist impulsiv wie er und will dem Leben ein Ziel abgewinnen. Überschwenglich sind ihre Gefühle zueinander von der ersten wirklichen Begegnung an; aber es kommt niemals zu dem, was Marie bis an ihr Lebensende hinter dem »aberwitzigen Tun« der beiden vermutet. Selbst die ziemlich deutlich sprechenden Briefe, die Liszt und George wechseln, geben keinen Hinweis darauf, daß es zu sexuellen Verbindungen gekommen ist.

Liszt: »Ihr vorletzter Brief hat mir wehgetan. Wie oft bin ich an Ihrem frischgetünchten Haus am Quai Malaquais vorbeigekommen und habe gespürt, daß mein Herz sich vor Schmerz und Traurigkeit zusammenzog! Da aber die heilige Zuneigung, die ich Ihnen allzeit entgegenbringen werde, frei von jeglicher Eitelkeit war, zürnte ich Ihnen nicht, klagte Sie nicht an. Es scheint mir, als hätten Sie recht gehabt, mir zu mißtrauen.«

George Sand: »Kommen Sie und klopfen Sie an meine Tür, wenn es Ihnen Spaß macht, und wenn nicht, so werde ich Ihnen nicht zürnen, wenn aber ja, werde ich Sie deshalb noch mehr lieben.« Liszt: »Oh, wenn Sie wüßten, wie glücklich ich bin! Mir schwebt immer noch eine sehr tiefe, sehr heilige, zuweilen ganz stille, immer jedoch aktive Zuneigung vor. Ich meine, es ist uns möglich und fast notwendig, daß wir einander treu sind und daß unsere Seelen sich für lange Zeit verstehen. Mag sein, daß Ihnen das alles nur als Goldene Mitte erscheint, aber gewiß, ich habe weder die Absicht zu scherzen, noch mich zu ereifern oder leere Worte zu machen. Ich muß Sie unbedingt wiedersehen und Ihnen prosaisch und dumm sagen, daß ich Sie liebe.«

Marie bekommt diese Billets-doux nicht zu Gesicht. Liszt weiß nur zu gut, daß ihre Eifersucht geweckt würde, auch wenn es dazu nicht den geringsten Grund gäbe. Erst in späteren Jahren stößt Marie auf ein paar der Briefe, und sie macht den größten Fehler, den eine Frau in einer solchen Situation begehen kann: Sie liest die Briefe Freunden vor und bespöttelt die Ausdrucksweise Georges und Franzens. Die Freunde aber haben nichts Eiligeres zu tun, als Liszt davon zu unterrichten. »Das hast du aus kalter Berechnung getan!« schleudert er Marie ins Gesicht, die zusammenbricht und ihre Liebe verloren weiß.

Zu Beginn ihrer Beziehungen ist George für Liszt von erheblichem Nutzen. Sie ist ihm behilflich, abgebrochene Beziehungen in Paris wieder anzuknüpfen. Zunächst hat sie die Liszts überredet, von Chamonix aus nach Paris zu fahren. »Für ein Weilchen ...« Marie soll Töchterlein Blandine Liszts Mutter vorführen, ihre Geldsachen in Ordnung bringen und einen Anwalt aufsuchen, um ein Gespräch mit Charles d'Agoult herbeizuführen. Außerdem soll sie mit einem Verleger zusammentreffen, um ihm ihre schriftstellerischen Arbeiten vorzulegen, denn in Genf hat Marie wieder in ihrer naiven, unkomplizierten Art zu schreiben begonnen. Liszt aber muß, wie George drängt, endlich wieder Konzerte in der Seine-Metropole geben, zumal sich Sigismund Thalberg inzwischen durchgesetzt hat und mächtig in der Gunst des Pariser Publikums steht.

Thalberg ist der uneheliche Sohn des Fürsten Moritz Dietrichstein, eines geadelten Bankiers, der keine Mühen und Ausgaben scheut, um seinem illegitimen Sohn die Wege zu ebnen. Ganz davon abgesehen war Thalberg wirklich ein Talent, wenngleich er weder mit Liszt noch mit Chopin als Klavierspieler und Komponist konkurrieren konnte. Die französische Presse hatte ihn jedenfalls einen »Sieger über Liszt und seine Freunde« genannt.

Als George mit den Liszts in Paris eintraf, war Thalberg gerade abgereist. Es hieß jedoch, daß er im kommenden Frühjahr zu einem halben Dutzend Konzerte wiederkehren werde. Damit hatte Liszt Zeit genug, die Kompositionen des Rivalen zu studieren. Er war über die »barbarischen, kindischen und oberflächlichen« Schöpfungen Thalbergs so entrüstet, daß er mehrere Artikel in der »Gazette musicale« erscheinen ließ, die als offener Angriff gegen den Wiener Pianisten gewertet wurden.

Der Gesellschaft war es nur recht, daß sich Liszt durch die Erfolge Thalbergs angestachelt fühlte. Ein Wettkampf zwischen den beiden würde der Clou der kommenden Konzertsaison sein. Und dazu kam es.

Im März 1837 trat Thalberg im Saal des Conservatoire auf, der rund vierhundert Personen faßte. Im grünen Frack, die obligate Perücke angesilbert, von der Herzogin von Berry ans Podium geführt, begeisterte er seine Zuhörer mit einer freien Fantasie über »God save the King« und über Themen aus Rossinis Oper »Moses«. Am nächsten Tag stellte sich Liszt im Opernhaus einer viel größeren Zuhörerschar. Sein Frack war »ganz einfach schwarz«, das Haar hing ihm in »natürlichen blonden Locken« auf die Schultern. Niemand geleitete ihn auf die Bühne. Bevor er zu spielen begann, legte er seinen Kopf mit dem Gesicht auf die Tasten. Das Publikum schwieg augenblicklich. »Ich sah alte Damen beten«, schreibt die Fürstin Belgiojoso in ihren Erinnerungen. Natürlich waren solche Gesten von

Liszt berechnet; sie verfehlten ihre Wirkung nie ..., und er hatte damit erreicht, daß seine erste Nummer nicht zerredet wurde.

Liszt hatte Webers »Konzertstück«, Beethovens Hammerklavier-Sonate und eine Fantasie über Themen aus Pacinis Oper »Niobe« auf dem Programm. Das Publikum spendete frenetischen Beifall; von den vereinzelten Mißfallenskundgebungen nahm Liszt keine Notiz.

Die Presse verhielt sich abwartend. Man zollte Thalberg den gleichen Tribut wie Liszt.

Dann kam der 31. März:

Die Fürstin Belgiojoso hatte einen Wohltätigkeitsabend arrangiert, dessen Einnahmen einem Fonds für italienische Flüchtlinge zugeführt werden sollten. Um an diesem Abend teilnehmen zu können, mußten die Geladenen tief in die Tasche greifen, und wer nicht die Ehre hatte, von der Fürstin in ihren Salon gebeten zu werden, versuchte, durch riesige Bestechungssummen Einlaß zu erhalten.

Alfred de Musset berichtet, daß man dem Rencontre mit mehr Nervosität und Hysterie entgegensah als der Hinrichtung Marie Antoinettes zur Zeit der großen Revolution.

De Musset: »Einer würde in den Sack niesen müssen. Für viele stand fest, daß Liszt als König des Klavierspiels aus der Bataille hervorgehen würde; vor allem deswegen, weil er die meisten Damen der Gesellschaft auf seiner Seite hatte. Und Damen sind nun einmal die besten Beifallsspenderinnen. Wer auf sie verzichten muß, darf mit einem lauen Empfang rechnen.«

Der Auftritt der Rivalen war durch das Los bestimmt worden. Thalberg hatte den Vortritt. Kaum hatte er am Pianoforte Platz genommen, da fiel ein riesiger Kandelaber um, gegen den sich Delacroix gestützt hatte. Fast hätte ein Vorhang Feuer gefangen, doch die Geistesgegenwart der

Herzogin von Angoulême verhinderte die Katastrophe. Ziemlich nervös begann Sigismund Thalberg seinen Vortrag. Er hatte seine Fantasie über Themen aus Rossinis »Moses« ausgewählt. Man lobte seine Anschlagstechnik, seine untadelige Haltung, kurzum: den klassischen Zuschnitt des Virtuosen.

»Ihm die Palme!« schrie Sainte-Beuve, der nie ein Freund Liszts gewesen war und seiner Abneigung gegen den Avantgardisten in einem Pamphlet, »Die Kunst, ein Drama am Klavier zu inszenieren« betitelt, Ausdruck gab. Sainte-Beuves Ausruf animierte viele Zuhörer, sich aufs schmeichelhafteste über Thalberg auszulassen. Man reichte ihm Blumengebinde, Lorbeerzweige, silberne Rosen, Urkunden, Flakons, Manschettenknöpfe mit prinzlichen Wappen, Konfekt...

Thalberg akzeptierte die Huldigungen mit »gemachtem« Lächeln. Er wußte nur zu genau, daß ein Evviva auf Liszt die Meute genau in die andere Richtung treiben würde. Er hatte gegen seinen »Rivalen« nicht das geringste einzuwenden und war sich dessen durchaus bewußt, daß Liszt der bessere Komponist war. Das Ganze war eine für die sensationslüsterne Gesellschaft delikat arrangierte Attraktion. Und für die beiden Künstler war es eine Publicity-Kampagne sondergleichen.

So kann man es verstehen, daß Thalberg Liszt augenzwinkernd begrüßte, als dieser am Pianoforte Platz genommen hatte, um nun seinen Beitrag zur Debatte zu stellen. Liszt hatte seine Pacini-Fantasie gewählt, in der es besonders brillante chromatische Läufe gibt, mit denen ein guter Klaviertechniker seine Zuhörer und Zuschauer immens bluffen kann.

Diesmal war es die Fürstin Périgord, die »Liszt die Krone!« schrie und die Anwesenden in einen wahren Taumel versetzte. Marie und George umarmten tränenüberströmt den Sieger, der – nachdem er sein Gesicht lammfromm auf die Tasten gelegt hatte, um seinen Vortrag so zu enden, wie er ihn zu beginnen pflegte –, zunächst auf Thalberg zuschritt, um diesem die Hand zu drücken.

Die Presse stand nun wieder plötzlich ganz auf Liszts Seiten, obwohl man zugab, daß Thalbergs Spiel auch »weit über dem Durchschnitt« läge und sein »jeu perlé« unnachahmlich sei. Liszt veranstaltete nach diesem Wettstreit mehrere Konzerte im Opernhaus und hatte damit glänzende Einnahmen, die ihm für die nächste Zeit eine gewisse Unabhängigkeit von Marie sicherten. Er war mit einem Schlage wieder der Abgott der Pariser Salons. Liszt nutzte diesen Aufwind, um in Essays und Pamphleten jene zu verurteilen, die ihn während seiner Abwesenheit geschmäht und erniedrigt hatten. Außerdem rügte er das snobistische Publikum der Seine-Metropole, das er mit »schnatterndes Gezücht«, »kaltschnäuziges Geckentum« und »Marionettenfiguren« abtat.

Liszt: »Ist der Komponist zugleich ausübender Künstler, wie selten wird er verstanden, wie viel häufiger kommt es vor, daß er die tiefste Bewegung seines Inneren einem kalten, spöttelnden Publikum preisgibt, daß er sich gleichsam seine Seele entreißen muß, um der zerstreuten Menge einigen Beifall abzuringen! Nur mit der größten Mühe gelingt es ihm, die helle Flamme seiner Begeisterung einen blassen Widerschein auf diese eisigen Stirnen werfen zu lassen, schwache Funken in diesen liebeleeren, sympathielosen Herzen zu entzünden! Der rauschende Beifall hat mich aufs traurigste überzeugt, daß er viel mehr dem unerklärlichen Zufall der Mode, der Scheu vor einem großen Namen und einer gewissen tatkräftigen Ausführung gegolten hat, als dem Gefühl für Wahrheit und Schönheit!«

Mit dieser Abfuhr an das Publikum verabschiedete sich Liszt abermals für eine Weile von Paris, um mit Marie der Freundin George Sand nach Nohant zu folgen, wo man »höchst ersprießliche und überaus anregende Stunden« verbrachte. Verkleidungszeremonien, Bälle, Cercles, Séancen, Ausflüge in die nähere Umgebung und sogar sportliche Morgenübungen gehören zum Tagespensum im Asyl der phantasievollen George. Natürlich kann man sich nicht mit den christlichen Vornamen anreden. George verteilt die neuen Benennungen und Titel. Sie selber ist die Königin, Marie die Prinzessin und ab und an die Jungfer Arabella. Franz hingegen wird zum Hofnarren abgestempelt. Er darf sich Narr von Wallis titulieren.

Zwischendurch muß George ihren Geschäften in Paris nachgehen. Jetzt ist es Marie, die sich einsam und verlassen fühlt, da die »Teuerste« ihren Blicken entschwunden.

Marie: »Leb wohl, Franz sagt, er küsse Ihnen die Füße, darauf falle ich nicht herein, er küßt Ihnen etwas Besseres, der Baron würde sagen, es sei der ... der Königin. Ich mache Schluß, weil ich dabei bin, eine Menge Unsinn zu schreiben.« Es überrascht, so etwas aus der Feder der Aristokratin zu lesen, die bisher das Gemeine und Deftige floh »wie die Maus den Kater«. Marie wurde noch offener. Sie glaubte, daß sie Franz damit an sich fesseln könnte, indem sie den Stil Georges nachahmte, den dieser als »umwerfend superb und einmalig« zu apostrophieren pflegte. Und umwerfend superb und einmalig wollte Marie auch sein, zumindest jedoch so erscheinen.

Franz Liszt ist ebenfalls traurig, daß George sie verlassen hat. Er spricht oftmals mit Marie über die Vorzüge dieser eigenartigen Frau, leider zu oft. Marie quält sich. Sie hat Zweifel, ob das Interesse Franzens an George wirklich nur platonischer Art ist.

Man reist George nach und nimmt im Hôtel de France in Paris Quartier. Die Sand kehrt nach Nohant zurück, Marie folgt ihr auf dem Fuße. Liszt bleibt wegen Konzertverpflichtungen in Paris und kann, umgeben von einem Schwarm schönster Damen, sensationelle Erfolge verbuchen. Schumann bemerkt zu dieser Zeit in seiner Zeitschrift: »Der Ruhm Franz Liszts dringt mit solcher Macht über den Rhein, daß es nun gerechtfertigt erscheint, sich näher mit den Arbeiten dieses Giganten auseinanderzusetzen. Waren die ersten Produktionen, die uns vorgelegt wurden, mangelhaft und ohne Genie, so kann man dieses von den letzten mir vorgelegten nicht mehr sagen. Sie sind an Qualität enorm gestiegen und können sich hören lassen. Was allerdings befremdet, ist der wahnsinnige Cultus, den dieser Mann um sich verbreitet. Mein Gott, wenn die wahre Kunst eines solchen Aufwandes bedarf, dann ist es schlecht um sie bestellt. Welch ein Affentheater ...!«

Kaum ist Liszt seiner Verpflichtungen ledig, reist er wieder »in die Arme Mariens und Georges«. Die große Familie scheint unzertrennlich.

Im Juni 1837 kommt es zum ersten Zerwürfnis. Liszt hat sich unmerklich von Marie entfernt. Seine Zuneigung zu George ist gewachsen, und sie wächst noch mehr, als er erfährt, daß sich die Sand entschlossen hat, mit Michel de Bourges zu brechen. »Arabella« stellt die beiden, als sie sich Liebesgedichte der Antike vorlesen und dabei »so ineinander verschlungen waren, daß man an alles denken konnte«. Maries Wachsamkeit verhindert, daß aus der Zuneigung zwischen George und Franz mehr wird. Die Sand nennt sie nunmehr »die Spionin«.

Die Leidenschaft, die sich zwischen Komponist und Schriftstellerin entzündet, kommt in jenen intimen Papieren zum Ausdruck, die nach dem Willen der Urheber der

Nachwelt vorenthalten bleiben sollten, auf irgendeinem Wege aber doch in der Öffentlichkeit bekanntgeworden sind.

George: »Ein großartiger Künstler, erhaben im Großen, stets überlegen im Kleinen. Dennoch bedrückt und von heimlichem Schmerz gequält. Glücklicher Mann, von einer schönen, großmütigen, intelligenten und keuschen Frau geliebt. Was fehlt dir noch, Undankbarer! Ach, würde ich so geliebt!«

Liszt: »Ja, ja, ja! Ich weiß, wie es um mich steht! Ich brenne und darf doch nicht verbrennen. Retten Sie mich. Nur Sie können mich retten!«

George: »Ich weiß, was ich darf und was ich nicht darf. Mir sind nun einmal Grenzen gesetzt, obwohl ich alle Hindernisse sofort nehmen würde, gäbe es das geringste Hoffnungszeichen. Und warum soll ich das Leben einer anderen zerstören? Nein!« Aus diesen Zeilen der Sand spricht auch eine gewisse Großmut Marie gegenüber, die im Juli 1837 bekennt: »Ich habe erkannt, wie kindisch es von mir war, zu glauben (und dieser Gedanke hatte mich oft mit tiefer Traurigkeit erfüllt!), daß sie, George, allein Franz' Leben seine ganze Erfüllung hätte geben können, daß ich ein unglückseliges Hindernis zwischen zwei Schicksalen gewesen sei, die bestimmt waren, miteinander zu verschmelzen und sich zu ergänzen.«

Dann begeht George den Fehler, in einer Gesellschaft in Gegenwart von Marie über Liszts Wirkung auf die Frauenwelt zu sprechen. Die Sand erwähnt, daß auch sie »unsterblich« in den Meister verliebt sei und Teil an seinen Erfolgen habe, »da ich die Kraft besaß, ihn zu inspirieren«. Das war nicht unbedingt als Hieb gegen Marie gemeint, sondern aus ehrlicher Überzeugung gesprochen.

Marie nahm der Sand die »Bosheit« übel. Von nun an

sprach sie zehn Jahre hindurch kein Wort mehr mit der »Erzfeindin«. Erst als ihre Beziehungen zu Liszt gänzlich abgebrochen waren, schien sich wieder ein wenig von dem alten Vertrauen zwischen den beiden Frauen herzustellen.

Daß es zu dieser späten Aussöhnung kam, daran hatte der Dichter Louis de Ronchaud Anteil. Bei einem Konzertabend in Lyon im Jahre 1837 war er der Gräfin d'Agoult begegnet und sofort entflammt gewesen. Marie hatte sich ausgiebig die Cour von dem jungen Beau machen lassen, um Liszt vor Augen zu führen, daß auch noch andere Männer sie begehrenswert fanden. Und Liszt hatte sich tatsächlich zu Eifersuchtsausbrüchen hinreißen lassen. Marie vergaß de Ronchaud die »Dienstleistung« nie. Möglich, daß auch auf ihrer Seite mehr als nur Koketterie im Spiel war. Sie erinnerte sich seiner in späteren Jahren sehr oft und behauptete, er habe ihr ebensoviel gegeben wie Liszt, was natürlich nichts anderes als der Selbstbehauptungsdrang der von Liszt verstoßenen Geliebten war. Sie hat de Ronchaud 1876 ihre Erinnerungen gewidmet.

Dazu Liszt: »Er steht für einen anderen Namen, den sie nicht mehr aussprechen konnte, die Arme!«

Hilfe für Ungarn

Wenn Gioacchino Rossini zur Tafel lud, war tout Mailand aus dem Häuschen. Nicht, daß sämtliche Mitglieder der High-Society an den Zechgelagen teilnahmen ... Dazu reichten die Drap-d'or-Kammern des umschwärmten Musikpapstes nicht aus. Aber: Die Tafelfreuden waren Gegenstand der Unterhaltung in den noblen Cercles; die Journaille befaßte sich ausgiebig damit. Über die Lunch- und Dinnerereignisse im Maison Rossini berichteten die Teilnehmenden mit größtem Entzücken. Es gab sogar bezahlte Emissäre, die beim Küchenpersonal des Meisters auskundschaften mußten, aus welchen Substanzen sich ein Gericht zusammensetzte. Zwei oder drei Tage nach einem Rossini-Bankett probierten diejenigen, die es sich leisten konnten, die neuesten Rezepte des Tondichters aus: »Tournédos à la Madame de Maintenon« aus feinstem Kalbfleisch mit Artischockenböden, Sardellen und rotem Kaviar belegt, dazu »Sauce Comte d'Orsay«, die aus Heringsmelcher, Portwein, Eigelb, Hagebuttengelee, Ingwer, gestoßenem Kaneel, Lorbeertinktur und Rosmarinextrakt hergestellt wurde.

Als Liszt nach Mailand kam, stürzte sich Rossini in eines seiner kühnsten Speise-Abenteuer: die gefüllten »Franz-Liszt-Enten« waren der Clou seiner Kochkünste. Man mußte die dazu benötigten Wildenten vier Tage lang in ein Gemisch aus Wein, Zitronensaft und Zwiebelwürze legen. Dann wurden sie über einem Kohlenrost gegrillt. Die Füllung bestand zu gleichen Teilen aus Fasanenleber,

Karpfenhirn, Trüffeln, Bambusmark, Orangensaft, Erdbeeren und Quittenbrei. Gewürze: Safran, Salbei, gebrannter Zucker, Salz, Fenchel, Knoblauch und Cayennepfeffer. Die gefüllten Enten wurden mit hochprozentigem Arrak übergossen, angezündet und brennend an der Tafel serviert.

Dazu ließ Rossini gedünstetes Fenchelgemüse, Spargelspitzen in Buttersauce, Kresse und kandierte Orangenscheiben reichen. Die Weine waren Kreszenzen des Sonnenjahres 1813 aus Rüdesheim, Kreuznach und Bingen.

Die Liszts waren von den Gourmandisen »angefüllt wie Jupiter mit den köstlichsten Tafelgenüssen seit Erschaffung der Welt«, schreibt Marie d'Agoult in Erinnerung an die Festivitäten im Hause des gastlichen Tonschöpfers. Und sie fügt hinzu: »Ich muß eingestehen, daß ich so etwas noch nie in meinem Leben mitbekommen habe. Franz natürlich auch nicht, obwohl wir allerhand gewohnt sind und George und unsere anderen Freunde auch nicht gerade anspruchslos und gewöhnlich tafeln. Dieses Jahrhundert ist das Jahrhundert der Schlemmer und Prasser. Unsere Nachkommen werden es erleben: im zwanzigsten Jahrhundert wird man uns verhöhnen und unsere Lust am Detail nicht begreifen. Aber was kümmert es uns: wir sind dann längst Staub und unsere Taten sind womöglich nichts anderes als Kuriosa am Rande der Geschichte, die sich vor unserer Tür abgespielt hat.«

Franz Liszt ist von Rossinis Kochkünsten ebenfalls hingerissen. Er notiert: »Und wenn dieser Mann, den ich übrigens sehr hoch einschätze, was seine Musik und die Künste von ihm im allgemeinen anbetreffen, nichts anderes getan hätte in seinem Leben, als Gaumenkitzel zu ersinnen, er hätte Geschichte gemacht. Und Franz Liszt, ein Pianist aus Paris, darf sich rühmen, einen Tag dieser Geschichte miterlebt zu haben. Von den Rossinis gesättigt zu werden: wahrlich das Erlebnis des Jahrhunderts!«

Er läßt sich von seinem Kollegen das Rezept der »Rostenten à la Liszt« geben und vermacht es später einem Pariser Gastronom, dessen Nachfahren diese kostspielige Spezialität noch heute bei Bedarf zelebrieren.

Rossini war vom Geschmack der Liszts nicht unbedingt angetan. Seinem Schwager Colbrand teilte er mit: »Die Liszts waren bei mir zu Gast. Recht stattliche Leute, deren Bedeutung zunächst darin liegt, daß sie bedeutend sein wollen. Er ist ein prächtiger Pianist und komponiert auch ansehnlich und teilweise zufriedenstellend, obwohl ich seine chromatischen Läufe in den Tod nicht ausstehen kann. Das ist keine Art, Musik zu machen, wenn man Taste für Taste über die Klaviatur rast und das dann Melodie nennt. Nun gut. Sie hat wenig Geschmack. Ihre Kleidung! Grausam. Es tut dem Auge und dem Herzen wehe, wehe, wehe! Sie nimmt ein scheußliches Olivgrün zu einem noch scheußlicheren Blau und garniert alles mit einem gespenstischen Schwarz. Sie atmet Gruft und Moder ... und ist dabei doch noch so jung. Aber ihm scheint es zu gefallen. Na ja, und eine Frau, die Liebe übt, übt sie ja auch in den entsprechenden Äußerlichkeiten, auch wenn sie dem Betrachter ein Dorn im Auge sein müssen ...«

Dann folgt eine lange Litanei über die Eßgewohnheiten der Liszts: »... man kann es begreifen, daß sie nicht sofort wissen, wie man einer gefüllten Ente zu Leibe geht. Aber man kann es nicht begreifen, daß sie Kaffee zum Braten wünschen und sich nicht die Fingerspitzen abspülen lassen, wenn sie nach den kandierten Früchten greifen und die Hände noch voll Sauce und Crèmeapplikationen haben. Das ist einfach rüde und paßt nicht zu dem Niveau, das sie vorgeben, zu besitzen. Ich schätze die Liszts, aber sie sind noch weit davon entfernt, in der Gesellschaft perfekt zu sein.«

Rossini hatte mehrfach den Wunsch geäußert, den berühmten Pianisten in seiner Mailänder Wohnung zu empfangen. Und Liszt hatte dann eines Tages zugesagt, da er sich mit Marie ohnehin in Italien aufhielt. Man hatte Baveno besucht, sich in Como aufgehalten und schließlich in Bellagio die Villa Melzi gemietet, die an das Grundstück der damals weltberühmten Sängerin Giuditta Pasta grenzte. Die Pasta gehörte zu den ersten Gästen, denen Liszt in der Villa die neuen Stücke aus dem Zyklus »Années de Pélerinage« vorspielte. Die Sängerin hat ihre Eindrücke festgehalten.

Giuditta Pasta: »Heute war Cercle bei den Liszts. Sie in ganz großer Robe. Bleue scheint ihre Lieblingsfarbe zu sein, obwohl ihr ein blasses Rot besser stehen würde. Er im obligaten Frack, aber doch nicht gar zu sehr à la mode. Er scheint in Sachen Kleidung keinen persönlichen Stil zu besitzen. Wir hatten die ganz große Ehre, einige neue Stücke des Herrn Liszt zu hören, darunter das wundervolle ›Après une lecture de Dante‹ und die ›Tarantella‹. Am angenehmsten aber empfand ich die Zugabe mit ›Au lac de Wallenstadt‹, in der sich ein so großartiges Kolorit findet, daß man wirklich meinen könnte, ein Bild sei Musik geworden. Ich finde es unverständlich, daß man Liszt noch nicht in die Reihe der Großen eingereiht hat, daß man ihn nicht in einem Atemzuge mit Rossini und Donizetti nennt. Freilich, er ist anders veranlagt und huldigt den modernen Franzosen, mit denen man so herzlich wenig anfangen kann. Berlioz!! Mein Gott, das ist doch keine Musik, dieses Zeter und Mordio. Das ist nichts als gemeiner Abfall. Keine zehn Jahre und man hat Herrn Berlioz vergessen!! Gift drauf!!! Und da ist Liszt allmählich an der Grenze zu diesem Berlioz angelangt. Man wird es ihm ausreden müssen, denn er kann wirklich was! Seine Größe ist nicht mehr anzuzweifeln. Ich überlege, was jetzt das Übergewicht hat: sein pianistisches Können oder seine Fähigkeit, Großartiges zu komponieren ...«

Die Pasta nimmt an dem Bankett teil, das Rossini zu Ehren Liszts gibt. Dieses Gelage – es dauert geschlagene sieben Stunden – ist die Krönung des Aufenthaltes von Marie und Franz in Mailand.

Drei »musikalische Akademien im classischen Style« waren auf Veranlassung Rossinis für Liszt arrangiert worden. Der Pianist huldigte darin dem Genius, der mit dem »Barbier von Sevilla« die erfolgreichste Oper in der ersten Hälfte des neunzehnten Jahrhunderts schrieb. Mit Beifall wurde eine Transkription der »Wilhelm Tell«-Ouvertüre aufgenommen, die in der Villa Melzi entstanden war. Außerdem kamen zwölf Lieder zur Uraufführung, die Rossini – nach langem künstlerischen Schweigen – komponiert und die Liszt für »Clavier solo ohne menschliche Stimme« umgearbeitet hatte. Frühere Fantasien über Themen von Rossini ergänzten die Programme der Akademien sowie eine Fassung von Mozarts »Zauberflöten«-Ouvertüre für drei Klaviere.

Liszt fand die Akademien höchst anstrengend, und da auch Marie noch von der Geburt ihrer Tochter Cosima, die am 25. Dezember 1837 in der Villa am Comer See das Licht der Welt erblickt hatte, ziemlich geschwächt war, beschloß man, den Mailand-Aufenthalt bald abzubrechen und nach Venedig überzusiedeln, wo man Meisterwerke der Malerei und der Baukunst zu besichtigen gedachte.

Im Gepäck hatte Liszt eine Reihe von abgeschlossenen Kompositionen, die er dem Verleger Ricordi in Mailand angeboten hatte. Ricordi hatte jedoch nur zwei Stücke akzeptiert und die übrigen mit dem Bemerken abgelehnt: »So etwas Schreckliches kann ich doch im Angesichte Rossinis, Donizettis und Bellinis in Italien nicht verkaufen!«

Zu diesen fertiggestellten Kompositionen gehörten die Transkriptionen der Campanella-Étude, die 1834 unter dem Titel »Grande Fantaisie de Bravoure sur la Clochette de Paganini, Opus 2« erschienen war, die »Douze Études d'exécution transcendante«, die »Études de Bravura« und der erste Teil der »Années de Pélerinage«.

Liszt war während des Venedig-Aufenthaltes dauernd in gereizter Stimmung. Er war unvorsichtig, vergraulte den österreichischen Adel, der sich um ihn scharte, durch liberale Parolen, die er bei Tisch und im Salon in die Debatten warf. Marie meint später über seinen Zustand: »Ich weiß nicht, ob ich unpäßlicher war oder er, obwohl ja ich gerade das Kind geboren hatte und nicht der große Held!«

Marie bat ihn ständig, mit ihr und den Kindern nach Bellagio zurückzukehren. Das war jedoch genau das Gegenteil von dem, was sich Liszt zur Wiedererlangung seiner inneren Ruhe wünschte. »Ich muß Scharwerk tun ... und sie verletzt mich, wo sie nur kann!« schreibt Liszt an Hermann Cohen. »Ich beginne einzusehen, daß sie mir hinderlich sein könnte ...«

Liszt bricht aus. Tagelang weilt er im Hause einer Mademoiselle d'Exelmans. Und als er zurückkehrt, stellt Marie fest, daß seine Garderobe in einem Zustand ist, der auf »erotische Rücksichtslosigkeiten« schließen läßt.

Solche Rücksichtslosigkeiten begeht Liszt während des Venedig-Aufenthaltes en suite. Marie macht ihm Vorhaltungen.

Sie schreibt verzweifelt an George Sand: »Er ist unausstehlich ... und ich habe das Gefühl, ihm allmählich im Wege zu sein. Wie habe ich es auch nur wagen können, einen Apoll an mich zu binden! Dieser Gott wird immer nach Sonne, nach Freiheit und Gewinn drängen.«

Da erscheinen in den Zeitungen Venedigs Berichte über Flutkatastrophen in Ungarn. Hungersnöte und Seuchen sind ausgebrochen. Liszt erinnert sich plötzlich, daß er von Geburt Ungar ist. »Ich bin gerufen, ich, ein Mann aus Raiding!«

In der Lagunenstadt bildet sich ein Förderungskomitee, dem ein Graf Petöfy und Liszt vorstehen. Sammlungen werden Hals über Kopf durchgeführt; doch statt Geld und Lebensmittel spenden die Damen und Herren der Gesellschaft abgelegte Roben, Fracks und verstaubte Perükken. Die Förderungs-Versammlungen werden zum Anlaß feuchtfröhlicher Gelage. Es gibt sogar einen »Ball zur Erinnerung an 500 tote Bauern bei Steinamanger«.

Liszt packt seine Koffer. Seinen Landsleuten zu helfen, war ihm wirkliches Bedürfnis. Er würde Konzerte geben ... in Wien, München, Berlin und Budapest, um Geld zu bekommen. Viel Geld, damit den Hungernden geholfen werden konnte. So teilnehmend Liszt am Geschick der in Not geratenen Ungarn war, so sehr kam ihm die Katastrophe zu Hilfe, um einem Bruch mit Marie aus dem Wege zu gehen.

Er ließ sie und die Kinder in Venedig zurück.

Fünfzehn Jahre zuvor war er aus Wien aufgebrochen. Inzwischen hatte sich das politische und künstlerische Klima in der Donau-Metropole wesentlich geändert. Kaiser Ferdinand regierte: ein bigotter, unentschlossener, aber den Musen durchaus geneigter Monarch, der Liszt sofort zu sich bat, nachdem er von dessen Eintreffen gehört hatte.

Ferdinand legte den Polizeibericht achtlos beiseite, den ihm sein Hausminister oben auf die Kanzleiakten des Tages geheftet hatte und in dem zu lesen stand, daß der

Künstler Franz Liszt in wilder Ehe mit der französischen Gräfin Marie d'Agoult lebe, Umgang mit der gefährlichen Sozialistin George Sand habe und mit antimonarchistischen Parolen in seinen öffentlichen Reden niemals spare.

Kaiser Ferdinand erklärte: »Wir haben etwas versäumt, als wir das Wunderkind ziehen ließen. Jetzt wollen wir wenigstens in Ruhe das Genie anhören, das aus dem einstigen Prachtbuben erwachsen ist.« Sprach's und ließ an Liszt eine Einladung zur Soiree durch den Hofmarschall ergehen.

Damit waren dem »großen, weltberühmten und auf vielen Instrumenten beheimateten Virtuosen« – wie Liszt in einer Wiener Tageszeitung genannt wurde – die Tore zu den Salons und Konzertsälen geöffnet. Die Agenten drängten sich in den Morgenstunden bei ihm, um einen Termin festmachen zu können. »Ich komme mir beinahe wie eine unerschöpfliche Honigwabe vor, die von lauter Bienenschwärmen umsummt wird«, schreibt er an Marie.

Zwölf Konzertabende bringen eine enorme Summe ein, die Liszt insgesamt an die ungarischen Behörden abführt.

Nach einer Akademie tritt eine junge Dame auf ihn zu, die ein Bündel Notenblätter unter dem Arm trägt. Liszt will sie abweisen, doch da erwähnt das Fräulein den Namen Robert Schumann. Liszt wendet sich ihr zu und fragt: »Sie kennen ihn?« Die Antwort: »Mein Name ist Clara Wieck, und ich bin die Braut Robert Schumanns.«

Man verabredet sich in einem Restaurant; der Impresario Haslinger ist auch dabei. Clara zeigt Liszt die neuesten Kompositionen ihres Bräutigams: die »Phantasiestücke«. Liszt sieht die Blätter aufmerksam durch, reißt sie an sich, stürmt hinaus und erscheint erst nach einer halben Stunde wieder: »Mit so erhitztem und gerötetem Haupte, daß ich dachte, er wäre einem Schlagfluß nahe . . .!« (Clara Wieck)

Liszt ist von den »Phantasiestücken« hingerissen. Bereits in der nächsten Akademie hat er sie zusammen mit dem »Carneval« im Programm. Der Erfolg ist überwältigend. Die Wiener entdecken den Komponisten Robert Schumann durch den Meisterpianisten Franz Liszt!

Clara Wieck, selbst bereits eine bekannte Pianistin, ist freilich von den Interpretationskünsten des »Salonlöwen« nicht unbedingt angetan: »Sein Stil ist bisweilen sehr rüde und brutal. Aber das hängt ganz und gar von seiner jeweiligen Stimmung ab. Er kann ein Stück heute so und morgen so spielen. Es ist immer Liszt, der da spielt, aber es ist immer wieder eine andere Seele. Es fehlt ihm an Einheitlichkeit, an Stetigkeit, an Festigkeit. Substanz ist genügend da. So wie er in seinem Leben ist, so gibt er sich auch als Künstler: ein turbulenter, bisweilen cholerischer Demagoge, der alles fordert, alles ... und sei es die stabile Konstruktion seines Klaviers, denn er ist durchaus in der Lage, ein solches an einem Abend in den Orkus zu befördern.«

Tatsächlich: Nach einer Akademie bricht der Érard-Flügel auf dem Podium zusammen. Die Fürstin Metternich kommentiert das Ereignis so: »Als Prinz Eugen die Türken schlug, brach das Muselmanenreich zusammen. Diesmal war es Franz Liszt ... und das Reich, das er zerschlug, bestand aus Holz und Saiten ...« Ihrem Begleiter, dem Baron Philipp von Neumann, erklärte sie: »Man fühlt sich nach einem solchen Konzert wie zerstückelt. Sehen Sie nach, mein Lieber, ob ich nicht auf den Händen gehe und meinen Busen auf dem Rücken trage!«

Das virile, dramatische, expressive Musizieren Franz Liszts steht in krassem Gegensatz zu der Betulichkeit und Akkuratesse, mit der die Wiener Pianisten Konzertakademien zu absolvieren pflegen.

»Und Sie können gar keinen Ländler?« fragt enttäuscht

ein Erzherzog nach einer Soiree. »Da müssen Sie aber noch, bitteschön, sehr viel hinzulernen, Herr von Liszt!«

Ansonsten ist tout Wien aus dem Häuschen, wenn es um den »charmierten Pariser« geht. Baron von Neumann faßt die Stimmung zusammen, die Liszt durch sein Auftreten in der Kaiserstadt an der Donau erzeugte:

Neumann: »16. April 1838. Der Pianist Liszt machte der Fürstin Metternich einen Besuch. Er erstaunte uns durch die Vollendung seiner Manieren. Er ist ein Produkt des jungen Frankreich, wie man es sich nur vorstellen kann ... 17. April: Liszt gehört, dessen Spiel denkbarst wuchtig und zusammenhängend ist. Er hat die Hörerschaft, die aus den ersten Musikern und Kennern der Hauptstadt besteht, mehr verblüfft als entzückt. 23. April: Bei Fürst Metternich zum Abendessen. Nachher in ein Konzert von Liszt, der in elektrisierender Art spielte. Er ist ein Meteor. Unter seinen Fingern wird das Klavier ein völlig anderes Instrument.«

Kaiser Ferdinand ist besonders enthusiasmiert: »Das Stückerl, Herr Liszt, haben Sie gespielt wie die Kanonade von Olmütz. Sie müßten einen ausgezeichneten Kanonier abgeben. Ich habe den Cramer gehört und den Diabelli; aber keiner hat es gewagt, mir so ein Husarenkonzert abzuliefern. Ich danke Ihnen!« Liszt muß süß-säuerlich zu dem »Kompliment« des Monarchen lächeln, der von seinem Hofmarschall allen Ernstes eine päpstliche Tugendrose fordert, die er dem Virtuosen für seine »in Paris lebende Eheliebste« überreichen will. Der Hofmarschall braucht lange Zeit, um seinen Herrn davon zu überzeugen, daß Liszt zwar eine Liebste, aber eben doch keine Eheliebste in der Seine-Metropole zurückgelassen hat.

Darauf Ferdinand: »... das kann man sich bei einem solchen Husaren gar nicht vorstellen, daß er so verkommen sein soll!«

Marie, die Liebste, läßt ihren Franzl aus der Ferne überwachen. Ihre Freundinnen Khevenhüller und da Rosas müssen ihr fast täglich berichten, was der »Flaneur« anstellt. Und als Marie erfährt, daß eine gewisse Theres Schönauer morgens, nachmittags und abends die Logierwohnung Liszts bestellt, schreibt sie ihm einen dramatischen Brief. Sie sei auf den Tod krank, habe nur noch wenige Monate zu leben und bedürfe seiner, um von ihm und der schnöden Welt Abschied zu nehmen.

Franz fiel auf Maries Manöver herein. Hals über Kopf brach er seine Zelte in Wien ab, um mit der »auch in der Ewigkeit noch geliebten Frau« eine Reise (»ein letztes Erleben«) durch den Süden zu machen. Die Gräfin war guter Dinge, als Liszt bei ihr eintraf, der sofort alle ärztlichen Gutachten lesen wollte und die Mutter seiner Kinder eingehend befragte, wie sie es augenblicklich mit der Religion halte, denn die Gewißheit des Todes zwinge den Menschen zur strikten Wahrung der Gesetze der alleinseligmachenden Kirche.

Marie lachte ihn aus, und er, zunächst wütend und pikiert, ließ sich recht bald von ihr »durch die gewohnten Mittel« umstimmen und einfangen.

Man hielt sich in Cattajo auf, in Florenz und Genua. Im Januar 1839 erreichten sie Rom, wo Daniel, das dritte Kind Liszts und der Gräfin, geboren wurde.

Die unehelichen Kinder und das illegale Verhältnis zu Marie machten ihm zu schaffen. Nicht, daß es finanzielle Schwierigkeiten gegeben hätte. Marie bekam ihre regelmäßigen Einkünfte aus ihren Liegenschaften und der Kapitalanlage ihres Geldes in der Schweiz; Franz hatte Reserven aus seinen Konzerteinnahmen, die sich von Jahr zu Jahr steigerten. Es waren vielmehr die ständigen Anzüglichkeiten seiner Freunde, die anonymen Drohbriefe des Grafen d'Agoult, der vom Königshaus dazu angehalten wurde, die Fehltritte seiner Frau »in gesellschaftlicher Form« wettzumachen. Außerdem verlangte Mutter Liszt in Paris immer wieder, Franz möge sein Verhältnis zu Marie legalisieren, damit die Kinder als aus einer christlichen Ehe entsprossene gewürdigt würden.

Bereits zu diesem Zeitpunkt war Liszt nicht mehr gewillt, sein künftiges Leben mit dem Mariens zu verbinden. Er hatte eingesehen, daß es zu starke Wesensunterschiede zwischen ihnen gab, daß die ständige Bevormundung der Gräfin ihn neurasthenisch werden ließ, vor allem aber, daß sie nicht in der Lage war, ihn als Komponisten von Rang zu würdigen. Fortan sprach er nie mehr von Liebe, wenn es um sein Verhältnis zu Marie ging, sondern von Leidenschaft.

Liszt: »Es war eine große, zeitweilig unersättliche Leidenschaft, die mich zu ihr hinzog, ein Drang, der zur bleibenden Neigung in vielen Jahren wurde. Dieser Drang hat mich beherrscht und mein Wollen eingenommen. Ich stand im Dienste dieser Leidenschaft und bin durch sie gereift und gewachsen.«

Tatsächlich: Der Ehrgeiz, das ständige Anstacheln zur Arbeit, die Betriebsamkeit und die Hektik der Gräfin hatten es bewirkt, daß Franz Liszt am Ende der dreißiger Jahre seines Jahrhunderts bereits die meisten seiner virtuosen Werke komponiert hatte, die seinen Ruhm ausmachen sollten.

Es muß der Mißgunst der Fürstin Sayn-Wittgenstein zugeschrieben werden, daß Liszt später den Einfluß der Gräfin d'Agoult auf sein Schaffen zu leugnen bemüht war. Carolyne Sayn-Wittgenstein, die Inspiratrice seiner mittleren und späten Jahre, ließ kein gutes Haar an der »Schlampe und Hure, die ihn zu drei Kindern gezwungen hat«.

Carolyne: »Wäre sie nicht gewesen, er hätte Mozart,

Beethoven und alle anderen schon längst übertroffen, denn in ihm steckt das wahre, einzige und größte Genie aller Zeiten. Das Weib aus Paris hat es verhindert, daß er nicht mehr wurde. Sie war der Dämon seiner frühen Jahre und hat ihm den Verstand geraubt, der ihm erst später, unter erheblichster und peinlichster Pflege wiedererstand.«

Solche einseitigen, allenfalls aus der Sicht der Nachfolgerin verständlichen Urteile vermögen nichts an der Tatsache zu ändern, daß Marie d'Agoult viele Jahre hindurch die subjektive Seite der Energie, des Wollens und der Tätigkeit in Franz Liszt geprägt hat. Mit Recht zitiert Marie am Ende ihres Lebens – im Hinblick auf ihr Zusammenleben mit Liszt – Hegels Erkenntnis: »Es ist nichts Großes ohne Leidenschaft vollbracht worden, noch kann es ohne solche vollbracht werden.«

Der Virtuose assoluto

Liszt ist berauscht von seinen Erfolgen: Wohin er kommt, ob nach Wien, München, Rom, Neapel, Paris oder Budapest, man empfängt ihn wie einen Triumphator. Er wird eitel. Seine Mutter fragt spöttelnd bei ihm an, ob es nicht genüge, viermal am Tage den Frack zu wechseln. Sie rät ihm ab, ein dunkles Gelb und ein zu aufdringliches Lila zu tragen. »Das tun Gecken. Und ich halte Dich immer noch für einen seriösen Künstler, mein lieber Sohn!«

Die Fürstin Metternich registriert, daß Liszt einen »erschrecklich unnatürlichen« Gang habe. Dem Baron Neumann sagt sie: »Sehen Sie ihm hinterher, er hat etwas von einem Känguruh, dem man einen hohen Orden verliehen hat!« Ein Coiffeur, der ihm täglich das Haar pflegt, ist jetzt sogar vonnöten geworden. Er heißt Poultry und besorgt zur größten Zufriedenheit seines Dienstherrn auch dessen Garderobe und deren Versand von einem Ort zum anderen.

Prinz Jérôme Napoleon fragt ihn dreist, ob es wohl schwieriger sei, eine Kompanie Soldaten von einer Stadt zur anderen zu delegieren oder den Hofstaat des Virtuosen zu transportieren. Zeitweilig mietet Liszt fünf Kutschen, um seine Utensilien und Dienstboten zu befördern.

Er fährt auch nie ohne sein »Tablett«. Auf ein Holzbrett hat ihm ein Maler weiße und schwarze Tasten gemalt. Die künstliche Klaviatur hält er während der Fahrten auf dem Schoße, um darauf üben zu können. »Dadurch bleiben meine Finger sehr gelenkig. Man muß sie am Tage mindestens fünf Stunden hintereinander bewegen, damit sie nicht erstarren.« Aber Schumanns Versuch, den Ringfinger der Rechten mit einer eigens dazu konstruierten Apparatur zu lockern, löst bei Liszt Heiterkeitsausbrüche aus: »Was man nicht aus eigener Anstrengung erreicht, wird sich niemals in der Kunst zum Guten wenden. Ein Klavierspieler, der Apparate braucht, ist in meinen Augen kein guter Klavierspieler. Er ist nichts als ein Pseudo-Künstler, der versucht, sich und der Welt etwas vorzumachen. Außerdem ist eine solche Apparatur höchst schädlich!«

Diese Erfahrung muß Robert Schumann machen: nach wenigen Wochen Übung mit dem Ringfingerbewegungsapparat stellt ein Arzt fest, daß Lähmungserscheinungen im Unterarm und in einem Teil von Schumanns rechter Hand auftreten, so daß er das Klavierspielen aufgeben muß.

Das Spiel Liszts wird immer exaltierter. Marie hat ihn bereits gewarnt, den dramatischen Fluß während eines Konzertes auf das Erträgliche zu drosseln. Haslinger, der Agent, notiert: »Während des Konzertes am 28. Jänner Liszt viermal gestorben. Erster Tod beim Adagio von Beethoven. Zweiter Tod bei der Fantasie über Berlioz. Dritter Tod kam vor der Pause bei dem ungarischen Marsch. Vierter und letzter Tod am Ende, da Liszt sich so ausgetobt, daß er bleich und versiegend in meine Arme sank ...«

Liszt kennt sein Publikum sehr genau. Er weiß, was man von ihm, dem »Paganini des Klaviers«, fordert: ein Schauspiel. Aber wenn schon Schauspiel, dann eines, das auch ihn befriedigt. »Ich vertue keine Geste«, sagt er zu Haslinger. »Dieses heißt nicht, daß ich auf Berechnung spiele. Es heißt aber, daß ich mich nur da echauffiere, wo es nottut. Die Musik dieser Zeit braucht ein solches Engagement. Gefühl ist alles.«

Damit kennzeichnet er die gesamte Kunstauffassung seiner Ära. Gefühl ist alles! Heine erklärt dazu: »Man ertrinkt im Sentiment. Triviales gibt es nicht, weil alles trivial und tränenschwanger ist. Der Herr Hofrat, der seiner Frau einen guten Morgen wünscht, tut dieses, als sei er Hamlet und habe die Aufgabe, sich im nächsten Augenblick in der Frühstücksmilch zu ertränken.«

Liszt ist es gewohnt, daß ihm die Zeitungsschreiber in den Städten, in denen er regelmäßig auftritt, betont wohlwollend gegenüberstehen. Ein Liszt-Konzert wird nicht kritisiert. Wo käme man denn da hin! Die Rezensenten überbieten sich in Lobeshymnen. Ein gewisser Karl Doblinger, Musikfürst einer Wiener Morgenzeitung, krönt all die Laudationes mit dem Ausruf: »Für Franz Liszt ließen sich alle Musikfreunde Wiens ans Kreuz nageln wie Jesus von Nazareth. Man stirbt so gerne für ihn, diesen Gott, der uns gezeigt hat, daß durch ihn das musikalische Himmelreich auf Erden begonnen hat.«

Wenn sich auch niemand in der k. und k. Regierungs-Metropole zur Schädelstätt' schleifen und für Liszt kreuzigen ließ, so häuften sich doch hysterische Vorfälle während oder nach seinen Konzerten, bei denen junge Mädchen und reife Matronen sich die Haare abschnitten, Schreikrämpfe bekamen oder – wie es in Neapel geschah – ihrem Sitznachbarn ein Ohr abbissen.

Ernestine Josephine Nagler, die Tochter eines Wiener Kanzleibeamten, war die erste Frau, die sich im Liszt-Wahn das Leben nahm. Sie zerfetzte und verschlang das Portrait ihres Abgotts, stürzte sich vom Stephansturm und war auf der Stelle »von dieser Erde hinweggehoben«.

Wagte es – was wirklich selten vorkam – ein Rezensent, irgend etwas am Vortrag Liszts zu bemängeln, geriet der Meister außer sich.

»Ich bin, der ich bin!«, schrie er einem römischen Verleger ins Gesicht, dessen Musikredakteur von »albernen Attituden« geschrieben hatte, und fügte hinzu: »Keiner kann mir das Wasser reichen. Wer sich erdreistet, meine Kunst anzuzweifeln, macht sich selber lächerlich und beweist, welch kleinen Geistes er ist!«

Ein Gutteil der Arroganz, die Liszt in jenen Jahren auswies, hatte seinen Ursprung in der Halbbildung, deren er sich zutiefst schämte. Er versuchte, die Wissenslücken durch Knallprotzigkeit und Theatralik zu überdecken. Meyerbeer war einer der Zeitgenossen des »Klavierakrobaten«, die erkannten, warum Liszt sich auf dem Podium »die Finger vor entsetzlicher Leidenschaft verbrannte«.

An seine Frau schrieb der Komponist der »Hugenotten«, der den französischen Opernmarkt beherrschte: »Ja, es ist möglich, daß er, Liszt, gewisse Dinge sehr ordentlich beherrscht und auch trefflich zu Gehör bringt, aber man entdeckt sehr bald den hohlen Kern, spricht man mit ihm eine Weile über die den Geist bewegenden Dinge dieser Welt. Er weiß von allem nur das Notwendigste, deckt seine Lükken mit abscheulichen, wenn auch recht blumigen Phrasen zu und glaubt, damit geantwortet zu haben. Es ist unglaublich, welche Naivität dieser Herr neben seiner Arroganz besitzt. Ich denke mir, daß eine solche Arroganz überhaupt nur durch eine unerschöpfliche Naivität möglich ist. Wir sprachen gemeinsam über Byron. Er konnte ihn seitenweis zitieren, war aber unfähig, die Dinge der Tiefe zu reflektieren, geschweige denn, Weisheiten und Erkenntnisse daraus zu schöpfen. Er muß lernen, will er vor der geistigen Welt bestehen ...«

Ein ähnliches Urteil gab Ludovic Halévy, vor allem als Offenbach-Librettist bekannt, sehr viel später ab. Er hatte die »beschämende Ehre«, sich mit Liszt über Goethes Faust zu unterhalten: »Nun will ich nicht sagen, daß ich mit diesem gewaltigen Opus der Weltliteratur so gut Bescheid weiß wie mit der Fabel von Heloise und Abelard, aber immerhin ... Mein Gesprächspartner hingegen erlaubte sich die kühnsten Prognosen und hatte von der Sache erheblich weniger Ahnung als ich. Nicht nur, daß er Personen anderer Dramen in den Faust einbezog ..., nein, er zitierte mit großem Pathos Schiller-Verse, die er irgendwo aufgegriffen hatte, und behauptete steif und fest, diese stammten aus dem zweiten Teil des Werkes ...«

Die französischen Komponisten und Instrumentalisten waren in jenen Jahren durchweg nicht gut auf Liszt zu sprechen, der ihnen – wie es Debussy formulierte – das Wasser des Erfolges abgrub und auf die »Hühneraugen des Chauvinismus« trat.

Meyerbeers und Ludovic Halévys Beurteilungen waren gewiß einseitiger Natur, obwohl es richtig ist, daß Liszt eine gewaltige Portion Naivität besaß. Kunstbetrachtungen aus seiner Feder, die zwischen 1838 und 1845 entstanden, zeigen, daß er die meisten Probleme, die er in Angriff nahm, unreflektiert ließ. Unbefangen, kindlich, einfältig setzte er sich zum Beispiel mit den Errungenschaften der musikalischen Technik auseinander.

Doch das Merkwürdige geschieht, daß ihm nur wenige – abgesehen von den Franzosen – diese Naivität anlasten. Richard Wagner fühlt sich noch 1855 aufgefordert, dem »Gerede über die Einfältigkeit des Freundes Liszt« ein Ende zu bereiten. In einem Bericht an die Pariser Akademie schreibt er, daß Naivität im Falle Franz Liszts unbekümmertes Schaffen bedeute: »... selbst ein Stück Natur zu sein, wie Friedrich Schiller es classificierte ...«

Manchmal hat der berühmte Mann das Gefühl, »von allen guten Geistern« verlassen zu werden, die »das Gerüst des Daseins« für ihn bilden. Mutlos schreibt er an die Sand und an seine Mutter. Maria Anna erwidert unmißverständlich: »Nun hast Du angefangen, so ein großes Theater zu machen, also mache es weiter, denn ziehst Du den Vorhang vorzeitig zu, wird das Publikum nicht zufrieden sein und Dich bald verachten. Du mußt, mein lieber Sohn, auf dem Pfade fortschreiten, auf den Du aus ganz eigenem Antriebe Deine Füße gesetzt hast. Gehe weiter ... und wird es ein Gethsemane!«

Franz Liszt geht weiter, und es gibt keinen Abfall, keine Einbußen, keine Erniedrigungen. Der »Salonlöwe« beherrscht das Terrain. Wo immer es gilt, Kunst für gute Zwecke einzusetzen, ist er dabei. Gibt die Kaiserin-Witwe eine musikalische Soiree, ist Liszt die Attraktion der Veranstaltung. Er fordert zwar kein Honorar, wird aber von den illustren Gästen mit Juwelen und kostbarem Tand überhäuft, den er beim Faktor Gumperts zu klingender Münze macht.

Ein Beethoven-Denkmal wird geplant. Noch ehe das Komitee bei Liszt vorstellig wird, hat er der Presse mitgeteilt, daß er zugunsten der Sammlung, die für diesen Plan veranstaltet wird, ein Konzert geben werde. Die Veranstaltung bringt soviel ein, daß man das Denkmal in Auftragen geben kann.

Sogleich treten Gegner auf den Plan, die es für »unverantwortlich« halten, daß Beethoven posthum durch einen Scharlatan geehrt werde. In Wien und München erscheinen Zeitungsartikel, in denen Liszt heruntergemacht wird. Seinen Großmut will man nicht anerkennen. »In Wirklichkeit errichtet er für sich ein Denkmal!« heißt es in den Gazetten.

Plötzlich kommen wieder jene bösartigen Pamphlete in Umlauf, die der Dichter Heinrich Heine etliche Jahre zuvor in französischen und deutschen Zeitungen veröffentlicht hatte.

Liszt an seine Mutter Maria Anna: »... dieser Wurm durchbohrt noch immer mein Gebälk. Ich hätte ihn zertreten sollen...« Zeit seines Lebens betrachtet Liszt den »Philister« Heine als einen seiner »Erzgegner«, auch wenn er später reduziert und befindet, daß Herr Heine »ganz schöne und annehmbare Verse geschmiedet hat«. Des Poeten Bericht in der Augsburger Allgemeinen Zeitung vom April 1844 zernagt – wie es Carolyne Sayn-Wittgenstein später schreibt – in schlechten Stunden sein Gemüt »wie der Aussatz von Säuren der Luft den Apollon vom Belvedere«. Dabei hatten sich Liszt und Heine zunächst recht gut verstanden. Man wechselte wohlgelaunte, wenn auch nicht inhaltsschwere Briefe und Karten. Und eines Tages bat der Dichter: »Ich will Sie, Liebster, morgen zwischen zwei und drei Uhr bei mir erwarten. Ich habe bereits einen ersten Artikel (über Sie) geschrieben, den ich vor Ihrem zweiten Konzert fortschicken möchte, und es steht vielleicht etwas darin, was Ihnen nicht gefiele; deshalb ist es mir ganz recht, daß ich Sie erst spräche. Ihr Freund H. Heine.«

Liszt kam, und er ging »tief enttäuscht und um einen Freund ärmer« wieder fort. Was zwischen den beiden geschah, wissen wir nicht. Anzunehmen ist, daß der todkranke Heine den »gottgesandten Musiker« um Geld, Fürsprachen und sonstige Dienste bat, zu denen sich Liszt nicht bereitfinden konnte. Und so erschien der gehässige Artikel in der Augsburger Zeitung:

»Ja, er ist hier, der große Agitator, unser Franz Liszt, der irrende Ritter aller möglichen Orden (mit Ausnahme der Légion d'honneur, die er gern haben möchte), der hohenzollern-hechingen'sche Hofrath, der Doctor der Philosophie und Wunderdoctor der Musik, der wieder auferstandene Rattenfänger von Hameln, der neue Faust, dem immer ein Pudel in der Gestalt Belloni's folgt, der ungarische Ehrensäbel seines Jahrhunderts, der geadelte und (dennoch) edle Franz Liszt! Er ist hier, der moderne Amphion, der mit den Tönen seines Saitenspiels beim Kölner Dombau die Steine in Bewegung setzte, daß sie sich zusammenfügten wie einst die Mauern von Theben! Er ist hier, der moderne Homer, den Deutschland, Ungarn und Frankreich, die drei größten Länder, als Landeskind reclamiren, während der Sänger der Ilias nur von sieben kleinen Provinzialstädten in Anspruch genommen ward! Er ist hier, der Attila, die Geißel Gottes aller Érard'schen Pianos, die schon bei der Nachricht seines Kommens erzitterten, und die nun wieder unter seiner Hand zucken, bluten und wimmern, daß die Thierquälergesellschaft sich ihrer annehmen sollte! Er ist hier, das tolle, schöne, häßliche, räthselhafte, fatale und mitunter sehr kindische Kind seiner Zeit, der (leiblich kerngesunde, aber geistig doch) sehr kranke Franz Liszt, dessen Zauberkraft uns bezwingt, dessen Genius uns entzückt, dessen Wahnsinn uns selber den Sinn verwirrt, und dem wir – in jedem Fall Gerechtigkeit widerfahren lassen wollen . . .!«

Heine war eifersüchtig auf den Ruhm seines angeblichen Freundes. Liszt ignorierte »die Viper« nach der Veröffentlichung des Artikels »wie man einen widerwärtigen Vagabunden ausläßt, der einem nichts als Wanzen und Schaben in den Pelz setzt!«.

Noch in den sechziger Jahren antwortete Liszt auf die Frage eines Kritikers, ob er »trotz allem« nicht doch glaube, daß Heines Dichtername im Tempel der Unsterblichkeit eingeschrieben sei: »Ja, aber mit Kot!«.

Eines Tages trifft eine Deputation aus Ungarn in Wien

ein, die den berühmten Magyaren bittet, nach Budapest zu kommen, um dort zu konzertieren und die Ehrung »des ganzen Volkes« entgegenzunehmen. Liszt ist zutiefst gerührt über diese Einladung und sagt sofort zu. Bevor er abreist, läßt er sich von einem Wiener Hofschneider eine ungarische Festtracht schneidern. Er weiß, was er seinen Landsleuten schuldig ist. Das erste Konzert ist dem Adel vorbehalten. Die Magnaten greifen tief in die Taschen, um dem Meister »das höchste Honorar aller Zeiten« zu Füßen zu legen.

Die Damen tragen unwahrscheinlich teure Roben. Gräfin Marie Festetics schreibt, daß sie mehrere hundert Zentner Diamanten geschätzt hätte, »meine eigenen mit rund vier Pfund dabei«. Die Festetics: »Tage zuvor war er zu Preßburg gewesen, wo er eine Gala gegeben. Und schon dort war die Welt aus den Angeln gehoben worden. Der Palatin, ein Bruder unseres Kaisers, hatte justament zu der Zeit einen Empfang angesetzt, mußte diesen jedoch absagen, da alles zum Liszt geeilt war und er vor leeren Tischen gesessen hätte. Da der Ruhm von Preßburg zu uns drang, war alles bemüht, den Empfang in Budapest noch triumphalischer zu machen.«

Der Konzertsaal war mit Blumen übersät. Ein vergoldeter Flügel harrte des Meisters, den der Fürst Casimir Esterházy gestiftet hatte. Der Baron Benckheim ließ Liszt durch zwölf in Landestracht gekleidete Pagen zum Podium geleiten. Dort angekommen, mußte sich der »berühmteste Ungar aller Zeiten« eine halbe Stunde lang »kühnste« Ovationen gefallen lassen. Mehrmals hob er die Arme, um das Zeichen zum Beginn des Klaviervortrages zu geben, aber die Menge war nicht zu beschwichtigen. Ausgelöst hatte den Taumel nicht zuletzt Liszts Gewand. Daß er sich so eindeutig zu Ungarn und seiner Tradition bekennen würde, hatte man nicht geglaubt. Und jetzt stand er vor ihnen ... der Held aller magyarischen Träume, wie es Gräfin Marie Festetics festgehalten hat.

Die Gräfin: »Eine so schöne, edle, kühne und schlanke Gestalt war uns noch nie vor Augen gekommen. Welch ein Gesicht von herrlichster Race! Das leuchtende Auge, der lächelnde Mund, diese breiten Schultern und der superbe Anzug, der einem Apoll nicht besser gestanden hätte ... Alles war aus dem Häuschen! Hier war ein König zu Gast gekommen, der alle Welt mit seinem Strahlenschein blendete ...«

Erst das energische Einschreiten des Barons Zichy, der eine französische Rückladerpistole gezogen haben soll, brachte die enthusiasmierte Gesellschaft zum Schweigen. Liszt ließ sich voller Andacht am Flügel nieder, faltete die Hände und besann sich mehr als eine Minute, ehe er seine Gestalt straffte und mit Elan sein Konzert begann. Zunächst spielte er sich mit einer Fantasie über Donizettis »Lucia di Lammermoor« ein, dann folgte sein »Galop chromatique«, und schließlich krönte er die Veranstaltung mit dem »Rákóczy-Marsch«, den er viermal hintereinander spielen mußte.

Er war erschöpft am Flügel zusammengesunken, als eine Gruppe ungarischer Magnaten in Festtracht auf ihn zuschritt, um ihm einen kostbaren Ehrensäbel zu überreichen. Graf Festetics verlas eine Dankadresse, umarmte den Virtuosen und hängte ihm den Säbel um.

Zunächst konnte sich Liszt vor Erregung kaum fassen. Zitternd erhob er sich, zog den mit Edelsteinen besetzten Säbel aus der Scheide, hob ihn in die Höhe, um ihn der tosenden Menge zu zeigen und preßte dann die Lippen auf den Stahl. Er dankte in französischer Sprache. Die Menge bildete Spalier, als er mitten durch den Konzertsaal hinaus ins Foyer trat, wo ihm ein Orchester ein Ständchen brachte. Draußen hatten sich Hunderte von Studenten zu einem Fackelzug versammelt. Liszt ließ die gräflich-festeticssche Kutsche unbeachtet und schritt inmitten der Menge dem Palast zu; dort gab es ein Bankett zu seinen Ehren, an dem – wie er notierte – sieben Fürsten, zwei Prinzen, acht Grafen und sechzehn Barone teilnahmen.

Bei Tisch kam jemand auf den Gedanken, man müsse für die Budapester Oper eine Liszt-Büste stiften. Graf Telécky ergriff daraufhin einen Kristallpokal und eröffnete die Sammlung. In wenigen Minuten wurde ein Betrag von mehreren tausend Gulden aufgebracht.

Liszt bedankte sich mit einem Gegen-Souper, an dem die gesamte Aristokratie Budapests teilnahm. Bei dieser Gelegenheit erbot sich Fürst Batthyány, im Namen der ungarischen Magnaten beim Wiener Hof um einen Adelsbrief für Liszt nachzusuchen. Das alles war für Liszt äußerst schmeichelhaft. Wenn es auch mit dem Adelsprädikat nicht klappte, weil man in der k. und k. Hofburg grundsätzlich auf derlei Vorschläge von seiten ungarischer Nobilitäten nicht einging, so lohnte sich das »enervierende Geschrei« (Carolyne) dennoch. Liszt wurde mit zahlreichen Orden dekoriert, man erteilte ihm Ehrenfunktionen, und er war nun so etwas wie ein ungarischer Nationalheld.

Es blieb nicht aus, daß man in Wien Wind davon bekam, was sich in Budapest ereignet hatte. Die Wiener wollten ihren magyarischen »Brüdern« in keiner Weise nachstehen, und als Liszt bald darauf wieder in ihren Mauern erschien, ward des Jubels und Trubels kein Ende.

Galadiners, Tee-Cercles mit den »allerhöchsten Herrschaften«, russische und englische Buffets, Maskenfeste, Paraden, Umzüge . . . es gab nichts, das man nicht zu Ehren Liszts arrangiert hätte. In den Schaufenstern prangten goldumrandete Portraits, die Feinbäcker produzierten »Liszt-Kipferln«. Der k. und k. Hofbäcker Ferdinand Nepomuk Sabbatil hatte aus Marzipan, kandierten Früchten und Zukkerwerk den Meister in voller Lebensgröße nachgebildet und dem ff.-Publikum zur Schau gestellt. Die Wiener Manufaktur schuf kostbare »Liszt-Tabatièren« und Liszt-Bonbonnièren«, die mit »Liszt-Tabacco« und »Liszt-Bonbons« gefüllt wurden. Liszt-Bonbons waren aufdringlich lila und mit Veilchenextrakt versetzt.

Die schnupfenden Snobs hatten sich angewöhnt, nach dem Niesen »Prosit Liszt!« auszurufen. Die Fürstin Metternich erwähnt, daß Baron Neumann während eines »kompletten Niesanfalles« mindestens fünfzigmal »Prosit Liszt!« ausgerufen habe. Die Metternich: »Am Schlusse war's nichts als ein fatales, eindeutiges, verfurztes Säuseln ... Und das alles um diesen Schönling Liszt!«

In Berlin war es kaum anders. Die beiden Konzerte, die Liszt in der Preußen-Metropole gab, waren Wochen vorher ausverkauft. Die Damen des Adels trugen zu ihrer Robe-de-cour weiße Handschuhe mit dem eingeprägten Bildnis Liszts. Die königliche Familie rüstete zu einem Empfang im Potsdamer Schloß; in der Drap-d'or-Kammer, in der ansonsten nur Familienzeremonien der Hohenzollern abgehalten wurden, verlieh ihm der Monarch einen hohen Orden. Und als sich Liszt anschickte, Berlin zu verlassen, begab sich folgendes Schauspiel, das ein Augenzeuge überliefert hat:

»Der Augenblick der Abfahrt war da. Ein Wagen, mit sechs Schimmeln bespannt, rollte vor das Hotel; Liszt wurde unter dem Zujauchzen der Menge fast die Treppe hinabgetragen und in den Wagen gehoben, wo er zwischen den Senioren der Universität seinen Platz hatte. Dreißig vierspännige Wagen mit Studierenden, eine Anzahl Reiter im akademischen Festornat gaben ihm das Geleit. Zahllose andere Wagen hatten sich angeschlossen; zu vielen Tausenden umwogte die Menge die Abfahrenden. Der Zug nahm zuerst seinen Weg nach den Linden, umbog den Platz, der für das Denkmal Friedrichs des Großen bestimmt ist, und wandte sich so nach der neuen Schloßbrücke zurück und dann über die Schloßfreiheit, den Schloßplatz, durch die Königstraße nach dem Frankfurter Tor zu. Nicht nur die Straßen und Plätze, sondern auch die Fenster aller Häuser waren dicht mit Zuschauern und Zuschauerinnen erfüllt...« Die Prinzessin Friedrich Karl von Preußen, eine Nichte des Königs, ergänzt diese Aussage: »Tout Berlin war wie in einem Fieber. Selbst die Meinigen waren nicht aufzuhalten, sich den Circus anzusehen, den ein an und für sich gewöhnlicher Mann aus dem Volke zu inscenieren vermochte. Nun ja, Herr Liszt erhebt sich natürlich über die allgemeine Gewöhnlichkeit, denn er ist redlich und ungestüm von den Genien heimgesucht... Ich finde es aber denn doch für ungebührlich, daß man ihm mehr Achtung und Wohlwollen zollt als Se. kaiserlichen Majestät, dem Zaren aller Reußen!«

In Leipzig ist man dem Herrn Klavierspieler Liszt gegenüber äußerst kühl. »Es schlug mir sogleich ein Hauch von Feindseligkeit entgegen«, schrieb er später, »und es fiel mir schwer, mich in diesem ablehnenden Klima zurechtzufinden. Wo Eisigkeit und Gefühlskälte herrschen, ist nicht mein Platz.«

Die Leipziger waren auf die Musik Bachs eingeschworen. Noch kürzlich hatte Schumann in einem Essay erklärt: »Leipzig steht in der Musikgeschichte einzigartig da: es darf sich rühmen, eine Stätte zu sein, in der Bach noch heute lebt... als Fürst der Musik. Und nichts wird neben ihm geduldet.« Das stimmte nicht ganz, denn inzwischen »duldeten« die Leipziger ihn selber und vor allem Felix Mendelssohn-Bartholdy, der die Bach-Renaissance eingeleitet hatte.

Schumann und Mendelssohn standen ihrem Kollegen ganz gewiß nicht feindselig gegenüber. Schumann wußte, daß sich Liszt außerhalb Deutschlands immer wieder um seine Kompositionen bemüht hatte. »Wenn der ›Carneval‹ heute zu den besonderen Stücken aller Pianisten in der Welt zählt, so habe ich das Ihnen, mein getreuer Liszt, zu verdanken. Und ich werde es Ihnen bis in die Ewigkeit nachrühmen ...«, so heißt es in einem Brief Schumanns an seinen Gönner.

In Leipzig hielt er sich zurück: »... in der Weise, wie er es immer zu tun pflegt. Er ist da, aber macht sich nicht bemerkbar. Er ist einer der Stillen im Lande ...« (Liszt)

Mendelssohn hingegen war während Liszts Leipziger Aufenthalt ungemein geschäftig. Er trommelte die einflußreichen Bürger zusammen, vor denen Liszt ein Sonderkonzert geben mußte; aber die Großkopfeten der Bach-Stadt waren beifallsfaul und verstanden die »aufdringliche und höchst peinliche« Art nicht, in der Liszt die Werke Schumanns und Hillers vortrug. Lediglich bei einer Fantasie über Schuberts »Ave Maria« zeigte sich »ein gewisser Hauch von Verständnis«. Mendelssohn geriet nach diesem Sonderkonzert in Rage. Er zankte mit dem Leipziger Bürgermeister herum und legte sich – wie es heißt – mit einem Haufen Stadträten an, die er als infantile Gänseriche und Kunstbanausen bezeichnete.

Anderntags hatte Mendelssohn zweihundertundfünfzig Berufsmusiker zu sich eingeladen, die vor Liszt musizieren mußten. Man spielte Werke von Ferdinand Hiller, Schumann und Mendelssohn. Liszt war voller Bewunderung über das Können der Orchestermusiker.

Mendelssohn: »Er sagte mir vielerlei Artigkeiten ... und, daß dieses Orchester das beste der Welt sei, das er gehört ... Am Schlusse vereinigten wir uns zu einer Andacht gegen Johann Sebastian Bach, indem wir – Liszt, Hiller und ich – des Thomas-Kantors Konzert für drei Klaviere spielten. Da war der Bann gebrochen und meine Leipziger Musiker sahen ein, wen sie in der Person Liszts vor sich hatten. Sie dankten ihm ..., und ich habe greise Männer gesehen, die ihm die Hand küßten ...«

Nach Leipzig folgte ein kurzer Zwischenaufenthalt in Paris, bei dem sich Liszt und Marie d'Agoult wiedersahen. Für einen Augenblick schien es, als kämen die Beziehungen wieder ins Lot. Aber Liszt war der Gegenwart Maries bald überdrüssig und wandte sich, ohne sie, der Gesellschaft zu. Dennoch entschloß er sich, sie mit auf seine England-Tournee zu nehmen. In London kam es dann zum endgültigen Bruch. Die Gräfin, eifersüchtig auf jede »beunruhigende« Geste der Damenwelt, machte ihm Szenen über Szenen. »Ich habe den Dandy satt!« schrieb sie an die Sand, packte ihre Koffer und verschwand auf Nimmerwiedersehen.

Liszt vertat eine Reihe von Tagen in »absurdestem Weltenschmerz«. Dann stürzte er sich in die Arme von Lady Blessington und vergaß an ihrem Busen, was ihm die »Magd« Marie d'Agoult angetan hatte. Die Blessington besaß großen Einfluß am Hofe, und ihr ist es zuzuschreiben, daß Liszt vor der jungen Königin Victoria und dem Prinzgemahl Albert spielte. Die Queen war es, die ihren Verwandten in Weimar und Coburg von dem »einzigartigen Ereignis« Mitteilung machte.

In Weimar war man ohnehin auf Liszt aufmerksam geworden. Der Erbgroßherzog Karl Alexander von Sachsen-Weimar hatte den Virtuosen in Leipzig erlebt und ihn zu einem Abstecher in seine Residenz überredet. Angestachelt durch seine »königliche Cousine«, schrieb er nunmehr eine offizielle Einladung an Liszt aus, der prompt antwortete, er werde im Sommer 1841 dem Angebot folgen und in der Stadt Goethes konzertieren. Dieser Entschluß war der folgenschwerste, den Liszt in seinem Leben faßte, denn schon 1842 wurde er in der sächsischen Großherzogsresidenzstadt zum Hofkapellmeister »in außerordentlichen Diensten« ernannt. Weimar wurde ab 1847 der ständige Wohnsitz Liszts. Weimar wurde sein Olymp, »von wo aus er die ganze Welt als Fürst der Musik regierte« (Cornelius).

Die Konzerte in England waren nur in den großen Städten, vor allem in London, für ihn erfolgreich. In Glasgow und Manchester mußte er vor halbleeren Häusern spielen, so daß er beschloß, seine Tournee vorzeitig abzubrechen. Großmütig lohnte er dem britischen Impresario die Mühen, und als dieser noch zweitausend Pfund für die Verdienstausfälle verlangte, zahlte Liszt auch diese, vergaß jedoch nicht, von dieser Aktion die Zeitungsschreiber in Kenntnis zu setzen, die ihn in höchsten Tönen rühmten. Selbst die Queen war von soviel Weitherzigkeit gerührt, sandte einen Orden und nannte Liszt scherzhaft »Franz den Großmütigen«.

Noch Monate nach seiner Abreise berichteten die Mode-Journale über die Anzüge Liszts, die für die britische Gesellschaft eine Sensation gewesen waren. »Seit Lord Byron hat es niemand mehr gewagt, sich so exzentrisch zu geben«, schrieb der Korrespondent von »Gentlemen«. »Stellen Sie sich vor, verehrte Leser, Sie erwarten einen Besuch und derselbe erscheint schon zum Frühstück in enganliegenden quittegelben Beinkleidern und einem froschgrünen Frack ... Vergessen Sie da nicht, den Tee einzugießen und die frische Sahne zu reichen ...?«

Es ist ein Kleiderzettel Liszts aus jener Zeit erhalten. Er hatte Marie gebeten, folgende Bekleidungsstücke aus der Pariser Wohnung mit nach London zu befördern:

1. la redingote hongroise avec fourrure
2. la robe de chambre hongroise et une espèce de pantalon turc en bleu, plus un autre pantalon du matin dans le même genre, blanc (étoffe singulière)
3. mon médaillon de Bovy (n'oubliez pas le portrait en robe de chambre et la statuette de Dantan)
4. mon surtout gris etc. etc.

Marie besorgte alles und antwortete: »Pascha, ich höre und gehorche. Vos commissions seront faites!«

In den folgenden Monaten wandte sich Liszt den deutschen Landen zu. Das hatte mehrere Gründe. Zunächst einmal hatte er in London einen jungen deutschen Gent kennengelernt, den Prinzen Felix von Lichnowsky, der Erbe gewaltiger Besitzungen in Ostpreußen und Schlesien war. Lichnowsky war äußerlich ein Spiegelbild Liszts. Auch er hatte einen Hang zu extravaganter Kleidung, liebte es, die Gesellschaft zu schockieren und mit liberalen Parolen um sich zu werfen.

Liszt: »Es war eine Wohltat, diesem herrlichen jungen Mann zu begegnen. Durch ihn entstand in mir der Gedanke, daß auch in deutschen Staaten Eleganz großgeschrieben werden kann. L. hat Styl und Lebensart, – und ich bin gewiß, daß wir zueinander passen.«

Lichnowsky stand mit seiner Familie – sein Onkel war der berühmte Gönner Beethovens gewesen – auf Kriegsfuß. Kein Wunder, daß der Beau gelegentlich in finanzielle Bedrängnis kam – Liszt half aus, bisweilen mit beachtlichen Summen. So existiert ein Überweisungsbeleg von zehntausend Franc, der Lichnowsky mit dem Bemerken zugestellt wurde: »Dieses sendet ein Hirte seinem Apollon!«

Mit Lichnowsky – und nicht, wie viele Chronisten behaupten, mit Marie – ließ sich Liszt auf der kleinen Rheininsel Nonnenwerth nieder. Man hauste in einem halbverfallenen Klostergebäude und leistete sich die Extravaganz, in einer »ruinösen« Fischerhütte Sektfrühstücke einzunehmen. Von Nonnenwerth aus unternahm Liszt Konzertreisen, die ihm geradezu fantastische Honorare einbrachten. Sein Einkommen belief sich damals auf 300 000 Franc im Jahr. Soviel erhielt nicht einmal der Erbgroßherzog von Weimar als Apanage!

In Hamburg überwies Liszt die Einnahmen eines Konzertes in Höhe von 20 000 Mark dem Pensionsfonds mittelloser Musiker, andernorts stiftete er Legate und half notleidenden Kollegen. Als er erfuhr, daß man in Bonn das Geld für das geplante Beethoven-Denkmal nicht aufbringen konnte, griff er tief in die Taschen und überwies dem Komitee die gesamte fehlende Summe.

Daraufhin bat man ihn, für die Feierlichkeiten zur Enthüllung des Denkmals eine Kantate zu komponieren und diese auch zu dirigieren. Merkwürdigerweise brachte ihm dieses Vorhaben nichts als Ärger ein. Schon vor der Uraufführung des Werkes hatten mehrere Kritiker gerügt, daß ein »Neutöner« mit seiner Musik die Atmosphäre des Festes bestimmen sollte. In der Schumannschen Musikzeitung erschien ein Essay, in dem es hieß: »Warum muß eine solche erhabene Weihestätte durch den kreischenden Unflat neutönerischer Musik verunglimpft werden?«

Liszt war betrübt. Lichnowsky berichtet, daß er tagelang apathisch dasaß und an der Welt zu verzweifeln glaubte. Lichnowsky: »Da war ich ihm Trost und Zuflucht. Ich habe ihn geherzt und wieder in die Gesellschaft gebracht, wo er Abwechslung und Genugtuung fand.«

Abwechslung brachte ihm sicherlich die kurze, aber intensive Bekanntschaft mit der abenteuerlichen Tänzerin Lola Montez, die später eine Regierungskrise in München heraufbeschwor und die Abdankung des Bayernkönigs Ludwig I. bewirkte. Mit ihr durchlitt und durchkostete Liszt die »Qualen einer kurzen Liebestracht«.

Die Montez war ein rabiates Frauenzimmer: Sie pflegte ihren jeweiligen Galan kräftig auszunehmen, und war der »durch höchste Liebeskunst gefesselte Anbeter« in materieller Hinsicht erledigt, ließ sie den Bedauernswerten fallen. Sie brüskierte ihn in aller Öffentlichkeit und wechselte den Ort. An Liszt schien sie dauerhaft interessiert zu sein. Sie verfolgte ihn auf Schritt und Tritt und erzählte jedem, daß sie die Verlobte des großen Künstlers sei und die Hochzeit im Juli des nächsten Jahres stattfände.

Die Zeitungen begannen über die Liaison zu berichten. Freunde warnten Liszt und baten ihn dringend, das Verhältnis unverzüglich abzubrechen. Als er am 12. August 1845 in Bonn zur Enthüllung des Beethoven-Denkmals eintraf, konnte sich die Gattin des Bürgermeisters nicht verkneifen, ihn zu fragen, ob er nicht traurig darüber sei, daß das Komitee kein Tanzforum für Frau Montez geschaffen habe.

Liszt war außer sich. Am Festbankett nahm er nicht teil. Lichnowsky beschwor ihn nach der peinlichen Szene, Lola den Laufpaß zu geben. Liszt traf sich noch einmal mit ihr, und die Legende will, daß er sie in ihrem Hotelzimmer einsperrte, den Schlüssel beim Portier abgab, ihre Rechnungen beglich und dem Wirt Anweisung gab, »die rasende Bestie« erst zwölf Stunden nach seiner Abreise freizulassen. Lola zertrümmerte in ihrer Rage das gesamte Mobiliar des Appartements. Liszt zahlte auch dafür. Lichnowskys Kommentar: »Er benimmt sich eben immer wie ein vollendeter Kavalier es tut. Liszt ist die Bildung in Person!«

Frauenlob

Lichnowsky war es, der Liszt bei einem Maskenfeste in Berlin mit Charlotte von Hagn bekannt machte, Star der Berliner Hofbühne. Liszt trug das Gewand eines Paschas: hellgraue Kniehosen, ein türkisfarbenes Übergewand, das mit Goldpailletten übersät war, dazu dunkelblaue Seidenschuhe und einen Turban aus Goldlamé, an dem er sämtliche Orden befestigt hatte, die ihm bisher von europäischen Fürstlichkeiten verliehen worden waren.

Lichnowsky trat als Don Juan d'Austria auf. Sein Stutzergewand machte ebensoviel Aufsehen wie das morgenländische Habit Liszts. Die Hagn war »à la Königin Luise« erschienen und erregte ob ihres »preußisch-anmutsvollen« Ballkleides die Männerwelt. Die sechzig Jahre alte Bettina von Arnim, Goethes einstige Vielgeliebte und Ludwig van Beethovens Gönnerin, mißgönnte der »deutschen Déjazet« den Erfolg.

Bettina: »Die Geschwister Hagn, Charlotte und Auguste, wohlgelitten in unserer Theaterwelt und von einigen im Überschwang des Interesses als die größten Darstellerinnen dieser Zeit im classischen Drama gepriesen, machten sich alsbald so aufdringlich und hemmungslos an Liszt und Lichnowsky heran, daß es nicht nur der Allgemeinheit auffiel, sondern Ärgernisse erregte. Es steht fest, daß man sowohl hochwohlgeboren als auch in gewissem Maße berühmt sein kann, aber doch nicht den Anstand und die Moral besitzt, um eben hochwohlgeboren und in allem gebildet zu sein. Es hat mich in der Tat geärgert, daß die emsige Charlotte den Großen so gemein fulminiert hat, daß er ihr denn auch wahrlich auf den Leim kroch wie die ahnungslose Biene auf den Seim des Bienenfängers ...«

Bettina war eifersüchtig. Sie wußte, daß sie Liszt in ihrem Alter als Frau nicht mehr interessieren konnte. »Um der geistigen Aussprache willen lud ich ihn in meinen Salon ...«, schrieb sie an ihren Cousin Laroche, »und er kam – sehr gern, wie ich glaube – um des geistigen Verkehrs mit mir. Daß die Hagn ihn mir dann gänzlich entzog, werde ich ihr bis an mein Lebensende nicht vergessen.«

Bettina hatte mancherlei mit der Sand gemeinsam: das Interesse an den sozialpolitischen Zeiterscheinungen, die geradezu krankhafte Naturschwärmerei, die sie auch mit dem Stiftsfräulein von Günderode zusammenbrachte, den pythisch-dunklen Stil der genialen Improvisationen, die von der Nachwelt zu Literatur erhoben wurden. »Meine liebe Freundin und Schwester im Geiste der George Sand ...«, so redet Liszt sie denn auch in einem Brief an, in dem er sich dafür bedankt, daß ihm Bettina in Berlin, »dort, wo man nicht unbedingt königlich, sondern liberal und der Zukunft näher«, die Türen geöffnet habe.

Liszt besucht sie auf dem Gut Wiepersdorf, wo Bettina Poeten, Komponisten und Naturforscher wohnen und unterhalten läßt. Der Baron Friedrich von Flotow verkehrt bei ihr, wenn er sich nicht in Frankreich aufhält, und Heinrich Marschner komponiert während eines Aufenthaltes bei seiner Gönnerin eine komplette Oper.

Liszt setzt seinen Namenszug unter den des preußischen Königs im Wiepersdorfer Gästebuch, nachdem ihn Bettina aufgefordert hat, sich dort zu verewigen, »wo es nach dem Stande beliebt«. Der Kommentar der Arnim nach der Eintragung: »So ist es ... der Sänger geht neben dem König; allerdings sollte man hinzufügen, daß sich hier ein Genie selbst erniedrigt hat, indem es einer bigotten und dummdreisten Majestät den Vorrang ließ. Ich hätte es lieber gesehen, daß Liszt sich über das Gewurstel der Majestät eingetragen hätte ... wie es ihm gebührt.«

Die bigotte und dummdreiste Majestät ist Friedrich Wilhelm IV., der es sich nicht nehmen läßt, bei jedem Liszt-Konzert in seiner Regierungshauptstadt anwesend zu sein. Der König macht Liszt den Vorschlag, in Berlin ansässig zu werden, ein Hofamt zu übernehmen und Leiter des Konservatoriums der Stadt zu werden. Liszt ist dazu nur unter der Voraussetzung bereit, daß ihm – wie Meyerbeer – der Titel eines Königlichen Generalmusikdirektors verliehen wird. Dazu aber kann sich Friedrich Wilhelm nicht bequemen. »Einer von dieser Sorte ist mir zur Zeit genug!« sagt er und beauftragt seinen Hausminister, Liszt »in Anerkennung seiner Verdienste um das Musikleben in Preußen« einen Orden zu verleihen.

Liszt ist enttäuscht, denn er hat stark damit gerechnet, daß ihm der König den hohen Titel zukommen lassen würde. Trost »ob der ungerechten Behandlung durch die allerhöchsten Herrschaften« findet Liszt in den Armen Charlotte von Hagns. Doch er geht dieses Trostes alsbald verlustig, als sich bei ihm der Gutsbesitzer Alexander von Oven melden läßt, der vorgibt, mit der Hagn verlobt zu sein. Lichnowsky ist es, der vermittelnd einspringt und verhindert, »daß es ein aufsehenerregendes Duell auf der Wuhlheide gibt«.

Nach dem kurzen Abenteuer mit der Hofschauspielerin war es die Fürstin Galitzin, die Liszt in ihren Bann schlug. Lichnowsky hatte Liszt mit zu einem Souper genommen, an dem die Fürstin und der einflußreiche Kritiker Alexander Serow teilnahmen. Die Fürstin lebte von ihrem Gatten, dem Generalgouverneur von Moskau, getrennt. Liszt fand sie reichlich matronenhaft, »aber doch von Charme und Intelligenz«. Er vergleicht sie einmal mit seinem Freund Wielgorsky, einem ältlichen Dandy und Sproß einer adeligen Familie in Polen, dessen Fettleibigkeit und Bresthaftigkeit »nichts dazu taten, um seine Liebenswürdigkeit und innere Schönheit zu untergraben«.

Liszt: »Die Fürstin gleicht ihm in vielen Attitüden ... ich kann sie dennoch gut leiden ... sehr gut sogar!«

Lediglich aus einer Randbemerkung Lichnowskys wissen wir, daß es zwischen Liszt und der Galitzin zu »Näherem« kam. Aber dieses »Nähere« war womöglich nichts anderes als ein Mittel zum Zweck. Liszt wollte Neuland gewinnen: im Osten. Polen und Rußland lockten. Um aber Einfluß auf die High-Society im Zarenreich zu bekommen, brauchte man Beziehungen.

Die Felix von Lichnowskys reichten offenbar nicht aus. Die Galitzin schaffte es.

Warschau öffnete Liszt die Tore, in Moskau zog er unter dem Jubel »des gesamten Adels und der ersten Künstlerschaft« ein. In Petersburg spielte Liszt bereits am ersten Abend vor mehr als dreitausend Menschen. Das Konzert fand im Adelssaal statt, und das bedeutete, daß nur Besucher, die mindestens ein »von« vor ihrem Nachnamen tragen durften, Einlaß fanden. »Der gemeine Pöbel« wurde – nach Serow – erst beim fünften und sechsten Konzert Liszts in Petersburg befriedigt, als er in einem anderen Saal spielte, der auch für die Kaufmannschaft und stimmberechtigten Bürger zugelassen war, »mit Ausnahme der Studenten, die aufgrund politischer Sanktionen ausgeschlossen waren« (Serow).

St. Petersburg lag dem »Wunder aus Paris« alsbald zu Füßen. Auch hier verfehlte Liszt seine Wirkung nicht: »Der Cultus war ungeheuerlich«, schreibt Wladimir Stassow, ein angesehener Kritiker. »Liszt betrat den Saal am Arme des Grafen Wielgorsky, eines ältlichen Adonis und typischen Dandys jener Zeit. Wielgorsky trug eine riesige weiße Krawatte. Auch Liszt trug eine weiße Krawatte. Über sie hatte er den Orden vom Heiligen Sporn befestigt, den ihm Papst Pius IX. verliehen hatte. Er trug auch noch verschiedene andere Orden, die an Ketten von den Aufschlägen seines Rockes herabhingen. Aber am meisten staunten die Russen über seine gewaltige Haarmähne, die bis zu den Schultern herabreichte. In Rußland pflegten nur Priester so lange Haare zu tragen; sonst war eine derartige Haartracht seit der Zeit Peters des Großen ganz aus der Mode gekommen. Mein Freund Serow hatte zunächst keinen sehr günstigen Eindruck. Liszt war sehr mager und gebückt, und obwohl ich viel von seinem berühmten Florentiner Profil gelesen hatte und von seiner Ähnlichkeit mit Dante, konnte ich sein Gesicht nicht schön finden. Auch seine Sucht, sich mit Orden zu behängen, mißfiel mir, und später war ich auch ein wenig enttäuscht über sein affektiertes Benehmen den Leuten gegenüber, mit denen er in Berührung kam. Es waren dreitausend Menschen im Saal, unter ihnen auch Glinka. Liszt bestieg das Podium, zog seine rehledernen Handschuhe aus und warf sie achtlos zu Boden. Nachdem er für den donnernden, in Rußland in solcher Stärke noch nie erklungenen Applaus gedankt hatte, setzte er sich ans Klavier. Es herrschte eine Stille, als wäre der ganze Saal zu Stein geworden. Ohne irgendein Vorspiel begann Liszt mit den ersten Takten der Ouvertüre zu ›Wilhelm Tell‹. Neugierde, Zweifel, Kritik ... alles war bei der wundervollen Verzauberung durch sein Spiel vergessen. Dann folgten eine Fantasie über ›Don Juan‹, seine Arrangements von Beethovens ›Adelaide‹ und Schuberts ›Erlkönig‹ und sein eigener ›Galop chromatique‹. Nach dem

Konzert gebärdeten wir beide uns wie Irrsinnige. Wir wechselten kaum ein Wort miteinander, eilten nach Hause, und jeder schrieb seine Eindrücke, Träume und Verzückungen nieder. Aber wir beide gelobten uns, diesen Tag für immer heilig zu halten und unser ganzes Leben lang ihn nicht einen Augenblick zu vergessen.«

Glinka war noch irrsinniger. Er unternahm eine Wallfahrt nach einem Kloster in der Ukraine, ließ sich fünf Tage ohne Nahrung in eine Klosterzelle einsperren und gelobte der Jungfrau Maria, vier Jahre lang jeden Morgen nach dem Erwachen ein Gebet für Liszt zu sprechen.

Er behauptet, dieses Gelübde nur einmal gebrochen zu haben: an dem Morgen, da er nach seiner Hochzeitsnacht »in den Armen der Holdesten« erwachte. Ganz Rußland geriet in ein Liszt-Fieber, und selbst die Menschen, die nicht viel von Musik verstanden, sollen damals gesagt haben: Es wird gut mit unserem Mütterchen Rußland werden, denn der berühmteste Mensch auf der Erde – nach unserem Väterchen Zar – besucht unsere Städte.

Die Zeitungen berichteten tagtäglich, was Herr von Liszt tat. Seine neumodische Kutsche wurde eingehend beschrieben, daß er 360 verschiedene Krawatten besaß, wurde den Lesern auf der ersten Seite per Schlagzeile mitgeteilt, die Eßgewohnheiten waren Gegenstand ausführlicher Erörterungen, und natürlich gaben auch die Liebschaften des »Klavier-Serenissimus« genügend Stoff für die Kolumnen.

Um all diese Einzelheiten seines Daseins kümmerte sich insonderheit eine Dame der ersten russischen Gesellschaft, die es sich seit etlicher Zeit hatte angelegen sein lassen, das laute Leben von Moskau und St. Petersburg zu fliehen: die Fürstin Carolyne von Sayn-Wittgenstein, geborene von Iwanowski aus Polen, Tochter eines Großgrundbesitzers, derzeit vermählt mit dem Fürsten Nikolaus von Sayn-Wittgenstein, seines Zeichens Adjutant des Zaren.

Carolyne hatte dem Fürsten deutschen Geblüts, dessen Großvater Christian Casimir vorzeiten in die Dienste der Kaiserin Elisabeth von Rußland getreten war und somit seine Sippe in St. Petersburg ansiedelte, etliche Eskapaden mit der Hofdame Karasinkska übelgenommen und ihn aus ihren Armen »mit Abscheu und tiefster Verachtung« entlassen. Sie lebte auf ihren Gütern, war achtundzwanzig Jahre alt und hatte das Bedürfnis, ihr Leben »nur noch in hoher Geistigkeit« zu verbringen. Dazu beschäftigte sie mehrere Vorleser, zwei Damen aus England und eine aus Frankreich, die gleichzeitig das fürstliche Töchterlein, Marie, in ihren Landessprachen zu unterrichten hatten. Irgendeiner der Vorleser hatte Carolyne auf Liszts Gastspiel in St. Petersburg aufmerksam gemacht. Die Fürstin konnte sich zwar nicht entschließen, »in den Unflat dieser Hölle« zurückzukehren, um den berühmten Virtuosen zu erleben, ließ sich aber sämtliche Zeitungen besorgen und mehrere Medaillons aufkaufen, die das Portrait Liszts zeigten. Darf man ihren Worten trauen (dieses darf man in der Tat nur selten!), war sie schon damals in ihren späteren Lebensgefährten »über aller Maßen« verliebt. Sie träumte Tag und Nacht von ihm und ließ ihre Angestellten ausschwärmen, um Noten aller gedruckten Werke Liszts und überhaupt alles, was von und über ihn geschrieben worden war, zu besorgen.

Carolyne ließ sich sogar von ihren Freunden im Ausland Zeitungen und Bücher zusenden, befaßten sich diese auch nur am Rande mit dem »Geliebten«. Ihn in ihre Fänge zu bekommen, gelang ihr erst sehr viel später. Liszt reiste nämlich nach den Konzerten in Moskau und St. Petersburg wieder nach Italien, Frankreich, Spanien, Portugal, Gibraltar, Konstantinopel und schließlich Deutschland, wo er abermals mit Lichnowsky zusammentraf, der ihn »unter großen Kämpfen und Bedrängungen« dazu überredete, noch einmal in Rußland aufzutreten.

Liszt hatte mehreren Freunden gegenüber geäußert, daß er seine Virtuosenlaufbahn satt habe. »Ich brauche ein anderes Milieu, einen anderen Gegenstand zur inneren Ausrichtung, eine andere Atmosphäre . . ., ich werde fortan nur noch komponieren«, schrieb er seinem Freund von Schober. An George Sand hatte er bereits aus Lissabon verlauten lassen: »Ich habe viele Flaschen Sherry auf Ihr Wohl geleert . . . und bin ich in Oporto, so werden Ihnen Kisten voller Kamelien zugehen . . . Ich bin leer und ausgebrannt. Was könnte mir helfen?«

Liszt war vom Erfolg übersättigt. Er konnte sich alles erlauben, was er nur wollte, es gab kaum Widerstand. Man zollte ihm Beifall, wenn er die Diamanten, die ihm der preußische König gerade übergeben hatte, achtlos in die Kulissen warf, man jubelte, wenn er vor dem französischen Monarchen Fratzen schnitt oder dem dicken Louis Philippe ins Gesicht schleuderte, daß sich unter seiner Regierung in Frankreich die Dinge nur verschlechtert hätten.

In Rußland wagte er sogar, den Zaren zu brüskieren. Nikolaus I. hatte vor der Gesellschaft erklärt: »Sein Haar und seine politischen Ansichten mißfallen mir!« Lichnowsky hatte diese Worte gehört und sie sofort Liszt weitergegeben. Es kam das nächste Konzert, Nikolaus war anwesend. Liszt begann zu spielen, der Zar plauderte laut mit seinem Nachbarn weiter. Da unterbrach Liszt seinen Vortrag, legte seine Hände ruhig auf die Tasten und senkte den Kopf. Nach einer Weile merkte auch der Zar aller Reußen, daß der Virtuose pausierte. »Was ist denn?« fragte der Monarch verärgert. »Warum geht es nicht weiter?«

Liszt erhob sich und erklärte: »Auch die Musik muß schweigen, wenn Nikolaus spricht!«

Der Zar bekam einen puterroten Kopf, und seine beiden Adjutanten mußten ihn zurückhalten, damit er nicht wie ein Kampfhahn auf den Künstler losstürzte.

Diese Episode erzeugte in Carolyne Sayn-Wittgenstein »Kräfte von ungeahnter Intensivität«. Sie hatte sich seit einigen Wochen Gedanken darüber gemacht, wie sie Liszt für sich gewinnen könnte. In mehreren Zeitungsinterviews hatte Liszt zum Ausdruck gebracht, daß er sich »demnächst« zur Ruhe setzen wolle, um nur noch zu komponieren. »Diese Ruhe wird er nur bei mir finden!« schrieb Carolyne an ihre Erzfeindin, die Gräfin Potocka, die sich auf ihre Weise an den Klavierspielkönig heranzumachen gedachte: Sie war die Geliebte Chopins gewesen und glaubte, daß sie »mit Hilfe dieses interessanten Parfums« in die Arme »des einzig legitimen Nachfolgers von Frédéric« hinüberwechseln könnte. Carolyne setzte alles auf eine Karte: Sie lud Liszt nach Woronice ein. Zugleich bat sie einige intime Freunde, mit denen Liszt tagtäglich in St. Petersburg und Moskau verkehrte, für sie Stimmung zu machen.

Liszt hatte bereits mehrere Portraits von ihr gesehen, von ihrer Intelligenz und Musikalität gehört, als er sie zum ersten Male sah. Er war sofort entflammt. Carolyne war jünger als er. Bis dahin waren es fast ausschließlich reife Frauen gewesen, mit denen er Verbindungen eingegangen war. Jetzt kam ihm eine »absolute Schönheit« entgegen, die zwar auch nicht mehr »engelsjung« war, aber noch nichts von ihrer Jungmädchenhaftigkeit eingebüßt hatte. Das war das Bild, das sich Liszt von der Fürstin machte. Und Carolyne bemühte sich nach Kräften, daß sich dieses Bild nicht wandelte. Sie war eine kühne Schauspielerin. Sie gaukelte Liszt Naivität, Bescheidenheit, Frömmigkeit und Unterwürfigkeit vor und besaß im Grunde nicht eine einzige dieser Eigenschaften. Er glaubte ihr ... und so war es für sie ein leichtes, ihn für sich zu gewinnen.

Das erste Gespräch, das die beiden miteinander hatten, galt dem Programm seiner Konzerte. Carolyne war sehr mutig. Sie erklärte ihm – ohne daß sie ihn je diese Stücke hatte spielen hören! –, daß es seiner nicht würdig sei, »aufgebauschte und nur-virtuose Operntranscriptionen von Hans und Franz« zu spielen. Das zeugt von einem guten Geschmack – aus unserer Sicht. Liszt widersprach ihr und behauptete, daß er damit »das Heer von Komponisten« eingefangen habe, das ihm sonst im Wege gewesen wäre »oder auf Opposition verfallen könnte«. Außerdem verteidigte er diese Kompositionen, »die alles andere als flach, eher gedanklich sehr anspruchsvoll und tief« seien. Carolyne reagierte zynisch auf diese Verteidigung. Sie hat ihm auch später immer wieder Vorwürfe gemacht, daß er sich mit dem »Opernschund« anderer garniere.

Liszt war von den Eröffnungen seiner Gastgeberin gewiß nicht erbaut, bewunderte aber »die kluge und raffinierte Art«, in der sie ihm ihre Kritik vorbrachte, die übrigens auch die Kritik der Großherzogin Marie Paulowna war, jener Schwester des Zaren, die man mit dem Erbgroßherzog von Sachsen-Weimar vermählt hatte.

Mit Marie Paulowna hatte Carolyne oft über das »Phänomen« Liszt korrespondiert. Beide Frauen waren übereingekommen, daß man etwas tun mußte, um das Genie vor dem Abgrund zu retten. Marie Paulowna: »Ihn dem billigen Podiumsniveau zu entziehen ...«

Carolyne: »Ihn nachhaltig und festverankert für die Ewigkeit als Musiker heranzubilden ..., und dieses in keiner anderen Gestalt als der eines Komponisten ...«

Nicht nur verschiedene Damen und Liszt selber waren darauf gekommen, daß er sich in ein anderes künstlerisches Fahrwasser begeben mußte, um der Welt seine Genialität zu offenbaren, sondern auch seine Kollegen und wirklichen Gönner, die als Trabanten und Agenten enorm an ihm verdienten, aber doch so ehrlich waren, ihm auseinanderzusetzen, warum es Zeit geworden sei, sich als Virtuose zurückzuziehen.

Der Großherzog von Sachsen-Weimar hatte ihm das Angebot gemacht, sich in Weimar niederzulassen. Als Liszt seine zweite Rußland-Tournee unternahm, kam ihm mehrfach dieses Angebot in den Sinn. Am 6. Oktober 1846 schrieb er aus Moskau nach Weimar: »... Mit 35 Jahren kommt für mich der Moment, den Puppenzustand meines Virtuosentums zu zerbrechen und meinen Gedanken freien Lauf zu lassen, natürlich mit dem Vorbehalt, weniger herumzuflattern... Als weitaus wichtigstes Ziel gilt es mir jetzt, meinem Schaffen das Theater zu erobern, so wie ich es während der sechs letzten Jahre meiner Persönlichkeit als Künstler erobert habe. Ich hoffe, daß das nächste Jahr nicht vorübergeht, ohne daß ich zu einem entscheidenden Ergebnis in dieser neuen Laufbahn gekommen sein werde... Anderenteils bin ich augenblicklich durch meine beständigen Geldnöte so sehr beengt und auf das bestimmteste entschlossen, nie einen Pfennig Schulden zu machen.«

Er versichert dem Großherzog, daß er es vorziehen würde, sich friedlich in Weimar niederzulassen, sobald sich dazu die Gelegenheit ergäbe.

Von den Geldnöten Liszts erfährt Carolyne über Marie Paulowna. Sie lebt zwar von ihrem Gatten getrennt, bezieht aber gewaltige Summen von ihm, die es ihr ermöglichen werden, Liszt mit dem Notwendigen auszustatten.

An Marie Paulowna schreibt sie, daß sie keinen Tag vergehen lassen wolle, an dem nicht ihre Unterschrift zugunsten Liszts unter eine Geldanweisung gesetzt werde.

Nun, sie kann nicht mit der Tür ins Haus fallen, und so vergehen Monate, ehe sie sich entschließt, mit einem »kleinen« Betrag auszuhelfen, den Liszt zunächst empört zurückweist, dann aber doch (»nach vielen Schmeichelreden«) akzeptiert. Carolyne triumphiert. Sie weiß, wie sie ihren Franz an sich binden kann. Einerseits verfügt sie über genügend weibliche Reize, um ihn für sich allein zu besitzen, andererseits kann sie ihm das Wohlleben bieten, das er braucht, um als Künstler existieren zu können. Erst später wird sie knausern, wenn sie in Frömmelei versinkt und Fasten und »Leibeseinschnürung« für Mittel der heiligen Kirche hält, mit denen man das Himmelreich gewinnen kann. Dann wird sie zu ihm sagen: »Priester Liszt, was kümmern dich meine Dukaten ...! Du hast meinen Segen ... und das genügt!«

Aber jetzt sind die Monde der ersten Liebe zwischen den beiden, und Carolyne bereitet ihm ein Paradies. Seine letzten Soloabende finden in Konstantinopel, Odessa und Elisabethgrad statt.

Liszt: »Dieser Punkt Elisabethgrad bezeichnet auch für mich die letzte Etappe des Konzertlebens, wie ich es während dieses ganzen Jahres durchgeführt habe. Indessen, ich glaube imstande zu sein, meine Zeit besser verwerten zu können, und indem ich darauf warte, will ich mich ruhig verhalten, um schneller damit voranzukommen ...«

Carolyne war während Liszts Abwesenheit von Woronice nicht untätig gewesen. Sie hatte in Weimar nachgefragt, ob Liszt wirklich mit einer Anstellung bei Hofe zu rechnen habe, sollte er sich jetzt entschließen, seine Virtuosenlaufbahn zu beenden. Marie Paulowna schrieb zurück, daß einer solchen Bestallung nichts im Wege stünde. Sie habe das Wort des Großherzogs, ein Vertrag könne alle Absprachen besiegeln.

Carolyne hatte außerdem überlegt, wie sie eine Trennung von ihrem Manne herbeiführen konnte, ohne dabei ihre Einkünfte und ihre Tochter Marie zu verlieren. Sie wollte mit Liszt Woronice und Rußland fluchtartig verlassen, lediglich ihre Bankkonten und Juwelen mitnehmen und dann »aus der Sicherheit heraus« versuchen, den Fürsten zu einer »stillen und angemessenen Regelung« zu bewegen. Liszt sagte zu allem ja und Amen. Er war in Carolyne verliebt: unsterblich – wie Romantiker den Grad der Leidenschaft zu bezeichnen pflegen, bei dem Männer und Frauen den Kopf verlieren und zu dem Unsinnigsten fähig sind.

Die Flucht nach Weimar wurde vorbereitet, Marie Paulowna und der Großherzog waren informiert. Es mußte allerdings doch etwas von den Unternehmungen Carolynes in St. Petersburg bekannt geworden sein, denn der Fürst Sayn-Wittgenstein ließ durch Kuriere nachfragen, was seine Frau in den nächsten Monaten zu tun gedenke und ob sie Reisepläne habe. Carolyne erklärte den Boten, sie habe Herz- und Lungenbeschwerden. Ihr Arzt rate dringend zu einer Kur in Karlsbad. Der Fürst glaubte ihr und ließ die notwendigen Papiere besorgen. Das war nicht einfach, denn man konnte ohne Erlaubnis des Zaren oder seiner Minister das Land nicht verlassen. Das galt selbst für die Aristokraten.

Carolyne verbrachte vierzehn Tage in Ängsten und voller Nervosität. Liszt wurde vorausgeschickt, damit niemand von den gemeinsamen Planungen Kenntnis erhielt. Endlich kamen die Ausreisepapiere in Woronice an: Carolyne durfte mit ihrer Tochter in Richtung Karlsbad abfahren. Sie war knapp über die Grenze, als diese wegen der revolutionären Umtriebe des Jahres (1848) für alle Reisenden gesperrt wurde.

Im Schloß von Krzyzanowitz bei Oppeln schlossen sich die Liebenden in die Arme. Felix von Lichnowsky hatte es ihnen zur Verfügung gestellt, damit sie – wie er hinterließ – in angemessener Umgebung »die Erfahrung ihres großen Glückes« machen konnten.

Carolyne: ». . . und so begann unser gemeinsamer Weg . . . Es war ein herrlicher Weg, ungehindert . . .«

Im Gegenteil: Der Weg war dornig und beschwerlich; zumindest für Franz Liszt. Schon nach dem Honigmond sah die Welt für den emeritierten Virtuosen anders aus, weniger strahlend und frühlingshaft. Und Carolyne begann ihr Regiment, das aus Liszt einen weltberühmten Komponisten machte (natürlich hatte Marie d'Agoults Eifer dazu bereits die Basis geschaffen!) . . . und später einen würdevoll-unwürdigen Abbé, der bis zu seinem letzten Atemzuge zwischen Himmel und Hölle schwankte und oft genug die Pfade seiner alleinseligmachenden Kirche verließ, um in die Fußstapfen Amors zu treten.

»Aber die Liebe ist alles!« hieß der Wahlspruch Liszts. Man kann ihn so oder so deuten.

Carolyne von Sayn-Wittgenstein

Bereits als Fräulein von Iwanowski hatte Carolyne von sich reden gemacht. Die Sechzehnjährige war von ihrer Mutter, einer geborenen Podowska, bei einem Tête-à-tête mit dem Hausarzt der Familie erwischt worden. Der Medikus wurde mit Hilfe einflußreicher Persönlichkeiten nach Sibirien verbannt. Eine dieser Persönlichkeiten war Fürst Nikolaus von Sayn-Wittgenstein, der Gefallen an der »polnischen Lerche« fand und bei dem Ehepaar Iwanowski um die Hand Carolynes anhielt. Man stimmte sofort zu, die Verlobung wurde angesagt, der Ehevertrag aufgesetzt. Nach wenigen Monaten standen der Fürst und seine blutjunge Braut vor dem Altar.

Die Hochzeitsgeschenke des Ehegatten waren das Tagesgespräch sowohl in Warschau als auch in St. Petersburg: drei Güter, darunter Woronice, mit rund 10 000 Leibeigenen, kostbare Diademe, Pelze und Möbel.

Der Zar hatte eine Prunkkutsche gestiftet, die innen mit Rosenholz bekleidet war. Auf den Sitzen sibirischer Hermelin. Carolyne galt als eine der reichsten Frauen in Podolien. Glücklich wurde sie mit ihrem Wittgenstein-Nikolaus nie. Zwar gebar sie im Jahr nach der Hochzeit eine Tochter, doch zu einem harmonischen Verhältnis gedieh die Verbindung nicht. Der Fürst neigte zu Jähzorn, war ein Autokrat übelster Sorte, liebte das Kartenspiel, den Wein und leichte Mädchen. Carolyne war ebenfalls übertrieben selbstbewußt und konnte ihre Umgebung bis aufs Blut peinigen, sie hatte aber auch Phasen der Unterwürfigkeit, der Demut, in denen sie mit Almosen geradezu um sich warf, tagelang betend auf den Knien lag oder in den Büchern der Kirchenväter las, in denen von Buße und Reue die Rede war.

Später geriet sie in religiösen Wahn und glaubte inbrünstig, durch Enthaltsamkeit und »gute Werke« für sich und Liszt das Himmelreich erobern zu können.

Liszt ging im Verlauf der folgenden Jahre zumeist auf ihre religiösen Vorstellungen ein und überlegte mit ihr sorgfältig, welche irdischen Pflichten als göttliche Gebote anzusehen seien und welche verehrungswürdigen Mächte ihr persönliches Geschick lenkten. Dazu wurden Kant und Schleiermacher bemüht, deren Schriften Carolyne kannte. Liszt hingegen hatte von derlei theologischen Spezifika keine Ahnung.

In ihm war die christliche Erlösungsreligion wirksam, die seinem Gefühl einer selbst durch größte sittliche Anstrengung nicht behebbaren Sündhaftigkeit entsprang. Er glaubte an eine von der Sündenschuld erlösende allbarmherzige Liebe und Gnade.

Daneben zitierte er nicht selten Goethes Satz: »Wer Wissenschaft und Kunst besitzt, hat auch Religion; wer jene beiden nicht besitzt, der habe Religion.«

Liszt besaß Kunst, und er besaß Religion in hohem Maße, aber er war weder ein Dogmatiker, noch ein eifriger Bekenner. Der Papst wußte das, als er seine Zustimmung dazu gab, daß man Franz Liszt die niederen Weihen erteilte. Mit dem Komponisten Liszt konnte die Kirche kein Geschäft machen. Er war ein untaugliches Werbemittel, da die Weltöffentlichkeit einerseits über sein früheres Leben informiert war, und da er andererseits allzuleicht ins Stottern und in Phrasendrescherei geriet, legte man ihn auf seine Pflichten als Abbé fest. Man akzeptierte ihn in Rom als schrulligen Mitläufer und nahm es mit Genugtuung zur Kenntnis, daß sich der berühmte Virtuose von einst entschlossen hatte, nur noch Werke für den kirchlichen Raum zu komponieren.

So konnte der Papst mit Recht erklären: »Wir haben einen neuen Palestrina und hoffen, daß er nicht sehr bald resigniert. Es ist fraglich, ob wir seine Seele an den Leib unserer Kirche festschmieden konnten. Liszt mag uns in manchem helfen und zuletzt auch wohl förderlich sein. Ob er sich mit seinem Schritt, gänzlich zu uns zu stoßen, selber geholfen hat, wird sich zeigen ... und sei es bei seinem Ende.«

Bereits zu Beginn ihrer Liebesbeziehungen war Carolyne daran gelegen, Liszt zu einer Art Hausvater umzuerziehen. In Woronice hatten die beiden eines Abends einen Scheiterhaufen entzündet und darauf die Garderobe Liszts verbrannt, die Carolyne mißfiel.

Alles, was »allzu französisch und unmännlich« aussah, wurde vernichtet. Mit Mühe konnte Liszt die Fürstin davon abhalten, auch die kostbaren ungarischen Nationaltrachten den Flammen zu übergeben. Zum Schluß übergoß sie die schwelenden Utensilien mit all den Parfums, die Liszt mit sich herumzuschleppen pflegte. »Es waren in mehreren Kisten an die fünfzig Liter zu einem Preise, mit dem man gut und gerne ein kleines Gut hätte erwerben können!« (Lichnowsky).

»Du vergießt das Blut meiner Eitelkeit!« schrie Liszt aufgebracht seine Geliebte an, als er sah, womit sie das Dafé zu krönen gedachte. Es half nichts, sie öffnete Flakon um Flakon. »Bist du denn gar kein Weib, daß es dich überhaupt nicht reut, solchen Balsam in Rage zu verschütten?«

Carolyne lachte und erklärte: »Du wirst fortan einen

anderen Balsam schlürfen und genießen, lieber Franz. Die Wohlgerüche deiner früheren Welt sind dir abhanden gekommen. Und ich verbiete dir, es zu wagen, sie auf irgendeinem Wege wieder einzufangen oder einzuhandeln. Es hätte entschiedene Folgen!«

Liszt gehorchte. Als Richard Wagner ihm später ein sehr seltenes Moschuswasser unter die Nase hielt und erklärte, er wolle es dem Freunde schenken, wehrte Liszt ab: »Carolyne würde mich am höchsten Ast der Buchen im Park der Altenburg aufhängen!«

Was allzu französisch aussah und roch ... Carolyne hatte sicherlich im Prinzip nichts gegen Parfums aus Paris. Sie wollte aber an nichts erinnert werden, das irgendwie in Zusammenhang mit Marie d'Agoult gebracht werden konnte. Ihre Vorgängerin haßte sie wie die Pest.

Das ging so weit, daß sie im Park der Altenburg einmal ein neues Buch der d'Agoult, das sie bei Liszt entdeckt hatte, kreuzigte. Sie schlug den Band mit vier dicken Nägeln an eine Esche, trommelte ihre Dienerschaft zusammen und bespie das Opus, »das die große Hure von Babylon fabriziert hat«.

Liszt blieb ruhig. Er liebte Carolyne, aber er liebte sie gewiß anders als er Marie geliebt hatte, die Hagn, die Gräfin Cessiat oder die Fürstin Galitzin, die seine Lüste – wie man durch Lichnowsky erfahren kann – in dem Maße stillten, »wie er ihnen als Mann von gewiegtesten Fähigkeiten in der Erotik entgegenkam«.

In den Armen Carolynes wurde er ruhiger. Gab es noch etwas anderes, das ihn an die Fürstin fesselte?

Da existiert ein Brief, den Franz Liszt im September 1847 an seine Mutter richtete und in dem es heißt: »... Es ist nicht unmöglich, daß ich schließlich ein sehr gutes Geschäft mache, aber ich wage nicht davon zu sprechen aus Angst, daß ich mich lächerlich mache.«

Ein gutes Geschäft? Carolyne hatte vor ihrer Flucht mehrere Güter verkaufen können und etwa zwei Millionen Rubel mit über die Grenze gebracht. Das war ein unerhörtes Vermögen ... Und Liszt gedachte, sich einen sicheren Hort zu schaffen, um in Muße komponieren zu können. Carolyne – ein Geschäft? Ganz gewiß auch dieses, aber in erster Linie doch wohl »das erotische Kopula«, wie es in einem Brief an Wagner heißt.

Liszt kann nicht umhin, irgendwann einmal Marie d'Agoult von seiner neuen Verbindung Kenntnis zu geben. Die Gräfin ist bereits informiert. Auf den Hinweis Liszts, daß es sich bei der augenblicklichen Dame seines Herzens sogar um eine Fürstin handele, antwortete Marie: »Diese Frau d'un grand caractère, wie Sie sagen, wird sicherlich nicht gewillt sein, Ihr Leben zu teilen. Sie wird nicht eine von Ihren Maitressen sein wollen; und da Sie im Laufe der letzten vier Jahre zum Punkte der Übersättigung und des tödlichen Ekels vor den Freuden ohne Liebe haben gelangen müssen, so müssen Sie mit Freude den Faden ergreifen, der Ihnen angeboten wird, damit Sie aus dem Labyrinth herauskommen.«

Liszt ging dem Ariadne-Faden nach. Er ließ die frühere Welt weit hinter sich zurück und »besann sich auf das Wesentliche«. Der Revolutionär, der Paganini des Klaviers konnte zur Legende werden. Es gab ihn nicht mehr. Der Pariser Salonlöwe wurde lammfromm. Er war – zumindest für etliche Jahre hindurch – nur noch zu einer »Liebe auf höchster Ebene« bereit. Carolyne mühte sich redlich (und, als die Redlichkeit nicht mehr ausreichte, mit viel Raffinement), dieses höchste Niveau zu wahren.

»Liebe ist kein Ding, das zur Alltäglichkeit werden darf«,

schrieb sie 1849. »Man muß die Liebe, wie sie einem dauernd begegnet, zu etwas Rarem hinaufadeln. Dann bleibt sie einem in ihrer Sonderbarkeit erhalten. Demut treibt die Liebe besonderer Art zu einem Gipfel allen Seins; Leidenschaft mag sie zerstören. Man hält sie aufrecht, indem man sich müht, das Leben gerecht und überschaubar einzuteilen . . . in Arbeit und Vergnügen.«

Eine solche Einteilung nahm sie bereits auf dem Schloß Krzyzanowitz vor. Sie wies Liszt Arbeitsstunden zu und erklärte ihm, wann er von ihr erwarten dürfe, »zu Muße und Geselligkeit bereit zu sein«. Das war für den Meister ungewohnt. Zunächst konnte er sich dieser Planwirtschaft nur schwer unterordnen, dann erkannte er plötzlich »den höheren Sinn« dieser Ordnung und fügte sich. In Krzyzanowitz begann er mit der Instrumentierung einiger Sinfonischer Dichtungen, die er als erstes in Weimar aufzuführen gedachte.

Der Aufenthalt auf der Besitzung Lichnowskys mußte abgebrochen werden, als dieser in Frankfurt einem Anschlag randalierender Studenten zum Opfer fiel.

Carolyne kam auf den Gedanken, die Stätten der Kindheit Liszts zu besuchen. Man fuhr nach Raiding, machte einen Abstecher nach Eisenstadt und hielt sich mehrere Wochen in Wien auf, bevor man sich entschloß, »auf getrennten Wegen und zu verschiedenen Zeiten« nach Weimar zu reisen.

Liszt traf zuerst in der Stadt Goethes ein und nahm Quartier im Hotel »Erbprinz«. Täglich schrieb er glühende Liebesbriefe an Carolyne: gedrechselte, sentimentale, überdrehte Hymnen, die einem billigen Briefsteller jener Zeit entnommen sein könnten. Er nennt sie »Erfüllung meiner irdischen Unbeschreiblichkeit«, »Ziel meiner nächtefüllenden Träume«, »Hirn, das für mich denken soll«,

»Blümelein auf der Aue meiner Sehnsüchte«, »Letzter Gedanke, bevor ich bete« oder »Stern, der Du mein Weltall erleuchtest!«.

Carolyne antwortet in diesem Stil: »Bahnbrecher meines Lebens«, »Herold, der Du mich zum Himmel führst«, »Häscher meiner Seelenfreuden«, »Gardenie meines Sommers« oder »Kommandeur meiner Herzbedrängungen«. Schließlich werden beide allmählich nüchterner. Im Februar 1849 trifft Carolyne in Weimar ein. Großherzogin Marie Paulowna ist in alles eingeweiht. Sie stellt der Fürstin die Altenburg zur Verfügung, in die auch Liszt wenige Monate später einzieht. Man ist der Meinung, daß Fürst Sayn-Wittgenstein sehr bald in die Scheidung einwilligen wird und daß Carolyne noch im Jahre 1850 Frau Liszt werden kann.

»Weimar, mein Hort und Wähnen ...!«

Großfürstin Marie Paulowna, die Kaiserliche Hoheit im Großherzogtum Sachsen-Weimar-Eisenach, führt ihren illustren Dauergast höchstpersönlich durch die Residenz. In einer offenen, graugelb ausgeschlagenen Berline des Hofes wird man vom Schloß aus, wo Liszt im Prunkzimmer des Herzogs Bernhard der allererlauchtesten Familie vorgestellt worden ist, durch die Straßen kutschiert, auf denen einst Goethe, Schiller, Herder und Wieland zu wandeln pflegten.

Marie Paulowna, die Zarentochter, hat ein außerordentlich gutes Gedächtnis für Zahlen und Episoden. In Goethes Gartenhaus, jenseits der Ilm gelegen, weiß sie den Musikus in ein zwei Stunden währendes Gespräch über den Dichter zu verwickeln. Man besucht den Gleichenschen Hof, das Rote Schloß und das Gelbe Schloß, schließlich auch noch das Grüne Schloß, in dem die großherzogliche Bibliothek untergebracht ist. Lucas Cranachs Haus wird am kommenden Tag inspiziert. Die Großherzogin »muß« mit Erstaunen feststellen, daß Liszt über diesen Maler kaum etwas weiß. Noch beim Besuch des Armbrustschützenhauses, der evangelischen Stadtkirche, in deren Gruft Kurfürst Johann Friedrich der Großmütige und seine Gemahlin Sibylle ruhen, und des 1825 neuaufgeführten Hoftheaters ergeht sich die Landesmutter in weitschweifigen Abhandlungen über den einstigen Hofmaler.

»Auf Schritt und Tritt hatte sie eine Anmerkung über die Größen, die in Weimar gewirkt hatten«, kommentiert Liszt später diese Führung der Großherzogin. »Sie war von der Idee besessen, es den erlauchten Vorfahren ihres Gatten gleichzutun und Weimar wieder zum künstlerischen Mittelpunkt der deutschen Lande zu machen. Sie machte mir heftige Elogen und versprach mir den Himmel auf Erden.«

Marie Paulowna mußte Liszt von Beginn seines Aufenthaltes in Weimar an bei Stimmung halten, denn es gab Dinge – wie seine Honorierung –, die ihn arg verschnupften.

Die Großherzogin und die Erbgroßherzogin Sophie, der Liszt wöchentlich fünf Gesangstunden zu geben hat (» . . . eine junge, sehr intelligente Prinzessin mit einer reizend klingenden Stimme«), müssen ihn aus ihrer Schatulle finanzieren. Außerdem ist es ihm höchst unangenehm, dem Schauspielintendanten von Dingelstedt untergeordnet zu sein, einem nicht unintelligenten Fachmann, der jedoch in seinem Angebot an die Theaterbesucher unter den knapp zwölftausend Weimarer Einwohnern nicht flexibel und wählerisch genug ist. Entweder stellt er Klassiker oder ägyptische Feuerfresser, Schlangenbeschwörer, Zauberer und Bauchtänzerinnen vor.

Auch Marie Paulowna weiß, daß ein solches Theater dem Rang Weimars nicht angemessen ist. Sie hat jedoch kaum einen Einfluß auf den Intendanten, der unter dem persönlichen Protektorat des Großherzogs steht und im Erbgroßherzog einen Freund »von besonderen Gnaden« besitzt. Die Fürsten Weimars haben mit der Musik nicht viel im Sinne; sie möchten, daß ihr Hoftheater wieder zu einem Zentrum des deutschen Sprechtheaters wird, wie es das zu Goethes Zeiten war. Aber dazu bringen es nicht die Weimaraner. Einige Jahre später läuft ihnen Vetter Meiningen mit seinem Ensemble den Rang ab.

Liszt: »Sie haben keine Ahnung von den Franzosen unserer Zeit, die das beste Theater der Welt schreiben. Was wissen sie von den jungen Deutschen, die es endlich verstehen, eine eigene Feder zu schreiben? Nichts, nichts, nichts! Bei Goethe hört für sie das Theater auf. Marie Paulowna weint sich um diesen Zustand die Augen aus . . .«

Immerhin gelang es der Großherzogin, Liszt neben Dingelstedt gleichzustellen. Dennoch hatte der Musiker kaum eine Chance, für seinen, den musikalischen Anteil am Hoftheaterprogramm, etwas herauszuholen.

Bis zum Ende seiner Weimarer Tätigkeit bestand das Orchester aus weniger als vierzig Mitgliedern. Dazu kamen neunundzwanzig festangestellte Choristen und sieben Tänzer, die das Hoftheater-Ballett bildeten. Daß Liszt mit diesen wenigen Künstlern, die wegen der schlechten Bezahlung oft genug meuterten, dennoch Leistungen erzielte, von denen die Musikwelt sprach, ist nur seinem unermüdlichen Eifer, seiner Besessenheit für die neue Aufgabe, zuzuschreiben.

Peter Cornelius, der in Weimar so etwas wie der Privatsekretär Liszts »ohne Emolumente« wurde, faßt das eindrucksvoll zusammen.

Cornelius: »Man ist hingerissen von der Art, mit welcher unser Meister sich in die musikalischen Abenteuer stürzt. Was keiner für möglich hielt, ihm ist es gelungen. Er kann mit seinen Mannen sogar die Klangwelt Richard Wagners beschwören. Und dieses offenbar zur allergrößten Zufriedenheit auch ihres Schöpfers, der sich von dero Qualität angelegentlich selber überzeugt hat. Liszt tut dieses alles ohne eigentlichen materiellen Gewinn. Er wird schlecht bezahlt, muß die Prinzessin unterrichten, Männerchöre leiten und sich schulmeistern lassen von Dingelstedt, der ihm sehr wenig oder besser gar nicht gewogen ist. Es kommt bisweilen noch Kirchendienst hinzu, stets aber Konzertdienst. Er tritt kaum noch als Pianist hervor, obwohl seine Meisterschaft ungebrochen ist. Daneben komponiert er ungemein viel, jetzt auch Orchesterstücke, ›Sinfonische Dichtungen‹ geheißen, und hat viele Schüler herum auf der Altenburg, die nichts für seine Lehren bezahlen müssen, manchmal sogar von ihm und der Fürstin unterhalten werden. Er ist streng in der Auswahl und begnügt sich nicht mit dem Mittelmaß. Es muß eine überirdische Kraft in ihm stecken, daß er alles meistert. Er schont sich keinen Augenblick. Auch in dem, was er hier zu Weimar schafft und ausrichtet, ist er der Größte. Man beginnt, ihn hier stark zu beobachten . . . auch von auswärtigen Kräften (Schumann!!!), die sich andauernd Informationen holen. Weimar blüht, wächst und gedeiht unter seiner Leitung abermals zu einem Musenhort, in dem das höchste Wollen der Musik Erfüllung findet . . .«

Es ist erstaunlich, daß es Liszt gelingt, mit dem Mini-Orchester und dem so spärlich besetzten Chor Werke wie Wagners »Lohengrin«, »Tannhäuser« und »Der fliegende Holländer«, den »Benvenuto Cellini« und »Romeo und Julia« von Hector Berlioz oder die meisten Opern Meyerbeers aufzuführen. Donizettis, Bellinis und Rossinis Opern stehen ständig im Repertoire des Hoftheaters. Es gibt zum ersten Male Beethovens »Fidelio« und fast alle Opern Mozarts. Verdi ist mit seinen frühen Werken (»Ernani« und »I due Foscari«) vertreten, Halévy mit »La Juive«, Hérold mit »Zampa« und »Le Pré aux Clercs«. Webers »Euryanthe« wird dem Publikum wiedergewonnen, von Spohr stehen »Jessonda« und »Faust« auf dem Programm. Schumann, der sich Liszt immer mehr entfremdet und in seiner Zeitung erklärt, der Virtuose sei abgetreten, weil er sich von Rubinstein und Clara Wieck eindeutig überflügelt sehe, wird stark herausgestellt, obwohl weder der »Manfred«, noch »Genoveva« und »Das Paradies und die Peri« nennenswerte Erfolge werden.

Schumann glaubt, daß Liszt ihn aufführe, »um damit der Angst zu entgehen, von mir schlecht kritisiert zu werden, geht es um die bewußten ›Sinfonischen Dichtungen‹, die mir so schwer im Magen liegen . . .«

Die neue Form symphonischer Musik lag nicht nur den Zeitgenossen Liszts schwer im Magen, sie haben sein Ansehen als Komponist bis auf den heutigen Tag geschmälert. Man kann sie nicht in Bausch und Bogen abwerten. Sie sind in ihrer Qualität sehr unterschiedlich. Die Amplitude reicht von Kaffeehausklängen bis zu tiefschürfenden Erfindungen, auf die später Richard Strauss mit »Till Eulenspiegel«, »Don »Quixote«, »Don Juan«, »Ein Heldenleben« und »Tod und Verklärung« aufbauen konnte.

Richard Wagner erkannte sehr genau, wie unterschiedlich im künstlerischen Wert die »Sinfonischen Dichtungen« waren. Er ließ »Héroide funèbre«, »Tasso«, »Prometheus«, »Orpheus« und vor allem die »Hunnenschlacht« gelten, lehnte aber »Les Préludes«, »Hungaria«, »Bergsinfonie«, »Mazeppa« und »Die Ideale« entschieden ab. Ob er sämtliche »Sinfonischen Dichtungen« Liszts wirklich kannte, mag dahingestellt bleiben. »Hamlet« und »Festklänge« finden bei ihm keine Erwähnung. Über den »Mazeppa« hat er sich geradezu ausfallend geäußert.

Wagner: »In diesem Machwerk spiegelt sich die ganze hohle Überheblichkeit des Franzosen wider. Man ist angeekelt von den banalen Themen und ihrer schludrigen Ausführung. Das ist nicht Liszt! Und das darf nicht Liszt sein!«

Auch Hector Berlioz war von den Dichtungen, die er kennenlernte, enttäuscht, obwohl er zugestand, daß Liszt in der Instrumentation »als Genie von außerordentlicher

Bedeutung« hervorgetreten sei. Und das mußte schließlich auch Wagner zugeben, der von diesen Neuerungen in der Partitur außerordentlich profitierte. Er hat eigentlich immer nur von Liszt profitiert, obwohl er stets das Gegenteil behauptete: Liszt sei als Orchester-Komponist nur deswegen bedeutsam geworden, weil er sich die Errungenschaften der Tannhäuser-, Lohengrin- und später der Tristan-Partitur zu eigen gemacht habe.

Dazu Liszt: »Wagner ist das absolute Genie. Wir alle können ihm nur dienen. Wir sind Handlanger für das gewaltige musikalische Bauwerk, das er auftürmt. Wir dürfen ihm zeigen, was wir erfahren haben ..., und wir müssen uns glücklich schätzen, wenn er unsere Ratschläge annimmt!«

Mit seinen »Sinfonischen Dichtungen« gibt Liszt die Form der klassischen Symphonie kompromißlos auf. Seine Fantasie entfaltet sich frei improvisierend; die Form wird durch das poetische Programm, dem er folgt, gegeben. Leitmotive verbinden das Ganze und gewährleisten eine Einheitlichkeit der Substanz. Die Motive erhalten einen starken Symbol-Charakter. Die von Berlioz erprobte »idée fixe« wird bei Liszt zur Verkörperung einer Idee, einer Person.

Das Revolutionäre dieser neuen Komponiermethode besteht darin, daß die Musik einem Programm untergeordnet wird. Wagner verfährt in seinen Musikdramen ebenso. Beide müssen fortan, um ihrem Publikum die Musik verständlich zu machen, das Programm ausführlich erläutern. Nur dann erschließt sich dem Hörer der Sinn des musikalischen Geschehens, wenn man weiß, welche Ideen, welche Vorgänge ein Motiv, ein Thema initiiert haben. Wagner wird es leichter haben, da das Geschehen seiner Musik bildhaft auf der Szene abläuft. Liszt, der Sinfoniker, muß da zurückstehen; seine Musik ist gefährdet. Er kann nicht vom Podium herab erklären, was in diesem oder jenem Augenblick im Orchester geschieht, was man sich vorzustellen hat ... Er muß sich darauf verlassen, daß sein Publikum die Programme liest und mit der poetischen Materie vertraut ist. Das jedoch ist höchst selten der Fall. Kein Wunder, daß die meisten seiner »Sinfonischen Dichtungen« auf Ablehnung stoßen. Man findet sie teilweise langweilig, weil man ja nicht weiß, daß Tasso längere Zeit dazu braucht, um seinen »Tod bei Lebzeiten« zu artikulieren, daß die Trauer um den Tod Chopins nicht mit sechzehn oder zweiunddreißig Takten abzutun ist, liegt dem musikalischen Nekrolog ein dreihundertundvierundsiebzig Strophen umfassendes Gedicht zugrunde. Wer kennt schon Kaulbachs Kolossalgemälde »Die Hunnenschlacht« so genau, daß man begreifen kann, wieso die musikalische Beschreibung der Mittelgruppe die Länge einer ganzen Haydn-Symphonie in Anspruch nehmen muß ...

Liszt weiß um die Schwierigkeiten der Durchsetzung solcher neuen Musik. Aber er ist davon überzeugt, daß er mit seinen »Sinfonischen Dichtungen« dem Kapitel Symphonie in der Musikgeschichte ein weiteres, interessantes und zukunftsweisendes hinzugefügt hat. Am Schlusse seines Lebens bekennt er: »Ich habe nicht resigniert und bin in dieser Form weitergegangen, obwohl ich einsehen mußte, daß nur wenige Aufführungen der Sache niemals förderlich waren. Es ist sogar möglich, daß die meisten Kompositionen dieses Genres zurückbleiben und in Vergessenheit geraten. Das beschämt mich nicht. Ich weiß, daß andere mich verstanden haben und meine Ideen weitertragen. Was kann es für einen Künstler meines Schlages mehr geben, als die Gewißheit, sich auf diesem Wege zu erfüllen!?!«

Liszt war von seinem »sinfonischen Sendungsbewußtsein« erfüllt. Zu Berlioz sagt er: »Wir haben der Musik ein Neuland abgerungen, das ohne uns als solches niemals betreten worden wäre. Wir sind vom Schicksal dazu ausersehen, Wegbereiter zu sein. Meilensteine werden nicht durch Zufall gesetzt, sondern durch die Gnade und Barmherzigkeit unseres Schöpfers. Sie ist uns in riesigem Maße zuteil geworden. Und bedenken Sie, mein Freund, es hat sich der Horizont verschoben. Nicht allein wir, der abendländische Geist, hat sich verändert, sondern auch die Umgebung, in der wir und dieser Geist zu leben haben ...«

Von all den »Sinfonischen Dichtungen«, die Liszt im Laufe seines Lebens schrieb, hat sich eine vor allen im Konzertsaal behauptet, obwohl man von ihr sagen muß, daß sie neben der »Bergsinfonie« und dem »Prometheus« wohl die uninteressanteste ist: »Les Préludes«.

Er hatte diese Dichtung bereits 1845 skizziert. Zur endgültigen Ausführung kam er aber erst neun Jahre später. Anfang der vierziger Jahre hatte er mehrere Männerchöre komponiert, denen er ein Orchester-Präludium voranstellen wollte. George Sand machte ihn auf Lamartines »Méditations poétiques« aufmerksam, denen der Dichter ein Vorwort mitgegeben hatte, in dem es hieß, daß man sich das Leben als eine Reihenfolge von Präludien vorzustellen habe, deren ernste und feierliche Note der Tod anstimme.

Derlei Gedanken bewegten Liszt, als er daranging, »Les Préludes« niederzuschreiben. Aber erst nach der Vollendung des Stückes entwarf er das Programm: Sein Held wird in die Welt eingeführt. Er durchkostet alle Freuden, alle Leiden, verstrickt sich in Konflikte und erkennt, wie hintergründig alles Geschehen in diesem »Jammertal Erde« ist. Er bewährt sich im Kampfe und schreitet im Allegro marciale (»nach der Drommete Sturmsignal«) als Triumphator einher.

»Les Préludes« – ein Lieblingsopus Carolyne Sayn-Wittgensteins. Sie war der Ansicht, daß sich in dieser Komposition das »Wähnen« Liszts am ehesten ausdrücke. Sie stellte das Werk über all seine Klavierkompositionen und erklärte, daß er mit »Les Préludes« unsterblich geworden sei. Sie hatte nicht ganz unrecht, obwohl gerade dieser Teil seiner Unsterblichkeit – um es mit Debussy zu sagen – den Geruch des Banalen nicht abstreifen kann.

Die ersten Dichtungen entstanden auf der Altenburg, die Großherzogin Marie Paulowna dem Paar zur Verfügung gestellt hatte: als »vorübergehendes Asyl«, bis die Eheangelegenheiten der Fürstin geregelt sein würden. Die Altenburg war eine Villa im viktorianischen Stil. Carolyne bewohnte mit ihrer Tochter, die Liszt mit Magnolet anzureden pflegte, vier Wohn- und mehrere Schlafzimmer, während Liszt in einem Seitentrakt Quartier bezog. In seinem Arbeitszimmer hingen Dürers Stich »Melancholia« und eine Grafik, die den heiligen Franz von Paula auf den Wogen wandelnd darstellte.

Sein Schlafzimmer war höchst einfach eingerichtet: Es gab weder kostbare Möbel noch irgendwelchen Bildschmuck. Er duldete keine Blumen in seiner »Klause« und konnte überaus wütend werden, wagte es irgend jemand, diesen Raum zu betreten. Selbst Carolyne durfte »kaum« einen Blick in das Schlafgemach tun. Später ließ Liszt darin ein Betpult und einen kleinen ungarischen Altar aufstellen.

Cornelius: »Bisweilen verschwand er für mehrere Stunden in seiner Kammer, um dann mit strahlendem Gesichte und leutselig auf uns zuzutreten. Das Gebet konnte ihm eine ungemeine Erquickung geben. Ich habe nie einen Menschen erlebt, der so inbrünstig und weltabgekehrt hat beten können wie Liszt. In solchen Augenblicken war er der Welt abhanden gekommen und atmete in Gefilden, die uns armseligen Kreaturen niemals zugänglich sein werden ...«

In den Wohnräumen der Fürstin spielte sich das eigentliche Leben ab. Hier standen Liszts großer Konzertflügel, der Broadwood-Flügel, auf dem Beethoven in den letzten Lebensjahren zu spielen pflegte, ein Flügel von Érard aus Paris und ein Klavier, auf dem Mozart die »Entführung« eingeübt haben soll. Außerdem gab es noch ein Instrumentenmonstrum, das auf Anweisungen Liszts von einem Handwerker in Dresden gebaut worden war: ein sogenanntes Blasophonium. Es hatte drei Klaviaturen, 16 Register und Züge. Man konnte mit ihm den Ton jedes Blasinstrumentes hervorbringen. Es half Liszt bei den Instrumentationen seiner Orchesterwerke.

Die Räume der Fürstin waren ansonsten im Geschmack der Zeit ausgestattet: die Tapeten dunkelrot oder königsblau. Große, unbequeme Sofas und Bergèren, Sessel mit hohen Lehnen, Bilder der berühmtesten Komponisten, Andenken, Nippes, Palmen, Pfeifenborde und Kaffeebretter ...

Die Fürstin und Liszt waren starke Raucher. Aus Woronice bezog Carolyne auf Schleichwegen Tabakblätter, die sie selber zubereitete. Es wird von Abendgesellschaften berichtet, bei denen ein so dichter Qualm die Köpfe der einzelnen umgab, daß der Eintretende niemanden »nach Person oder Geschlecht« identifizieren konnte. Auch die Schüler und Schülerinnen mußten den Machorka mitschmauchen, und Hans von Bülow erinnert sich »voller Grausen und Ekel« an die Augenblicke, da ihm die Fürstin »so ein abscheuliches Gewrungel aus Eselshaut und Wollgras« in den Mund schob.

Die Altenburg war schlecht beheizt. Im Herbst und im

Winter saß man in dicke Wolldecken gehüllt in den Räumen und erwärmte sich am russischen Tee, den die Fürstin in kostbaren Samowaren persönlich zubereitete.

An den Teegesellschaften nahmen nicht selten die Großherzogin Marie Paulowna und die Erbgroßherzogin Sophie teil. Bei diesen Gelegenheiten wurden eifrig künstlerische Pläne geschmiedet. Marie Paulowna wünschte sich »allerhöchstdringlichst« ein neues Theater nebst Opernhaus. Sie beauftragte heimlich einen Dresdner Baumeister, dessen Pläne aber niemals verwirklicht wurden. Hier engagierte man sich für den Revolutionär Richard Wagner, dessen Werke Liszt am Flügel interpretierte und erläuterte. Der Plan einer Goethe-Vereinigung wurde hier gefaßt. Leider mußte Liszt vierzehn Monate nach der Gründung dieser »Akademie« einsehen, daß die Weimaraner lieber in ein Weinhaus oder in die Bräustuben gingen als in den Saal, wo man sich »wegen Goethe« traf. Die Vereinigung schlief ein . . .

Liszt beschimpfte das Weimarer Publikum, wo er nur konnte. Er wußte, daß der Hof hinter ihm stand. War eines seiner Konzerte nur mäßig besucht, nannte er seine Mitbürger »faule Bande«, »Galgenstricke« oder »Kulturbanausen«. Dann pflegte er in seinem Dirigierzimmer herumzutoben . . ., und wehe, wenn ihm einer in die Quere kam, an dem er auch nur einen Deut auszusetzen hatte. Zum Beispiel der Baron von Klengel, ein Freund des Intendanten Dingelstedt. Ihm stülpte Liszt nach einem Konzert mit Werken von Berlioz, das nur von vierzig Menschen besucht war, eine marmorne Renaissance-Vase über den Kopf, so daß der Arme beinahe erstickt wäre, hätte nicht Liszt – inzwischen wieder zur Vernunft gekommen – den Mut besessen, einen hammerartigen Gegenstand zu ergreifen, um damit das Gefäß (und das Baronetshaupt Klengels!) zu zerdeppern. Die Beulen vergaß ihm der Höfling nie. Von nun an hatte Liszt einen Feind mehr in seiner Umgebung. Und Klengel war es, der manchen auswärtigen Kritiker mit hohen Summen bestach, um Abfälliges über Liszt zu schreiben.

Liszt wollte nur schwer einsehen, daß er in seinen Programmen immer zu hoch griff. Man war in Weimar Bach, Händel, Haydn, Mozart und bestenfalls Beethoven gewohnt. Selbst Schubert und Weber waren so gut wie unbekannt. Mendelssohn und Schumann hielt man für Ausgeburten der Modernität. Und da kam nun dieser wildgewordene Virtuose und setzte ihnen Berlioz, Wagner und seinen eigenen Zimt vor ...!

War es denn nicht so, daß die angesehensten Kritiker aus Leipzig, Dresden, München, Berlin oder Wien über den närrischen Herrn Hofkapellmeister herfielen und erklärten, daß hier ein Irrer am Werke sei?

Hatte nicht Meyerbeer, der Opernpapst, in einem »offenen Briefe« kundgetan, daß Herr von Liszt sich mäßigen müsse, um der gesamten Musik des »heiligen« Abendlandes nicht den Todesstoß zu versetzen?

Und Schumann in seiner Musikzeitschrift? Nun war dieser zwar selber so ein musikalischer Tunichtgut, aber gegenüber Liszt eine harmlose Erscheinung ... Schumann rückte der »Entartung« seines Kollegen ganz schön auf den Pelz und meinte sogar, daß man einen Fürstentag bemühen solle, um der »Weimarer Pest« zu begegnen. Mit einem hatte Schumann allerdings recht: die »Pest« breitete sich trotz aller Vorsichtsmaßnahmen in Windeseile aus. Nicht, daß die Weimaraner davon befallen wurden ... Es waren muntere, intelligente junge Leute, die von überall herbeiströmten, um den »Meister« zu erleben und von ihm zu profitieren. Sie hießen Joseph Joachim Raff, Hans von Bülow, Joseph Joachim, Peter Cornelius, Dionys Pruckner, Karl Tausig oder Karl Klindworth . . . Auch Damen kamen zuhauf und saßen zu Füßen ihres Gebieters, wenn dieser über musikalische Phänomene meditierte. Weimar wurde ein Wallfahrtsort der sogenannten Neudeutschen, zu denen dann sehr bald auch Ungarn, Italiener, Franzosen, Engländer, Schweden, Kroaten, Österreicher und Amerikaner stießen.

Die Bürger der sächsischen Residenz blieben auf der Straße stehen und kicherten, zog Liszt mit seinem Schwarm von Jüngern vorbei. In den großen Zeitungen erschienen Karikaturen: Liszt als Bienenkönigin – hinter sich die Drohnen; Liszt als Angler – an seiner Rute ein Haufen dicker Fische, die menschliche Gesichter hatten; Liszt als lieber Gott, der die Schar seiner Erwählten segnet . . .

Auch die Fürstin wurde begafft, wagte sie sich in die Stadt. Das lag nicht so sehr daran, daß sie eine Fürstin war. Vielmehr erregte ihr Aufzug das Interesse der Leute. Entweder trug sie dicke russische Pelze oder orientalische Seidengewänder, die hinter ihr herschleppten. Liszt paßte sich ihr an. Es machte ihm gar nichts aus, in sibirischen Zobel eingemummt durch die Straßen zu schreiten oder in einem langen, sackartigen Gewand, das die Fürstin mit der Hand genäht und der russischen Bedienstetenkleidung nachgeahmt hatte. Russisch durfte bei Carolyne alles sein, nur nicht französisch!

August Heinrich Hoffmann von Fallersleben, ab 1854 häufiger Gast auf der Altenburg, hat die Kostüme der Liszts ausführlich beschrieben: »Sie wandelt am Morgen daher wie eine Fee aus Tausendundeinernacht: Seide und nochmals Seide in lichterhellen Farben, dazu das dunkelgetönte Haar, das sie offen trägt. Nicht dazu passen will mir die morgendliche Zigarre, die ihr aus dem Mundwinkel hängt.

Sie trägt goldene Schuhe und Röcke, in denen an die dreißig bis vierzig Meter Stoff verwertet worden ist. Liszt begnügt sich auch für gewöhnlich nicht mit Barchent oder Leinen. Auch ihm frommt Sammet und Seide. Beides steht ihm besonders gut in edler Schwärze und gediegenem Lila. Letzteres gibt ihm oftmals eine priesterliche Aura. Dazu trägt er sehr, sehr große Ringe. Streckt er seine Hand zum Gruße aus, hebt er die beringten Finger wie ein Kardinal ..., und man muß die Steine und die Finger unwillkürlich küssen.«

Hoffmann von Fallersleben ist auch einer der wenigen Besucher der Altenburg – abgesehen von den Schülern und Schülerinnen –, die Carolyne nicht als aufdringlich und herrisch charakterisieren.

Hoffmann: »Sie waltete wahrhaft fürstlich durch ihre Gastfreundschaft und die Art und Weise, wie sie ihre Gäste empfing und zu beehren verstand. Sie war geistreich, vielseitig gebildet, belesen, eine Kunstkennerin, hatte in vielen Dingen ein richtiges Urteil, war immer bereit, jedes edle Streben zu fördern, erwies sich gegen andere freundlich, teilnehmend, unterstützte Arme und Kranke und wußte diejenigen, die sie ehrte und liebte, bei allen Gelegenheiten auszuzeichnen.«

Es gibt viele Beschreibungen, die genau das Gegenteil aussagen. Und selbst Hans von Bülow, Liszts künftiger Schwiegersohn, kann bisweilen nicht umhin, Carolyne als aufdringlich und taktlos zu bezeichnen.

Bülow: »Während sie stundenlang spricht, gönnt sie ihrem Interlokuteur kaum eine halbe Minute zu einer Replique. Mit einer bewunderungswürdigen Schärfe, mit stets neuen, nie oberflächlichen Behauptungen führte sie die Unterhaltung, indem sie die schwersten Pflanzerzigarren dabei rauchte und einen fürchterlichen Qualm dabei verursachte

... Alchemie und Rachel, Malerei und deutsche Nationalität, kurz, der ganze Makrokosmos und Mikrokosmos wurde durchgesprochen und die Fürstin war wieder der Glanzpunkt aller Gespräche. Es wurde scharf über die Deutschen losgezogen ... Ich fühlte den ganzen Abend über heftiges Kopfweh, so hatte mich das Reden der Fürstin angegriffen!«

Die Einheimischen tuscheln. Bis zum Morgengrauen sind die Salons in der Altenburg erleuchtet. Es herrscht Jubel und Trubel. Die Händler haben eine gute Zeit, denn die Liszts verzehren nur das Teuerste. Man wägt untereinander die Gunst ab, Lieferant des Hofes oder der Altenburg zu sein. Die Altenburg wird stets weitaus höher bewertet als die Residenz.

Man tuschelt über die »gesetzeswidrigen« Beziehungen zwischen der Fürstin und dem Hofkapellmeister. Carolyne ist die »wilde Ehe« ebenso ein Dorn im Auge wie dem Episkopat und den Domherren, die deswegen gelegentlich beim Großherzog vorsprechen. Man möchte die »erlauchte Sündhaftigkeit« nicht länger vor Augen haben. »Dergleichen könnte Schule machen«, erklärt ein würdiger Domherr. Und der Großherzog antwortet: »So hätten wir wenigstens eine Schule in unserem Lande, die über die Grenzen hinaus populär wäre ...«

Dennoch: Der Hof befragt gelegentlich Carolyne und Liszt, wie es um die Verhandlungen mit St. Petersburg stehe. Natürlich hat man durch die allerhöchste Verwandtschaft im Reiche aller Reußen längst erfahren, daß Fürst Wittgenstein gar nicht daran denkt, seine Gattin und die zwei Millionen Rubel laufen zu lassen, aber man möchte von dem Paar aus eigenem Munde hören, wie man sich die Zukunft denkt und die Probleme bewältigen will.

Liszt und Carolyne erklären nach jeder hochnotpeinlichen Befragung, daß sie gewillt sind, sofort »in allen Ehren« zu heiraten, sobald dazu die Möglichkeit gegeben ist. Von der künftigen Ehe ist auch oftmals die Rede in den Briefen, die Liszt mit seiner noch immer in Paris lebenden Mutter und seinen Kindern wechselt. Je mehr Carolyne in die Abläufe seines Lebens eingreift, desto abfälliger – und manchmal sogar schmutzig – wird die Mutter dieser Kinder, Marie d'Agoult, behandelt. Womöglich erwächst in Tochter Cosima aus diesen Gründen die Haßliebe zu ihrem Vater, die am Ende seines Lebens gänzlich in Haß und Abneigung gewandelt sein wird: Cosima läßt ihren Vater in der Stunde seines Ablebens allein und amüsiert sich mit Freunden und Gönnern Richard Wagners.

Richard Wagner — das »schädelspaltende« Genie

Liszt bemerkte ihn erst, als sich de Musset räusperte und auf den unangemeldeten Gast des Luncheons wies, der wie ein zusammengekauerter Satyr, die Augäpfel basedowisch herausgeschraubt, vor dem weltberühmten Virtuosen hockte, und in dem Augenblick, da Liszt sich ihm zuwandte, in reinstes Sächsisch ausbrach: »Meester, Se sind mein Läben!«

De Musset tippte auf einen Kroaten, Madame de Ligne auf einen Polen, denn sie glaubte sich daran zu erinnern, daß Chopin, wenn er in seiner Heimatsprache redete, ähnlich zu artikulieren pflegte. Marie d'Agoult hielt ihn für einen aus der Nervenkartause von St. Denis entwichenen Patienten und wollte die Gendarmerie rufen.

Doch Liszt klärte sie auf: »Es ist Herr Richard Wagner aus Deutschland, ein Komponist, der mich bereits vor zwei Tagen angesprochen hat . . .«

Liszt bat den Gast, an einem der »Kaffeebretter« Platz zu nehmen. Wagner tat dieses, wobei sein Kopf, um die untertänigste Ergebenheit zu bekunden, auf- und niederwippte – wie Meyerbeer amüsiert in einem Brief an seine Frau mitteilt. Er murmelte etwas von ersterbender Ehrfurcht, bevor er sich »erdreistete«, das ihm gereichte Glas Beaujolais in einem Zuge zu leeren. Marie d'Agoult sah spöttisch auf den »Kleinen« herab, der einmal ihr Schwiegersohn werden sollte. Wagner leerte noch mehrere Gläser Rotwein, kostete auch verlegen von dem ihm präsentierten kalten Truthahn und kam dann mit seinem Anliegen hervor: Meister Liszt möge sich doch für ihn verwenden . . .

Mehrere komplette Opern habe er vollendet, die Partituren des »Rienzi« und des »Fliegenden Holländers« lägen draußen im Empfangszimmer. Herr von Liszt wolle doch, »bei einem Anfall von gelegentlicher Muße«, seine Augen auf die Seiten richten. Auch Herr von Meyerbeer habe sich förderlich und zustimmend über die Arbeiten geäußert. Womöglich käme eine Aufführung am Dresdner Hoftheater zustande ... Ein Zeugnis des Herrn von Liszt könnte neben dem Empfehlungsschreiben Meyerbeers Wunder wirken.

Liszt antwortete: »Trinken Sie noch ein Gläschen, Herr Wagner. Wir werden sehen ...«

Der Rienzi-Komponist verabschiedete sich (und Marie d'Agoult schnupperte: Rose de Bengale? Ein total zerschlissener Frack, aber das teuerste Parfum, das es in Paris zu kaufen gibt ...!), ließ aber die beiden erwähnten Partituren im Vorzimmer liegen. Er war tief enttäuscht über das Desinteresse, das Liszt ihm gegenüber gezeigt hatte. Noch am gleichen Abend verfaßte Richard Wagner einen Artikel für die »Dresdner Abendzeitung«, die er mit Klatsch aus der französischen Metropole versorgte, in dem es hieß:

»Liszt und Berlioz sind Brüder und Freunde, beide kennen und verehren Beethoven, beide stärken ihre Kräfte aus dem Wunderbrunnen seines Reichtums, und beide wissen, daß sie nichts Besseres tun konnten, als für Beethovens Denkmal ein Konzert zu geben. Doch ist einiger Unterschied unter ihnen zu machen, vor allem der, daß Liszt Geld gewinnt, ohne Kosten zu haben, während Berlioz Kosten hat und nichts gewinnt. Nachdem diesmal Liszt seine Kassenangelegenheiten in zwei goldreichen Konzerten geordnet hatte, dachte er aber ausschließlich nur noch an seine ›gloire‹; er spielte für arme mathematische Genies und für das Denkmal Beethovens ...«

An anderer Stelle heißt es: »Oh, wie sehr erfüllte mich der Ekel gegen diese Kunstwelt, die so falsch, so gemein, so niederträchtig ist ... Meyerbeer, Liszt und Consorten ... Man wird von ihnen nichts Wesentliches zu erwarten haben. Diebisches Pack, Unflat ...!«

Später, da Liszt sich als der große Gönner erweist, versucht Wagner, sein in alle Welt hinausgeplärrtes Urteil zu revidieren.

Wagner: »Ich hatte keine Gelegenheit, mich meinem Wesen und meinen Leistungen nach mit ihm bekannt zu machen; so oberflächlich, als er mich eben nur kennenlernen konnte, war daher auch die Art seiner Begegnung mit mir, und war dies bei ihm ganz erklärlich – namentlich bei einem Menschen, dem sich täglich die mannigfaltigsten und wechselndsten Erscheinungen zudrängten, so war ich doch gerade damals nicht in der Stimmung, mit Ruhe und Billigkeit den einfachsten Erklärungsgrund eines Benehmens aufzusuchen, das – an sich freundlich und zuvorkommend – nur gerade mich eben zu verletzen imstande war. Ich besuchte Liszt, außer diesem ersten Male, nie wieder, und – ohne ebenfalls auch ihn zu kennen, ja mit völliger Abneigung dagegen, ihn kennenlernen zu wollen – blieb er für mich eine von den Erscheinungen, die man als von Natur sich fremd und feindlich betrachtet.«

Dieses ist bis an sein Lebensende die wahre Meinung Wagners über Liszt, die er natürlich nach außen hin nie verkündet. Für die Kunstwelt muß Richard Wagner der eifrige Bewunderer der Lisztschen Künste sein, der »Sohn, der lobpreisend zu seinem Vater aufblickt« (Carolyne). Für Wagner kein Problem! Als sich im Februar 1849 nach der Weimarer Aufführung des ›Tannhäuser‹ das Verhältnis »zu beiderseitigem Genusse« ändert, beginnt der Musikdramatiker den Gönner wortreich zu umschwärmen. Es entsteht eine umfangreiche Korrespondenz, aus der man ohne Schwierigkeiten herauslesen kann, wie hohl, wie gemacht, wie kurios Wagners Elogen und Hymnen auf den »Vater aller Dinge« sind. Der Schwulst gipfelt später in jenen Zeilen, mit denen Wagner seinem Schwiegervater den »Ring des Nibelungen« vermacht:

»Es dämmern die Götter,
es schwefeln die Spötter –
doch muß es sich zeigen,
das Werk, es sei ganz;
Du nimm es zu eigen,
mein herrlicher Franz!«

Nachdem der »herrliche Franz« den kleinen Finger gereicht hat, geht es sehr geschwinde, bis Wagner beide Hände ergriffen hat. Wo er nur kann, nutzt er den Freund aus. Es gehört fast zur Tagesordnung, daß er Liszt anpumpt. Bereits in einem der ersten Briefe, die Wagner an Liszt richtet, geht es um Geld. Liszt sei in aller Welt hochgeschätzt, heißt es darin. Er habe Macht und Ansehen und könne doch wohl die Güte haben, die Verlagsrechte von drei Opern zu übernehmen: gegen 5000 Taler bar.

Liszt antwortet, daß er gar nicht daran denke, sich in ein solches finanzielles Abenteuer einzulassen. Er sei längst nicht so gut bei Kasse wie es offenbar die gesamte Kunstwelt annehme. Er bescheide sich mit dem wenigsten . . ., und da seien ihm 5000 Taler viel zu viel. Und außerdem: Verlagsrechte hin, Verlagsrechte her . . . Das sei nicht sein Metier. »Ich bin ein schlechter Kaufmann, lieber Richard!«

Ein andermal bietet Wagner die Handschriften der Partituren von »Rienzi« und »Tannhäuser« an. Aber auch diese möchte Liszt nicht besitzen, zumal er nicht die Summen flüssig hat, die Wagner dafür fordert.

Springt Liszt gelegentlich über seinen Schatten und sendet dem in ständigen Geldnöten lebenden Wagner einen Scheck, darf er eines herzinnigen Dankesergusses sicher sein: »Du vornehmer Wohltäter, Du lieber, fürstlicher Mensch, der Du Dich über mich vergißt! Es ist erhebend, einen Freund zu haben, aber noch erhebender, ein Freund zu sein!«

Dazu der Kommentar des Leipziger Kritikers Bernhard Vogel, der nicht selten Gast auf der Altenburg ist: »Liszt ist nicht nur allein der größte Virtuose seiner Kunst, sondern auch in der Freundschaft!«

Carolyne bremst oft die Gelüste ihres Geliebten, Wagner mit Gunstbeweisen und »teuren Gulden« zu überschütten. Sie hat den »plump-vertraulichen Richard« offenbar von Anfang an nicht gemocht. »Er kommt mir vor wie ein blutrünstiger Metzger, der allen Gänsen nachrennt, um ihrer habhaft zu werden und ihnen den Hals umzudrehen!« Wenn Wagners Briefe eintreffen, pflegt sie diese Liszt auf silbernem Tablett mit Palmzweigen und Kondolenzschleifen zu servieren.

Sie hat Wagner erstmals 1849 erlebt. Liszt hatte mit Hilfe der Großherzogin die Erstaufführung des ›Tannhäuser‹ durchgesetzt. Wagner, seit der 48er Revolution der sächsischen Lande verwiesen, konnte an der Aufführung nicht teilnehmen. Er ließ sich über alles genauesten Bericht geben und schrieb daraufhin an Liszt: »Kein Theater der Welt hat es sich noch zu unternehmen für gut befunden, meine seit vier Jahren erschienene Oper ›Tannhäuser‹ zur Aufführung zu bringen ... Ihnen galt es nicht bloß, die Oper aufzuführen, sondern sie verstanden und mit Beifall aufgenommen zu wissen. Dazu hieß es, mit Leib und Seele sich aufzuopfern, jede Faser seines Leibes, jede Fähigkeit der Seele auf das eine hinzudrängen, auf das eine hinzuwirken, daß das Werk des Freundes nicht nur zutage, sondern daß es schön und ihm nützend zutage komme. Sie mußten sich versichern, daß es gelänge, denn nur um des Gelingens willen waren Sie ans Werk gegangen; und hierin liegt die Kraft Ihres Charakters und Ihrer Fähigkeit – es ist Ihnen gelungen.«

Wagner hatte immer und immer wieder darum gebeten, Liszt möge ihm die Möglichkeit schaffen, eine der Tannhäuser-Aufführungen zu besuchen. Marie Paulowna lehnte es zunächst ab, mit ihrem Gatten über eine »Momentan-Amnestie« zu sprechen. Sie war jedoch davon unterrichtet, daß Wagner im Mai des Jahres für wenige Tage nach Weimar kommen werde, um incognito einer Aufführung beizuwohnen. Marie Paulowna drückte beide Augen zu und weihte lediglich ihre Schwiegertochter ein, die es sich dann auch nicht nehmen ließ, Wagner auf der Altenburg zu begrüßen, als dieser, mit dem Paß eines Dr. Widmann aus Zürich versehen, aus der Verbannung zurückkehrte.

Liszt und die Fürstin rieten zu größter Vorsicht, um nicht Marie Paulowna und die Erbprinzessin in Verlegenheit zu bringen. Und Wagner? Er kümmerte sich um dererlei nicht im geringsten. Er beschimpfte in Gegenwart von Prinzessin Sophie die deutschen Fürsten, vor allem die sächsischen »Gauner«, die ihm den Nährboden für seine Kunst entzogen hätten und alles daransetzten, ihn mundtot zu machen.

Man muß sich das Entsetzen vorstellen, das Liszt ergriff, als sich während der morgendlichen Tannhäuser-Probe die Saaltür öffnete und Wagner vor dem Orchester erschien. Liszt brach die Probe sofort ab und ließ seinen Gast in verhülltem Wagen zur Altenburg zurückfahren. Er versicherte sich der Verschwiegenheit der Orchestermitglieder und eilte hinterher. Doch der Vogel war ein zweites Mal ausgeflogen und besah sich in Eisenach die Wartburg.

Carolyne zürnte dem »Verwegenen« mehr als Liszt, zumal sie die kräftigsten Rügen Marie Paulownas einzustekken hatte, denn es war nicht ausgeblieben, daß der Hof, also der Großherzog, von dem Auftauchen Wagners erfahren hatte.

Dieser war inzwischen, mit Empfehlungsbriefen von Liszt versehen, nach Paris weitergereist. »Wagner ist ein Mann von bewunderungswürdigem Genie, ja ein so schädelspaltendes Genie, wie es für dieses Land paßt, eine neue und glänzende Erscheinung in der Kunst!«

Vor allem Berlioz sollte sich des Genies annehmen. Liszt hatte dem Empfehlungsbrief an ihn eine Kopie seines Tannhäuser-Aufsatzes beigefügt, von dem wir wissen, daß er in der Hauptsache aus der Feder Carolynens stammte, die es sich angelegen sein ließ, »nach den Notizen und Erklärungen des Meisters« Essays und Portraits zu verfassen.

Der Tannhäuser-Aufsatz geriet äußerst kurios, zumal darin über Wesenszüge der Gestalten und Charakteristika der Musik befunden wurde, die es realiter gar nicht gab. Carolyne war da – wie alle schreibenden Hausmütter und Salondamen ihrer Zeit – nicht ängstlich: Sie erfand hinzu, wo es ihr paßte, und deutete die Zusammenhänge ganz nach ihrem Gusto. Klar, daß Wagner die Sache durchschaute und genau wußte, wer der Urheber dieses Essays war.

Prompt sandte er an Liszt ein überaus schwülstiges »Bedankmich«, dessen Ironie Liszt nicht im entferntesten begriff. Er nahm vielmehr an, daß Carolyne literarisch begabt sei und bat sie nun häufiger, unter seinem Namen musikalische Abhandlungen zu schreiben und zu veröffentlichen.

Paris wurde auch diesmal für Richard Wagner ein vollständiger Mißerfolg. Er überwarf sich mit Berlioz und erkühnte sich, lautstark über Meyerbeer herzuziehen, der ihm immerhin die Uraufführung des »Rienzi« in Dresden ermöglicht hatte.

Wagner: »Am Ende meines letzten Pariser Aufenthaltes, als ich krank, elend und verzweifelnd vor mich hinbrütete, fiel mein Blick auf die Partitur meines fast ganz schon von mir vergessenen ›Lohengrin‹. Es jammerte mich plötzlich, daß diese Töne aus dem totenbleichen Papier heraus nie erklingen sollten: zwei Worte schrieb ich an Liszt, deren Antwort keine andere war als die Mitteilung der – für die geringen Mittel Weimars – umfassendsten Vorbereitung zur Aufführung des ›Lohengrin‹. Was Menschen und Umstände ermöglichen konnten, geschah, um das Werk dort zum Verständnisse zu bringen. Die – bei dem jetzt unausweichlich lückenhaften Wesen unserer Theatervorstellungen – einzig das nötige Verständnis ermöglichende, willenstätige Phantasie des Publikums konnte unter dem Einflusse der heutigen Gewohnheit, noch nicht sogleich zu entscheidender Kraft sich anlassen; Irrtum und Mißverständnis erschwerten den angestrebten Erfolg. Was war zu tun, um das Mangelnde zu ersetzen, nach allen Seiten hin dem Verständnisse und somit dem Erfolg aufzuhelfen? Liszt begriff es schnell und tat es: er legte dem Publikum seine eigene Anschauung und Empfindung von dem Werke in einer Weise vor, die an überzeugender Beredtheit und hinreißender Wirksamkeit ihresgleichen noch nicht gehabt. Der Erfolg lohnte ihm; und mit diesem Erfolge tritt er nun vor mich hin und ruft mir zu: ›Sieh, so weit haben wir es gebracht, nun schaff ein neues Werk, damit wir es noch weiter bringen!‹«

Ohne das Eintreten Marie Paulownas für dieses Werk wäre der »Lohengrin« niemals in Weimar herausgebracht worden. Wagner mißtraute der Fürstin aus Rußland, »die doch von deutscher Kunst ebenso wenig weiß wie ein Akkergaul aus dem Moskauer Vorland«. Er hat ihre Hilfe nie erwähnt, obwohl Liszt ihn mehrfach darauf hinwies:

Liszt: »Was diese wahre Großfürstin für den Bereich Deiner Kunst getan hat, ist unermeßlich. Sie war die kühne Helferin, die mir zur Seite stand, als es daranging, Deinen ›Lohengrin‹ aus der Taufe zu heben. Sie verdient lautersten Dank ...!«

Dank aber hat Wagner nur jenen Gönnern abgestattet, die laufend etwas für ihn taten. Eine einmalige Hilfestellung erachtete er für zu gering, um dafür – beispielsweise – zu Feder und Papier zu greifen. Sah er drei- oder noch mehrstellige Zahlen auf einem Kassascheck, dann flossen die Dankesworte nur so aus ihm heraus.

Manchmal klingen die Briefe Liszts an Wagner allzu devot und demütig. Liszt erwartet keinen Dank: er dankt ... Er dankt dem Himmel, daß die Erde mit einem Richard Wagner beschenkt wurde. Er dankt Wagner, der die Menschen »mit dem Höchsten, was ein Geist je produciren konnte«, beglückt.

Schon bei den Proben zum »Lohengrin« kannte die Begeisterung Liszts für das »absolut Neue« keine Grenzen: »Die ernste und begeisterte Bewunderung, die ich Deinem Genie gewidmet habe, könnte sich keinen schläfrigen Gewohnheiten und unfruchtbaren Gefühlen anbequemen. Alles, was mir also zu tun möglich sein wird, sei es im Interesse Deines Ansehens und Deines Ruhmes, sei es im Interesse Deiner Person, ich werde es bei keiner Gelegenheit versäumen; dessen sei vollkommen gewiß. Allein einem Freunde wie Du bist, zu dienen, ist nicht immer leicht und bequem, denn für diejenigen, denen es vergönnt ist, Dich zu verstehen, handelt es sich doch wohl vor allem darum, Dir mit Verstand und Würde zu dienen!«

Ab und an versuchte dann auch Wagner, seinem hohen Gönner mit Verstand und Würde zu dienen, wenn es zum Beispiel darum ging, Liszt etwas Freundliches zum Anlaß der Uraufführung eines seiner Werke zu schreiben. 1857 kam die »Sinfonie zu Dantes Divina Commedia« heraus, die – wie Liszt-Tochter Cosima berichtet – ein allgemeines großes Gähnen hervorrief. Wagner hatte bereits beim Studium der Partitur dauernd gegähnt und einigen Freunden gesagt, er könne es überhaupt nicht begreifen, warum Liszt (»der strahlende Herold der neuen Zeit«) so langweilig und langatmig komponiere. In seinem »Dante-Brief« an Liszt ist davon keine Rede. Im Gegenteil: Wagner zeigt hellste Begeisterung!

»Mein lieber, lieber Franz! Diese Zeilen sollst Du erhalten, wenn Du zur ersten Aufführung unseres ›Dante‹ schreitest! Soll ich mich nicht im Tiefsten meiner Existenz gekränkt fühlen, wenn ich an einem solchen Abend fern von Dir bleiben muß, und dem Drang meines Herzens nicht folgen darf, der mich – wäre ich frei – unter allen Umständen Hunderte von Meilen weit zu Dir hintreiben würde, um mit Dir, mit Deiner Seele an einem solchen Hochzeitstage mich zu vereinigen! Nun sei ich denn im Geiste bei Dir; ehre meine Nähe dadurch, daß Du heute auf nichts achtest, was um Dich vorgeht, nicht auf die Menge, die uns ewig fremd bleiben muß, selbst da, wo sie uns auf Momente umfaßt – nicht auf den Kenner, nicht auf den Kunstgenossen – denn wir haben keinen! – sondern blicke mir ins Auge, wie Du es tätest, wenn Du mir vorspieltest: und – sei gewiß – es wird Dir mit innigem Verständnis, mit dem einzigen Lohne, der uns werden kann, selig ergriffen, hell und froh entgegenleuchten. Nun nimm meine Hand und nimm meinen Kuß! Es ist ein Kuß, wie Du ihn mir gabst, als Du vor'm Jahr eines Abends mich nach Hause begleitetest – Du weißt, nachdem ich Euch bei Dir meine traurige Geschichte erzählt. Mag vieles seinen Eindruck auf mich verlieren: was Du mir an diesem Abend warst, die wundervolle Teilnahme, die in Deinen Mitteilungen auf jenem Nachhauseweg lag, dieses Himmlische in Deiner Natur wird mir als herrlichste Erinnerung in jedes Dasein hin folgen. – Nur eines kann ich dem zur Seite setzen: Das, was Du mir in Deinen Werken, und namentlich, was Du mir in Deinem ›Dante‹ mitteiltest! Gibst Du das heute nun preis, so bedenke, daß das nicht anders gemeint sein kann, als wenn wir überhaupt unseren Körper, unser Gesicht und unser Dasein vor den Augen der Welt tragen und abnützen. Nicht aber, um es von dorther geliebt und begriffen wieder zu empfangen. Sei heute mein, ganz mein – und sei gewiß, daß Du dann ganz sein wirst, was Du bist und sein kannst! – Nun Glück auf, durch Hölle und Fegefeuer! Dort in der heiligen Glut, in die ich mich nun gestürzt und in der die Welt mir vergangen – dort reichen wir uns die Hände! Glück auf! Dein Richard.«

Während Franz Liszt solche »Hymnen in Wagner-Dur« für bare Münze nahm, pflegte die Fürstin sich darüber zu mokieren, was den Wagner-Herold nicht selten in Harnisch brachte. Man weiß nicht genau, was sie dazu bewog, gelegentlich an Wagner glühende Huldigungsschreiben zu richten. Ernst gemeint waren diese Briefe gewiß nicht... Und manchmal möchte man Carolyne überführt wissen, Wagner parodiert zu haben: Sie verfällt genau in jenes hohle Pathos, das seine Briefe kennzeichnet. Bisweilen benutzt sie sogar seine Rede- und Schreibwendungen.

Carolyne: »Teurer Dichter, lieber Freund! Unsere Herzen sind bei Ihnen und leiden mit Ihnen – Sie wissen es, können gar nicht daran zweifeln ... Ich drücke Ihnen beide Hände in die meinigen, lieber, teurer, großer Mann!

Umarmen Sie Ihre Frau sehr zärtlich von mir, und sagen Sie ihr alle meine lebhaftesten Wünsche; sie kann an diesen nicht zweifeln, und Sie auch nicht. Haben Sie sich wieder an die ›Walküre‹ begeben können? Ich habe bei der Scene zwischen Siegmund und Sieglinde schwere Tränen vergossen! – Das ist schön wie die Liebe, wie die Unendlichkeit, wie Erde und Himmel ...«

Carolyne spielt damit auf einen Abend in Zürich an, den man gemeinsam und mit etlichen Freunden verbrachte. Es war am Tage nach Liszts 45. Geburtstag. Wagner hatte eine Aufführung des ersten Aktes der »Walküre« veranstaltet. Liszt spielte aus der Partitur am Klavier, Emilie Heim sang die Sieglinde, während Wagner selbst den Part des Siegmund übernommen hatte. Er versuchte auch, die Gestalt des Hunding plausibel zu machen. Man war allgemein betört, und nach Abschluß der Darbietungen sanken sich Wagner und Liszt in die Arme, während Carolyne die Töchter Liszts (Blandine und Cosima) und den Sohn (Daniel) umschlang, Pictet schluchzend Frau Heim an sich preßte und der Fabrikant Otto Wesendonk mit einem Silberspitz fürlieb nahm. Es war eine Szene umfassender Liebesbezeugung, die Wagner mit dem Ausruf »Seid umschlungen, Millionen!« entfacht hatte. Carolyne kam als erste nach diesem »Rausch« wieder zu sich und fand es dann doch reichlich »deplaciert«, daß man seinen Gefühlen »auf solch primitive Art und Weise« Luft machte.

Die denkwürdige Aufführung des ersten Aktes der »Walküre« wurde dann im vornehmsten Hotel Zürichs, im »Baur au Lac«, gebührend gefeiert. In diesem Hotel hatte die Fürstin für sich, Liszt und dessen Kinder eine ganze Suite gebucht. Sie war darauf gekommen, daß es angebracht wäre, die Kinder für eine Weile der Mutter Liszts und Marie d'Agoults »zu entfremden«. Blandine war jetzt achtzehn Jahre alt, Cosima sechzehn, Daniel vierzehn. Seit acht Jahren hatten sie den Vater nicht mehr zu Gesicht bekommen. Carolyne benahm sich ihnen gegenüber ziemlich merkwürdig. Sie hatte für jedes Kind ein Fuder an Geschenken eingekauft; leider alles nutzloser Plunder, über den sich die nahezu schon erwachsene Blandine ausließ.

Blandine: »... sie hielt uns für kleine, verängstigte Würmer, die man kräftig füttern muß, damit sie flügge werden. Ach, wie war diese Frau unnatürlich und oberflächlich!«

Cosima rügte, daß die Fürstin sie und ihre Geschwister mit »meine Kinder« anzureden pflegte: »Sie versuchte sogleich, uns mit schmeichelnden Worten zu adoptieren ...«

Liszt kümmerte sich wenig um seine Kinder. Er hatte sie kürzlich eine Woche lang durch Paris geführt und ihnen Basel gezeigt, wobei man gelegentlich zum Nachtmahl den »Onkel Richard« getroffen hatte, der den Liszt-Kindern wie ein Jahrmarktsschreier vorkam. Wagner hatte eine cholerische Phase und versuchte aller Welt klarzumachen, daß er ein verkanntes Genie sei. Außerdem mußte er Liszt gewissermaßen vorbereiten, denn er wollte in den nächsten Tagen den Freund um ein Darlehen angehen. Diesmal war der »getreue Franz« so milde gestimmt, daß ihm Wagner mehrere Tausend Gulden aus der Tasche ziehen konnte.

Sechs Wochen blieb man in der Schweiz. Zum Abschluß des Aufenthaltes gab es ein Konzert in St. Gallen. Wagner dirigierte Beethovens dritte Symphonie, die »Eroica«, und Liszt seinen »Orpheus« sowie »Les Préludes«. Man schied »in größter Übereinstimmung und niveauvollster Freundschaft, einer wissend, daß auf den anderen Verlaß und daß einer ohne den anderen nicht existieren konnte ...« (Liszt).

Die Übereinstimmungen ließen sehr bald nach. Wagner

stellte immer höhere Forderungen – vor allem materieller Art – an Liszt, die dieser nicht befriedigen konnte. Liszt sollte als Agent für Wagner tätig werden, mit Intendanten und Konzertunternehmern verhandeln. Aber auch dazu war Liszt nicht in der Lage. Carolyne empfand solch ein Ansinnen Wagners als »höchst infam« und riet ihrem Freund, sich von dem »Halsabschneider« schleunigst zu trennen. Dazu konnte sich Liszt nicht verstehen. Er beschloß jedoch, auf die vielen Bittbriefe Wagners nicht mehr zu reagieren. Wagner war über diese Zurücksetzung empört. Er wußte genau, daß er den Bogen überspannt hatte, war aber doch dreist genug, immer wieder an Liszt heranzutreten: »Kannst Du mir nicht bis auf vier Wochen mit einem Wechsel von Gulden 2000 aushelfen?«, »... es wäre jetzt an der Zeit, wenn Du wirklich in Berlin für mich eintreten würdest ...!«, »Die Fürstin hat doch so großen und unendlichen Einfluß, den sie auch für mich nutzen könnte!«, »... wenn Du über die Bank des Herrn Duprez in Paris für mich ...«, »Ich brauche Deine Liebe, teuerster Franz, und sei so gut und überweise mir ...«

Liszt schwieg. Schließlich versuchte Wagner, durch Freunde an den »Allerliebstteuren« heranzukommen. 1859 schrieb er an Hans von Bülow: »Ich quäle mich seit Wochen mit dem Vorhaben eines Briefes an ihn. Wohl könnte ich es mir leichter machen, denn nie erhalte ich eigentlich einen Brief von Liszt, sondern höchstens nur Antworten auf meine Briefe, und diese jedesmal gerade um ein- bis zweimal kürzer als meine Briefe. Es drängt ihn somit nichts zu mir. Rede ich ihn an, so ist er der vortrefflichste Freund, den man sich denken kann, aber – er redet mich nicht an ... Somit wird Liszt mir stets eine erhabene, tief sympathische, hoch bewunderte und geliebte Erscheinung bleiben, aber – an wohltuende Pflege unserer Freundschaft wird nicht viel mehr zu denken sein. Er ist mir in der Vernachlässigung dieser Pflege augenfällig vorangegangen; ich kann jetzt nicht anders mehr, als ihm folgen.«

Ab 1861 hört der Briefwechsel zwischen Liszt und Wagner ganz auf. Wagner hatte eingesehen, daß zunächst einmal von Liszt nichts mehr zu holen war. Liszt hatte erkannt, daß er der zweite Mann geworden war. Wagner – das Genie der Zukunft! Um sich gegenüber dem Ersten behaupten zu können, von diesem nicht gänzlich überrannt zu werden, mußte er sich absetzen, schweigen, für sich im stillen wirken.

Bisweilen nörgelt Liszt an den Unternehmungen Wagners herum, von denen er über Bülow und Cornelius erfährt. Er sagt aber nie ein wirklich hartes, gar abfälliges Wort über den »Glorreichen«, dem er wenige Jahre zuvor mitgeteilt hatte: »Das Wesentliche liegt ja darin, daß Du mich lieb hast und mein redliches Anstreben als Musiker Deiner Sympathie für wert hältst . . .«

Selbst der Brief, den Liszt am 30. August 1864 an die Fürstin schreibt, nachdem er erfahren hat, daß Wagner in die Dienste des Bayernkönigs Ludwig II. getreten ist, klingt zwar durch den Hinweis auf »Fürstenhörigkeit und allzu primitive Devotheit« anklägerisch, aber am Schlusse dann doch wieder versöhnlich: ». . . kehren wir zu Wagner zurück, den ich den Glorreichen genannt habe. Das Geschehene kann nichts zwischen uns ändern. Das große Glück, das ihm schließlich zuteil geworden ist, wird so weit als möglich die wenigen Härten seines Charakters mildern.«

Der Neudeutsche

Da war eines Tages dieser wortkarge, strohblonde Norddeutsche mit einem Handköfferchen und einer Plaidrolle unter dem Arm auf der Altenburg erschienen, um sich der Fürstin und Liszt vorzustellen. Bülow als Vermittler hatte die Gastgeber dazu bewogen, Herrn Johannes Brahms nach Weimar einzuladen. Selbst bei der Begrüßung nahm der »Flegel aus dem Rattennest Hamburg« die Zigarre nicht aus der Hand, und Carolyne entrüstete sich über die Trauerränder an den Fingernägeln des Gastes, über seinen Mundgeruch und darüber, daß die Haare dieses angeblichen Genies »seit Jahren mit keinem Kamm oder dergleichen in Berührung gekommen«.

Selbst Bülow war über das ungepflegte Aussehen Brahms' erschrocken und lieh dem Freunde zur ersten Soiree in der Altenburg-Villa ein sauberes Hemd, eine Krawatte und eine dunkle Jacke.

Carolyne bemühte sich vergeblich, mit Brahms einen Dialog zu führen. Er sagte ja oder nein ... und begnügte sich damit, ironisch zu lächeln, wenn die Gesellschaft künstlerische Probleme wälzte. Dann hatte Brahms vorgespielt und Liszt war spontan aufgesprungen, um die Technik seines Gastes zu loben.

Brahms blieb während der Laudatio sitzen, und als Liszt geendet hatte, sagte er: »So, meine Technik bewundern Sie, Herr Liszt. Was aber ist mit dem Inhalt meiner Musik?«

Liszt errötete und fand einige Floskeln, um nicht direkt

antworten zu müssen, denn der Inhalt der Musik hatte ihm überhaupt nicht zugesagt. Am nächsten Tag erklärte er Bülow und Joseph Joachim, daß er, Liszt, von der Musik des Herrn Brahms nicht das geringste halte: »Viel zu spröde, zu unsinnlich, zu geschmacklos, wenig griffig, akademisch ... Und vor allem: diese schlechten Manieren!«

Bülow reagierte ausweichend, während Joachim Partei für Brahms ergriff. Darauf Liszt: »Mein lieber Joseph, ich dachte, du wärest ein Verfechter und Liebhaber meiner Ideen. Statt dessen sehe ich dich auf seiten eines Mannes, der von sich behauptet, ein guter Musiker und Tonschöpfer zu sein. Ich sage dir aber rundheraus: dieser Brahms ist ein Scharlatan, ein Bauernfänger, ein Schulmeister. Und weiter nichts! In zwei Jahrzehnten, wenn es überhaupt so lange dauert, hat man ihn und seine Musik vergessen!«

Joseph Joachim war bedrückt, denn er merkte, daß Liszt aus purer Eifersucht derart herausschrie. Später schreibt der berühmte Geiger: »Von diesem Augenblick an war ein Sprung in unsere Freundschaft gekommen. Ich konnte Liszt nicht mehr so ohne Kritik lieben und verehren. Sein Urteil über Johannes Brahms war nicht nur falsch, sondern von den schwerwiegendsten Vorurteilen belastet. Ich hatte das Gefühl, daß er Brahms haßte. Das aber konnte ich nicht begreifen, denn ein Geist wie Liszt sollte über den Dingen stehen. Er war aber auch nur ein Mensch ... und an jenem Abend ein Mensch, der sich labil und unbeholfen zeigte.«

Es muß sehr merkwürdig auf jene Anwesenden gewirkt haben, die sich gegenüber Liszt und Brahms neutral verhielten, als der Herr Hofkapellmeister am Vorabend der Abreise seines Gastes in dessen Anwesenheit ein Loblied auf den Komponisten Eduard Sobolewski anstimmte, der sich gerade in Weimar eingefunden hatte, um die Gegenwart und die Weisheit Liszts zu genießen. Brahms antwortete spöttisch auf die an ihn gerichteten Fragen im Hinblick auf Sobolewski.

Brahms: »Wie war der Name dieses Herrn . . .?«

Liszt: »Aber Sie werden doch Sobolewski kennen!«

Brahms: »Kennen Sie einen gewissen Müller aus Wien . . .?«

Liszt: »Müller aus Wien?«

Brahms: »Aber Sie werden doch Herrn Müller kennen . . .!«

Liszt war drauf und dran, seinen Gast hinauszuweisen. Joachim, nach Luft ringend, entschuldigte sich, eilte hinaus und brach in der Küche der Altenburg in einen Lachkrampf aus. Mit einer solchen Schlagfertigkeit des kühlen Norddeutschen hatte wohl niemand gerechnet, am wenigsten Carolyne, die nach diesem Dialog auf Brahms zuschritt und mit den Worten: »Man sagt, daß die Norddeutschen einen harten, aber unmißverständlichen Witz lieben!« versuchte, die Situation zu retten. Liszt hatte sich brüsk von Brahms abgewandt und verkündete in einem Nebenraum, daß er zwei Opern von Sobolewski in der Hofoper aufzuführen gedächte, nämlich »Comala« und »Der Seher von Khorassan«. Mit beiden hatte Sobolewski, der Königsberger, keinen Erfolg, und Liszt mußte sich vom Großherzog und vom Intendanten Dingelstedt sagen lassen, daß er mit diesen Stücken arge Mißgriffe getan hätte.

Der Großherzog: »Bitte lieber Flotow und Donizetti!«

Dingelstedt: »Ein ägyptischer Feuerfresser kann bisweilen doch mehr Furore machen als die Oper eines Zugereisten, in der es außer Langeweile und Plagiate nichts gibt!«

Liszt steckte solche Seitenhiebe gelassen ein. Auch die Werke Tauberts und Naumanns hatten keinen Erfolg in

Weimar. Er rechtfertigte solche Experimente mit den Worten: »Wenn das Neue nicht irgendwo und irgendwie ausprobiert wird, wo haben wir dann die Chance, es kennenzulernen? Man wird sich in der Musikgeschichte noch oftmals irren. Aber das ist nicht schlimm und wird niemandem angelastet. Schlimm ist es nur, wenn man jede Bestrebung unterläßt, das Zeitgenössische aufzuführen. Musik, die geschaffen wird, ist nicht dazu da, daß man sie in Archiven vergräbt! Sie muß diskutiert werden und sich dem Publikum stellen. Und dann erst wird entschieden werden, was gut oder schlecht, ewig oder vertan ist ...!«

Nicht selten entschied Liszt zugunsten eines Werkes, weil sein Schöpfer ihm ergeben war oder von Franz Brendel, dem Chefredakteur der »Neuen Zeitschrift für Musik« (Liszts eifrigster Vorkämpfer in deutschen Landen!), per Essay und Empfehlungsschreiben zum »Genie der Zukunft« erklärt wurde.

So engagierte sich Liszt für Heinrich Verhulst aus Den Haag, für Jean Vogt aus Liegnitz, der ein Oratorium »Lazarus« komponiert hatte, für den Engländer William Sterndale Bennett oder den Berliner Richard Wüerst, dessen Oper »Vineta« Liszt für ein Werk von größter Tragweite (»dem ›Rienzi‹ gleichwertig«) ansah.

Er irrte nicht selten in der Beurteilung von Arbeiten, die man ihm vorlegte. Aber auch seine Gegner, an der Spitze der Wiener Kritikerpapst Eduard Hanslick, irrten nicht weniger selten. Hanslick, der mit aller ihm zu Gebote stehender Macht Liszt und Wagner verfolgte und zu erniedrigen versuchte, mußte am Ende seines Lebens einsehen, wie sehr er mit seiner Meinung gefehlt hatte, daß in den Werken des Bayreuthers und Liszts die Trivialität und der Musikdilettantismus ihren absoluten Höhepunkt erreicht hätten und daß lediglich durch Brahms die Musik eine

»achtbare und gesicherte« Zukunft haben werde. Es wird Hanslick zugeschrieben, Liszt und seine Jünger als die »Neudeutschen« apostrophiert zu haben. Jedoch benutzte auch Franz Brendel diese Bezeichnung sehr bald, die für ihn allerdings nichts Negatives zum Inhalt hatte.

Brendel: »... nun trifft es sich, daß man Liszt und die, die ihm folgen, auch neudeutsch benennt. Das ist sehr zutreffend und sondert die Spreu vom Weizen. Er allein darf diese Auszeichnung tragen, denn er hat es vermocht, die Gemüter aufzurütteln und auf das Neue und Zukunftsträchtige hinzuweisen. Neudeutsch ... das ist die Parole der Zukunft! Wer so benannt wird, darf von sich sagen, auf dem Wege der Unsterblichkeit zu sein ...«

Johannes Brahms hatte bereits bei seinem Besuch auf der Altenburg deutlich erkennen lassen, was er von Liszt und dessen Musik hielt. Der Gegensatz zwischen beiden wurde immer stärker und hatte wohl seine weiteste Amplitude erreicht, als Brahms 1860 mit Joseph Joachim, Julius Otto Grimm und Bernhard Scholz eine Erklärung im Berliner »Echo« verbreiten ließ, in der es hieß:

»Die Unterzeichneten haben längst mit Bedauern das Treiben einer gewissen Partei verfolgt, deren Organ die Brendelsche Zeitschrift für Musik ist. Die genannte Zeitschrift verbreitet fortwährend die Meinung, es stimmten im Grunde die ernster strebenden Musiker mit der von ihr vertretenen Richtung überein, erkennten in den Kompositionen der Führer eben dieser Richtung Werke von künstlerischem Wert, und es wäre überhaupt, namentlich in Norddeutschland, der Streit für und wider die sogenannte Zukunftsmusik, und zwar zugunsten derselben ausgefochten. Gegen eine solche Entstellung der Tatsachen zu protestieren, halten die Unterzeichneten für ihre Pflicht und erklären wenigstens ihrerseits, daß sie die Grundsätze, welche die Brendelsche Zeitung ausspricht, nicht anerkennen, und daß sie die Produkte der Führer und Schüler der sogenannten ›Neudeutschen Schule‹, welche teils jene Grundsätze praktisch zur Anwendung bringen und teils zur Aufstellung immer neuer, unerhörter Theorien zwingen, als dem innersten Wesen der Musik zuwider, nur beklagen und verdammen können . . .«

Joachim war aus dem Jünger-Kreis um Liszt entwichen, nachdem sich der Meister »erkühnt« hatte, Sobolewski für den Posten eines Konzertmeisters am hannoverschen Königshof vorzuschlagen und nicht den großartigen Geiger, der nun wirklich für dieses Amt prädestiniert war.

Joachim schwenkte (»da die Musikwelt nun einmal in Lisztianer und Brahminen geteilt ist und ich die erstere für die Hölle und die andere für den Himmel halte . . .«) in das Lager der Brahms-Anhänger über. Für ihn schrieb »der getreue Hannes« das Violin-Konzert und fast alle übrigen Werke für Geige, die aus der Feder des Hamburgers stammen.

Liszt erfuhr von diesem Wandel durch Bülow. In einem Aufruhr seiner Gefühle schrie Liszt: »Dieser Judas . . .! Aber er wird sich aufhängen und bitterlich weinen, wenn er erst einsieht, wen er mit seinem Fortzug gekreuzigt hat!« Carolyne verfaßte für die Brendelsche Zeitung ein Pamphlet gegen Brahms, das ebenso banal war wie der »Echo«-Artikel der Anti-Lisztianer. Bülow verhielt sich in der Fehde neutral. Als er später daranging, Werke von Brahms aufzuführen, hatte Liszt bereits resigniert: »Laßt sie wühlen . . ., sie können keinen Schaden anrichten, denn unsere Sache hat sich durchgesetzt. Außerdem bin ich zu müde, um meine Freunde zurechtzuweisen. Sie müssen wissen, welchen Göttern sie dienen . . .«

Aber bis zur Resignation war es ein weiter und beschwerlicher Weg. Als Bülow 1868 die großartig aufgenommene Uraufführung des »Deutschen Requiem« von Brahms im Bremer Dom zum Gegenstand eines Versöhnungsversuches zwischen Liszt und seinem Antipoden nahm, antwortete der Neudeutsche: »Sie können mir sagen, was Sie wollen: Man mag dieses Opus als ein Deutsches Requiem feiern ..., das Neudeutsche Requiem, dessen bin ich gewiß, wird von Wagner oder mir stammen!«

Als Liszt zum ersten Male Wagners »Parsifal« gehört hatte, sagte er zu Bülow: »Sie erinnern sich wohl eines Gespräches, das wir vor vielen Jahren hatten, als das Deutsche Requiem von Johannes Brahms uraufgeführt worden war. Ich machte Ihnen damals eine Prophezeiung und erklärte, Wagner oder ich würden das Neudeutsche Requiem komponieren. Mein Freund, ich sage Ihnen, es gibt dieses Neudeutsche Requiem. Wagner hat es geschaffen ..., und mit diesem ›Parsifal‹ ist das Pendel des Schicksals eindeutig für Wagner ausgeschlagen. Brahms hat Geltung erlangt, Wagner Unsterblichkeit!«

Bülow antwortete auf diese Erklärung Liszts ausweichend. In gewisser Weise stimmte er Liszt zu, aber sein Verhältnis zu Wagner war aus folgendem Anlaß gründlich gestört:

Bülow war 1851 nach Weimar gekommen. Wagner hatte die Verbindung zwischen Liszt und dem jungen Musiker hergestellt. Bülow wurde eingehenden Prüfungen unterzogen, und bereits am Tage, nachdem Liszt sich vergewissert hatte, daß dieser Junker aus Berlin ein wirkliches Talent war, konnte Meister Richard erfahren, daß man in der Altenburg-Villa entzückt über den Zuwachs war.

Liszt: »Er hat sich als eine genialische Begabung erwiesen, welche sich in jeder Hinsicht zu fördern lohnt!«

Carolyne: »Er befleißigt sich elegantester Umgangsformen und ist eine Zierde jedweden Salons und jedweder Gesellschaft. Seine Garderobe ist distinguiert und entbehrt nicht dieser oder jener Extravagance. Wir sind sehr zufrieden ...!«

Bülow studiert mit Eifer bei Liszt, der sehr bald in der Brendelschen Zeitung bekanntgeben kann, daß in Deutschland ein Meisterpianist heranwachse, den er, Liszt, schon heute als seinen legitimen Nachfolger ansehe. Empfehlungsschreiben tun das übrige, um Bülow in eine gebührende Stellung hineinzumanövrieren. Er wird Professor am Sternschen Konservatorium in Berlin. Bülow führt in der Preußen-Metropole ein großes Haus. Seine Mutter steht dem Ganzen vor: eine gebildete, agile Dame, an die sich Carolyne erinnert, als sie daran denkt, Liszts Töchter Blandine und Cosima in Deutschland erziehen zu lassen. In Weimar kann man die nahezu erwachsenen Töchter ihres Geliebten schwer unterbringen. Die Großherzogin rät ab. Das Gerede möchte überhandnehmen ...

Liszt ist vom Plan der Fürstin, die Töchter der Mutter von Bülows anzuvertrauen, hingerissen. Er redet Carolyne nach dem Munde und ruft aus: »Endlich werden sie dem Sündenpfuhl Paris entkommen!«

Nun geht es der Fürstin weniger darum, daß Blandine und Cosima der Pariser Atmosphäre entrückt werden. Sie möchte vielmehr, daß Marie d'Agoult den Einfluß auf ihre Töchter verliert. Carolyne ärgert sich darüber, daß der schriftstellerische Ruhm der Gräfin wächst. Daniel Stern – wie sich Marie nennt – gehört inzwischen zur Hautevolee der französischen Künstler und wird von ihren Kritikern in einem Atemzuge mit George Sand genannt.

Carolyne: »Dieses bornierte Frauenzimmer ...! Wer weiß, wie ihr Ruhm zustande kommt! Man darf ihr alles zutrauen, alles! Es ist für den Ruf Liszts äußerst schadhaft, mit ihr in einem Atemzuge genannt zu werden. Er muß auf sich achten!«

Blandine und Cosima werden von Frau von Bülow äußerst freundlich aufgenommen. Sie befolgt alle Anweisungen Carolynes aufs peinlichste. Mit Museums- und Theaterbesuchen werden die beiden Fräulein überfüttert, so daß Cosima bereits nach vierzehn Tagen heftigsten Protest bei ihrem Vater anmeldet. Cosima ist es, die den Bülowschen Haushalt nach einem Monat völlig auf den Kopf gestellt hat.

Frau von Bülow beschwert sich bei Carolyne und Liszt: »Die Launen des Fräuleins müssen unbedingt abgestellt werden. Sie hat den Hang zur Tyrannis ... und verlangt, daß man ihr das Frühstück am Bette serviere!«

Liszt schreibt zurück: »Frühstück nicht am Bett. Sie kann aufstehen und soll sich vorher kalt waschen ...«

Cosima verschmäht für etliche Wochen das Petit déjeuner und kehrt Frau von Bülow den Rücken, wenn diese »erzieherisch« eingreifen will. Nachdem das Fräulein Madame Bülow an den Rand eines Nervenzusammenbruchs manövriert hat und diese beschließt, »das verrückte Stück dorthin zu expedieren, wo der Pfeffer wächst«, muß Hans von Bülow eingreifen, um die Ruhe in seinem Hause wiederherzustellen. Er will weder Liszt und die Fürstin verärgern, noch seiner Mutter wehtun. Er redet und redet auf Cosima ein, die sich zuerst trotzig und bockig all seinen Vorschlägen zur Güte widersetzt, dann aber doch gefügig wird, da sie mit dem Instinkt des Weibes registriert, daß Junker Hans ihr wesentlich mehr als väterlich geneigt ist. Hat er nicht beim letzten Rencontre verstohlen ihre Hand gedrückt, ihr dann sogar einen zaghaften Kuß auf die Stirn gehaucht? Ist er nicht errötet, als sie ihn gefragt hat, ob er eine Liebste besäße? Hat er nicht die Lider niedergeschlagen, als sie ihm beim Pianoforteunterricht »con fuoco« in die wasserblauen Augen starrte?

Cosima ist ein früh erwachtes Weib. Und da sie sich ihrer fraulichen Macht bewußt wird, die sie auf bestimmte Männer – vor allem Hans von Bülow! – ausüben kann, entwickelt sie sich zu einem überaus koketten Wesen. Es dauert nicht lange und Bülow brennt lichterloh.

Gelegentlich erkundigt sich Liszt nach den künstlerischen Fortschritten, die seine Töchter unter der Anleitung Bülows machen sollen.

Bülow: »Sie ersuchen mich, verehrter Meister, um Nachrichten über die beiden Fräulein Liszt. Bis jetzt wäre mir dies unmöglich gewesen, angesichts der Verwirrung, Bewunderung, ja Begeisterung, in die sie mich versetzten, vor allem die jüngere. Und was ihre musikalischen Fähigkeiten anbelangt – sie haben nicht Talent, sondern Genie! Gestern abend spielte Fräulein Blandine eine Sonate von Bach und Fräulein Cosima eine Sonate von Beethoven. Ich lasse sie auch von Orchesterwerken Bearbeitungen machen für Klavier zu vier Händen. Ich werde nie den herrlichen Abend vergessen, an dem ich ihnen immer wieder Ihren Psalm vorspielte. Die beiden Engel lagen wie auf Knien in Anbetung vor ihrem Vater. Sie verstanden Ihr Meisterwerk besser als jeder andere, und Sie haben in ihnen ein Publikum, das Ihnen die Natur geschenkt hat. Wie bewegt und gerührt war ich, als ich im Spiel Fräulein Cosimas den ipsissimum Liszt entdeckte ...«

Carolyne fragt hintenherum bei Frau von Bülow an, ob sich zwischen Junker Hans und Mademoiselle Cosima »Näheres« ergäbe. Frau von Bülow schreibt zurück, daß sie derlei Vermutungen habe, denn weder das betreffende Fräulein Liszt noch der Herr Sohn seien gegenwärtig bei gesegnetem Appetite, jedoch von »zager Scheu«, wenn sie einander begegneten. Auch habe sie Liebäugelchen und verstohlenes Händedrücken, ja sogar einen »flüchtigen und daher moralischen« Kuß beobachtet...

Carolyne berät sich mit Liszt. Beide sind der Meinung, daß Cosima eine gute Wahl treffen würde, entschiede sie sich für Hans von Bülow. Liszt reist nach Berlin. Er tut sehr verblüfft, als ihm der Junker eröffnet, er habe sich »im stillen« mit Cosima verlobt. Liszt erbittet Bedenkzeit, beobachtet schmunzelnd das junge Paar, das sich vier Tage gedulden muß und nicht weiß, ob es den Segen des Meisters und Vaters erhalten wird. Liszt ist nun endlich bereit, seine Zustimmung zu verkünden. Er will es feierlich nach einem Lunch bei Sekt und Chablis tun..., da kommt ihm justament an diesem Morgen Cosima zuvor. Sie kann die Zeit nicht mehr abwarten und findet es scheußlich, daß sie und ihr Hans von dem Vater so auf die Folter gespannt werden. In Gegenwart von Mutter von Bülow und ihrem Verlobten schleudert sie ihrem Erzeuger entgegen, er sei ein Erzgauner und alles andere als ein Kavalier und »wahrer Mensch«. Sie kümmere sich jetzt nicht mehr um die Antwort Liszts, sondern berate mit ihrem Hans ohne des Vaters Zutun Datum und »Aktualitäten« der Hochzeit.

Liszt ist sprachlos, denn soviel Courage hat er seiner Tochter nicht zugetraut. Frau von Bülow fällt, »wie es sich gehört«, in Ohnmacht, Junker Hans macht seiner Verlobten Vorwürfe. Doch die reagiert einfach so: »Willst du mich oder nicht...?«

Bülow haucht: »Ja...!«

Darauf Cosima: »So sei es!« Und auf Liszt weisend: »Er kann uns den Schleppträger machen!«

Nun, dazu kommt es nicht. Am Abend ist man längst wieder ausgesöhnt. Vater Liszt trägt seiner Tochter nichts nach, und sie – eitel Sonnenschein und Wohlwollen und

Zärtlichkeit – versteht es, ihm eine ansehnliche Aussteuer abzuringen.

Carolyne erhält einen Brief von ihrem Ewig-Franz, in dem es heißt, daß alle »Geschäfte« zu Berlin harmonisch und »hübsch freundlich« abgewickelt worden seien.

Mutter Liszt wird mit einer offiziellen Verlobungsankündigung überrascht und gebeten, zwölf Bestecke, die ihr Meister Franz irgendeinmal aus Budapest mitgebracht hat, bei dem jungen Paar »in Vollständigkeit abzuliefern«. Sie gehorcht, bemerkt jedoch, daß man ihr gegenüber wohl einen freundlicheren Ton finden könne: »... nicht so direct und trostlos in den Befehlen, daß man darob sehr erschreckt und denkt, daß man eines Köhlers Weib ist und nicht die Mutter von Franz Liszt!«

Marie d'Agoult, die Mutter der jungen Braut, wird erst sechs Wochen später verständigt. Marie Daniel d'Agoult-Stern beglückwünscht ihre Tochter und übersendet ihr Tischwäsche, einen Scheck, ein paar Diamanten-Manschettenknöpfe für den Bräutigam und die mütterliche Ermahnung, sich vor der Fürstin und Liszt in acht zu nehmen.

Marie: »Die beiden sind wie gefräßige Geier geworden. Sobald sie den ehrenwerten Namen d'Agoult vernehmen, riechen sie Aas. Bedenke, daß du meine Tochter bist und eigentlich diesen Namen, jedenfalls aber mein Blut trägst ...«

Am 14. August 1857 heiratet Cosima Hans von Bülow. Blandine reicht im gleichen Jahr noch dem französischen Diplomaten Emile Ollivier die Hand. Sie wird bald Frau Minister, Exzellenz, werden und die Ehre haben, an der Tafel Napoleons III. zu speisen. Die Ehe Cosimas mit Hans von Bülow scheint glücklich zu sein. Liszts Tochter hat eine poetische Ader. Korrespondiert sie mit ihrem Vater, beschreibt sie ihr Glück und ihre neue Umgebung mit soviel

Phantasie, daß selbst Liszt eingestehen muß: Soviel Harmonie und Wonnen gibt es nicht einmal in einem Roman! Je blumenreicher und exaltierter Cosima schreibt, desto schlechter geht ihre Ehe, die zwar mit zwei Töchtern (Daniela und Blandine) gesegnet wird, aber im großen und ganzen für sie kein »Hort der Zufriedenstellung für Leib und Seele« wird.

Bülow ist ein Hypochonder, leidet oft an Migräne und Heuschnupfen. Er ist begabt, aber kein Genie. Cosima bedrückt es, daß ihr Gatte »in keinem Atemzuge« mit Franz Liszt verglichen werden kann. Sie hat sich einen Titan erträumt, einen Beherrscher der musikalischen Welt ... und einen labilen, wenig aufregenden Mann bekommen.

Sie wußte, daß er, Bülow, ein genialischer Nachschöpfer war; mehr aber auch nicht. Sie erhoffte, daß er auch als Komponist Furore machen würde, doch seine Werke blieben blasse, unausgegorene Produkte, die man sehr bald nach der Uraufführung wieder vergaß. Das schmerzte Cosima, denn sie hätte zu gern ihren Mann auf eine Stufe mit Liszt gestellt. Sie war ehrgeizig und, wenn es um Beurteilungen in der Kunst ging, oft sogar despotisch. Sie scheute sich nicht, Brahms in aller Öffentlichkeit einen »armseligen Kadaver« zu nennen und Bülow eine »königliche Mimose, dazu geschaffen, den Busen der Frau Musica an augenfälligster Stelle zu zieren«.

Ihr Eintreten für die Sache Richard Wagners verleiht ihr sogar heldische Züge. Sie setzte sich über sämtliche Tabus hinweg, um ihrem zweiten Ehemann die Wege zu ebnen. Sie war bereit, für ihn zu lügen, einen König zu täuschen und einen Meineid auf sich zu nehmen. Und sie war bereit, ihren Vater und seine Kunst herabzuwürdigen, ihn der Lächerlichkeit preiszugeben und sein Testament umzuwerfen.

Als sie Wagner kennen- und liebengelernt hatte (»Der 28. November 1863 war der Tag, an dem wir uns fanden und verbanden«, Cosima), begann das Verhängnis, das den Liszt-Kreis auseinanderbrach und die Fronten so verhärtete, daß sie bis zum Tode der Betreffenden starr und undurchlässig blieben. Bülow sah sich von seiner Frau und dem besten Freund, also Richard Wagner, schmählich verraten. Er glaubte, Liszt und Carolyne hätten die heimlichen Beziehungen zwischen Cosima und dem mit der ehemaligen Schauspielerin Minna Planer verheirateten Komponisten geduldet und sogar gefördert.

Die Fürstin und Liszt müssen harte Rügen von Bülow einstecken, der erst viele Jahre später einsieht, daß er den »Altenburgern« unrecht getan hat.

Wagner fällt – aber nur zeitweilig – bei seinem König in Ungnade, zieht sich nunmehr den »vollständigen« Haß der Fürstin zu und muß von Liszt hören, daß er zwar ein Genie sei, aber eines, das vor Betrug und Dieberei nicht zurückschrecke. Wagner antwortet postwendend, daß er »den hochgeehrten und über alle Maßen geliebten Freund und Meister« nicht begreife. Durch die Blume weist er auf Liszts Verhältnis mit Marie d'Agoult und Carolyne hin und erklärt, daß er im Hinblick auf Cosima von Bülow doch sehr viel »argloser« verfahre als Liszt mit seinen Frauen. Diese Eröffnung nimmt Liszt dem Freund übel. Er beschließt, sich von Wagner zunächst einmal abzuwenden, was ihm allerdings schwerfällt, denn die nächsten Jahre bringen die Uraufführungen des »Tristan« (1865) und der »Meistersinger von Nürnberg« (1868), und es gibt wohl keinen aufrichtigeren und kenntnisreicheren Bewunderer dieser Stücke als Franz Liszt. Zwar ist er Wagner gram, doch er muß ihm Mitteilung von dem Entzücken machen, das diese Werke in ihm hervorgerufen haben. Sein

Herz ist bis zum Bersten erfüllt von Zuneigung und Respekt, von Liebe und Jubel für den ihn allein seligmachenden Richard Wagner, so daß er vergehen würde, könnte er dem »Allergrößten«, dem »Glorreichen« und »Einzigartigen« nicht von diesem Zustand der Sählde Kenntnis geben.

Nach dem »Tristan« schon hat Liszt alle »Schandtaten« (Carolyne) vergessen, zu denen der Freund in den verflossenen Jahren bereit war.

Liszt muß seine Jubelstimmung um Wagners Erfolge und Werke vor der Fürstin verbergen, die den »Scheinheiling« beschimpft und heruntermacht, wenn es dazu auch nur den geringsten Anlaß gibt. Und ebenso heruntergeputzt wird Cosima, die »der Welt und ihrer Familie« die »in der Geschichte einzig dastehende Schande« antut und Wagner am 25. August 1870, dem Geburtstag Ludwigs II. von Bayern, heiratet, nachdem sie Bülow zu einer »unordentlichen« Scheidung gezwungen hatte.

Carolyne: »Es war nun mittlerweile auch noch ein Knabe geboren ... Das war zuviel. Bülow war durch dererlei Schachzüge gezwungen, die Scheidung einzureichen. Auch so kann man es machen ...!«

Liszt war durch die privaten Ereignisse (auch Carolynens Scheidung von dem Fürsten Sayn-Wittgenstein zog sich hin, und es war nicht abzusehen, wie die Sache überhaupt enden würde) zeitweilig äußerst gehemmt. Er litt an Nervosität, Fieberanfällen, Magenverstimmungen und Nierenkoliken. Um dem Unangenehmen im Zusammenleben mit der Sippe zu entgehen, stürzte er sich mit einem geradezu abenteuerlichen Eifer in die Arbeit. Er stand in einem Jahr mehr als 140mal am Opernpult, bereitete ein Konzert nach dem anderen vor, schrieb Essays und Analysen ... und komponierte.

Auf seinem Nachttischchen in der Altenburg lagen Goethes »Faust«, Dantes »Göttliche Komödie« und ein Brevier. Aus diesen Büchern schöpfte er die Kraft für die wichtigsten Werke in der zweiten Hälfte seines Lebens: die Faust-Sinfonie, die Sinfonie zu Dantes »Divina Commedia« und die Oratorien »Die heilige Elisabeth« und »Christus«.

Die Faust-Sinfonie wurde im Jahre 1855 komponiert und zwei Jahre später in Weimar uraufgeführt. Liszt hat die drei Sätze mit »Charakterbilder« überschrieben, denn in jedem Teil stellt er eine der Hauptfiguren des Goetheschen »Faust« vor.

Diese Sinfonie weicht in Form und Aussage von den klassischen Vorbildern ab und ist eigentlich den Sinfonischen Dichtungen eher zuzuordnen als der symphonischen Produktion jener Zeit, die versuchte, Beethoven fortzuführen, nachzuahmen oder zumindest ihm nachzustreben. Liszt zeichnet in seiner Sinfonie nicht etwa die Handlung nach, sondern er greift bestimmte Eigenschaften der Typen heraus, erfindet für sie Motive und Themen und verwebt sie miteinander.

Der erste Satz deutet uns den Charakter Fausts. Liszt hat vier Themen erfunden. Er zeigt den Magister als grüblerischen Menschen, der versucht, seinem Dasein einen Sinn zu geben, er zeigt ihn als Willensmenschen, als Liebhaber und als Menschen der Tat. Leitmotivisch tauchen diese Themen auch in den beiden anderen Sätzen auf. Liszt hat sich einst über diesen Satz seiner Sinfonie mit einem Goethezitat ausgelassen. Alexander Ritter hatte ihm geschrieben, was er, Liszt, unter dem harmonischen Prinzip verstehe, nach welchem Faust angetreten sei.

Darauf Liszt: »Sie können es bei Goethe lesen. Es ist jene Harmonie, die auch ich in jenem großen Organismus Natur sehe, in dem eine schöne Harmonie aus Macht und Schranken, Willkür und Gesetz, Freiheit und Maß, beweglicher Ordnung, Vorzug und Mangel herrscht.«

Der zweite Satz ist Gretchen gewidmet. Für sie hat Liszt eine sehr schlichte Weise erfunden, die von einer Bratschenbegleitung umrankt wird. Sie gleicht in mancherlei Hinsicht dem Liebesthema Fausts, mit dem sie im Mittelteil innig verschmilzt.

Mephisto treibt sein Spiel im dritten Satz der Faust-Sinfonie. Sein Auftreten wirkt bizarr und dämonisch. Für ihn hat Liszt kein neues Thema erdacht. Er benutzt vielmehr die vier Faustthemen, die er geschickt verzerrt und auseinanderreißt und so zu einem neuen Effekt wieder zusammenfügt. Der Dämonie Mephistos ist ein Ende gesetzt, wenn mit Gretchens Thema die Macht des Bösen besiegt wird. Fromme Orgelklänge ertönen, ein Männerchor singt: »Alles Vergängliche ist nur ein Gleichnis« und ein Tenor übertönt diese Weisheit mit einer anderen, die da besagt: »Das ewig Weibliche zieht uns hinan!«

Wenn die Faust-Sinfonie, wie die meisten Orchesterwerke Liszts, heute auch nur noch musikhistorisch interessant ist, so muß man ihr dennoch den Rang beimessen, den ihr bereits die ersten Kritiker zuwiesen: Sie ist neben der Dante-Sinfonie Liszts Hauptwerk aus dem orchestralen Genre.

Wagner behauptete, daß mit ihr ein »kongenialer Wurf« zu Goethes Wortschöpfung entstanden sei, Felix Draeseke pries sie überschwenglich als »Beethovens Neunte Symphonie bei weitem an Einfall und Ausführung überragend«. Selbst Hanslick, der Begeiferer aller Arbeiten Liszts, konnte ihr »einen gewissen eigentümlichen Rang« nicht absprechen. Er fand sie jedenfalls »ausdrucksvoller und inhaltsschwerer« als die Dante-Sinfonie, die ihm in ihrer »marternden Chromatik« wie ein »sodomitisches Spektakel« vorkam.

Liszt komponierte sie ein Jahr nach der Beendigung der Faust-Sinfonie, also 1856. Sie wurde ebenfalls 1857 in Weimar uraufgeführt. Die Dante-Sinfonie besteht aus zwei Sätzen, Inferno und Purgatorio betitelt. Er hatte noch einen dritten Satz geplant, in dem die Freuden des Paradieses beschrieben werden sollten. Aber er fand keinen Mut dazu, diesen Satz, den er bereits skizziert hatte, zu vollenden. Er verfügte jedoch, daß man bei einer Aufführung sein Magnificat für Chor und Orchester als Ergänzung spielen solle.

Liszt: »So ist dem Ganzen die rechte Weihe zuerteilt, denn weihevoll soll das Ganze enden ...«

Dem Inferno, also dem ersten Satz ist eingangs das Motto mitgegeben: Per me si va nella città dolente, was verdolmetscht heißt: Durch mich gelangt man in die Stadt der Schmerzen ... Schauerlich ernst kommt dieses Thema durch Posaunen und tiefe Streicher zur Wirkung. Es folgen ein rasender Paukenwirbel und ein heftiger Tamtamschlag. Das Ganze wiederholt sich zweimal in den höheren Lagen, dann erdröhnen die Trompeten und Hörner nach dem Leitsatz: Laßt alle Hoffnung fahren, ihr, die ihr eintretet!

Die Pforten der Hölle öffnen sich: Liszt wendet alle Mittel einer ins maßlose gesteigerten Harmonik und Dynamik an. Chromatische Gänge jagen einander, es gibt alterierte Akkorde, gänzlich ungewohnte Instrumentationseffekte. Liszt will die Schreie der Gemarterten, die Todesseufzer, kurzum: alle Schrecken des Infernos vorführen.

In dieses Chaos hineingezogen wird das Liebespaar Paolo und Francesca da Rimini. Sie sind zu ewiger Verdammnis verurteilt. Doch stärker als alle Qualen und Schrecken ist die Liebe, die alles überwindet. In der Hölle erleben

Paolo und Francesca die Gnade und die Freuden einer solchen Liebe. Mitten in das Dröhnen und Tosen des entfesselten Orchesters tritt eine neue Idee, treten zarte, von Harfen, Holzbläsern und Celli angestimmte Themen hervor, die sich allmählich Bahn brechen und die Greuelklänge verdrängen.

Doch Paolos und Francescas Glück ist nicht von Dauer. Schon überfluten erneut die Wogen des Verderbens die glückliche Szenerie. Alles versinkt im Abgrund.

Auf dem »Berg der Läuterung« haben sich die Seelen versammelt, die der Reinigung »für ewige Zeiten« zustreben. Weihevoll ist die Stimmung, die uns im »Purgatorio« entgegentritt. Liszt erfindet weitschweifige, oft an Kirchenmusik gemahnende Themen, die in ein »Lamentoso« münden, das die Läuterung der Seelen veranschaulichen soll. In die »Gefilde der Seeligen« führt der Beschluß des »Purgatorio«. Das »Magnificat« krönt mit einem jubelnden Halleluja die Lobpreisung Gottes, durch dessen »ewige Liebe« die Erlösung von allen Übeln der Welt möglich wird.

Mit der Dante-Sinfonie leitet Liszt zu dem musikalischen Genre über, das die letzten Jahrzehnte seines Lebens und seiner Arbeit bestimmen sollte: zur Kirchenmusik.

Was die Kritiker an beiden Werken, der Faust- und der Dante-Sinfonie, zu bemängeln hatten, war deren Länge.

»Bei aller Genialität«, schrieb Felix Draeseke, »es wäre gut, wenn das Inferno reichlich abgekürzt werden könnte. Es ist furchtbar, einer so ausgiebigen Agonie beizuwohnen. Ich kann verstehen, daß manche Zuhörer diesem ewigen Sterben ausrückten ...« Brahms hatte sich die Faust-Sinfonie bei einer Wiederholung angehört. Sein Urteil: »Dieses Stück kommt mir vor, als hätte man Goethes Opus unter ein Nudelholz gekriegt und es jahrelang plattgewalzt ...«

Berlioz riet seinem Freund dringend, eine Bearbeitung der beiden Sinfonien vorzunehmen. »Raffen und streichen Sie, mein Freund, damit wird der Geist dichter und die Sache verständlicher!« Aber Liszt hörte nicht auf ihn. Er ließ sich von Carolyne beeindrucken, die aller Kritik zum Trotz erklärte: »Es ist keine Note zuviel geschrieben worden. Die Nachwelt wird diese Werke begreifen. Sie sind das Genialischste, das seit Beethoven geschaffen wurde!«

Die Nachwelt begriff nicht. Sie kann nicht begreifen, denn das wirklich Genialische wird durch einen Ballast sondergleichen, durch eine Übersteigerung der orchestralen Mittel zugedeckt, die in der Musikgeschichte einmalig bleibt. »Gefühle erschlagen Gefühle, Gedanken werden durch Gedanken ad absurdum geführt«, schreibt Busoni.

Franz Brendel bewertet die beiden Sinfonien außerordentlich hoch. Sie seien nicht nur die Gipfelwerke im Schaffen von Franz Liszt, sondern auch in der Entwicklungsphase der Neudeutschen Schule, »die dann unmittelbar auf Wagner zuführt«.

Sardanapal

Carolyne hatte gerade ihre Robe de cour angelegt – Liszt harrte ihrer im Ankleidesalon –, als die Jungfer ein Billett hereinreichte. Graf Andrassy teilte der Frau Fürstin mit, in welchem Zeiserl augenblicklich die beste Zigeunerkapelle Wiens auftrete. Es handelte sich um das Etablissement einer gewissen Annamirl, in dem Boka Károly und seine Mannen gastierten. Carolyne gab der Jungfer Anweisung, in jener Amüsierkartause einen »verdeckten« Tisch reservieren zu lassen, an dem sie und Liszt nach dem Besuch der Kaiserlichen Hofoper Platz zu nehmen gedachten.

Die Gastronomin Annamirl schien eine Erstürmung ihres Etablissements zu erwarten, denn sie sperrte kurzerhand ihr Haus für »sämtliche ausweiligen Gäste«, nachdem sie erfahren hatte, welch illustres Paar bei ihr zu nachtmahlen gedachte. Unvorsichtigerweise plauderte ihr Kellner aus, wer der Anlaß der plötzlichen Absperrung war. Und so hatte sich bereits eine Stunde vor dem Eintreffen der Liszts eine so gewaltige Schar von Neugierigen vor dem Zeiserl angesammelt, daß die Polizei einschreiten mußte.

Die Fürstin und Liszt wurden mit Hochrufen empfangen. Kaum hatten sie die Schwelle zu Annamirls Lokal überschritten, da begannen Boka Károly und seine Mannen mit einer wilden Horra, die Liszt so mitriß und ergriff, daß er Carolyne um die Taille packte und mit ihr »ungeniert und sans façon« durch den Raum walzte. Die Zigeuner begrüßten ihren »Bruder« mit lauten Eljen-Rufen.

Dann trat der Vizeprimas hervor, verbeugte sich und hielt eine Ansprache. Liszt hatte ihn sogleich wiedererkannt: Es war Józsy, der Zigeunerknabe von einst, den ihm Teléky ins Haus gebracht hatte. Der »Sohn der Wildnis« und Liszt umarmten einander ungestüm, und auch Carolyne bekam einige der feurigen Küsse ab, die Józsy als Ausdruck seiner ungebändigten Freude an alle Anwesenden verteilte.

Vier Stunden lang mußten Józsy und Boka Károlys Ensemble für die Fürstin und Liszt spielen. Es wurde getafelt und getanzt. Liszt brachte zwei Anregungen von diesem Abend mit nach Hause: Er hatte in einem Stück Józsys das Hauptthema für seine neunte Ungarische Rhapsodie gefunden, die er nach der Vollendung »Carneval de Pesth« nannte, und es war in ihm der Plan entstanden, der Zigeunermusik ein Buch zu widmen. Von letzterem war auch Carolyne beeindruckt, denn sie war »unter der Anleitung Ewig-Franzls« auf den Geschmack gekommen:

Die Fürstin: »Ich habe verstanden, was diese Musik bedeutet . . ., sie ist ein sehr natürlicher und erquickender Born. Es gibt wohl an wirklicher Kunst und an urtümlicherer nichts dergleichen in dieser Welt. Die Cygans dürfen von sich sagen, die Musik aus ihren eigentlichen Ursprüngen überliefert zu haben.«

In diesem Stil wird das vierhundertundfünfzig Seiten umfassende Buch Liszts über die Zigeunermusik abgefaßt. Es liegt auf der Hand, daß Carolyne die meisten Kapitel zusammenstoppelte. Vieles geriet unordentlich, unverständlich, unlogisch. Kein Wunder, daß die ersten Rezensenten nach der Lektüre »äußerst peinlich berührt« waren. Der Geiger Eduard Reményi, für den Liszt ein Violinkonzert schreiben wollte (er kam über wenige Skizzen nie hinaus), riet Liszt, die Auflage des Buches einstampfen zu lassen. In der Altenburg war man über einen solchen Vorschlag zutiefst entrüstet.

»Aus den Worten Reményis spricht der pure Neid!« erklärte Carolyne gereizt. »Die Absage dieses Trottels geht in erster Linie gegen mich!«

Liszt hatte tagelang damit zu tun, die Fürstin wieder zu besänftigen und sie davon zu überzeugen, daß ihre schriftstellerischen Qualitäten über jeden Zweifel erhaben waren.

Er selber fand das Buch »allumfassend und einmalig tiefschürfend«. Ähnliche Vokabeln hatte er gebraucht, als seine Schrift über Chopin erschienen war, die vor allem in der französischen Presse heruntergemacht worden war. Cornelius gegenüber erklärte Liszt, die Menschen seiner Zeit verstünden weder seine Musik »in letzter Konsequenz« noch seine Schriften, »die man eines Tages wie die Schriften des Neuen Testamentes lesen wird!«. Liszt überschätzte sich; beziehungsweise: er wollte vor Carolyne nicht den Eindruck erwecken, auch Dilettantisches produziert zu haben, zumal sie ja ihren Anteil an diesen Schöpfungen hatte.

Reményi erfuhr von den Tiraden Carolynens über ihn. Er beschloß, die Liszts »stiefmütterlich-übersehend« zu behandeln. Später war er ein erklärter Brahms-Freund und hat in Gemeinschaft mit diesem nicht wenige Briefe und Artikel verfaßt, die Liszt und seine Anhänger tief verletzen mußten.

Liszt übersah, daß er gerade von Reményi außerordentlich hätte profitieren können. Der Geiger hatte sich von frühester Kindheit an mit der Musik der Zigeuner befaßt und war ein ausgezeichneter Techniker. Brahms ließ sich von ihm sogar Notationsprobleme lösen, als er daranging, auf seine Weise ungarische Musik zu produzieren.

Liszt war der Meinung, daß Künstler wie Reményi die »Cygan-Musik« bereits durch »affectirte Hinzutaten« verfälschten. Józsy war der Quell, aus dem er schöpfen konnte. Und als ihm der Wildling, inzwischen von der Kultur beleckt, 1861 jenen Hymnus zusandte, der ihn, Liszt, als den Gipfel der Menschheit pries, war der Meister so aus dem Häuschen, daß er Andrassy und Teléky bat, man möge Józsy in den erblichen ungarischen Adelsstand versetzen.

Neben einem Handschreiben von Pius IX. und dem letzten Brief seiner Mutter hielt Liszt die Zeilen Józsys bis an sein Lebensende für das »Erhabenste, welches für mich aus einer Feder geflossen«.

Józsy: »Indem ich jetzt, wo ich bereits Familienvater bin, im Besitz eines ruhigen Gemüts und reinen Menschenverstandes mit Wehmut darauf denke, daß ich in meiner Jugend das Glück hatte, unter Euer Hochgeboren Schutze und Protektion stehend, in die große Welt eingeführt und in der Kunst ausgebildet zu werden, allein dies durch meine damals unverbesserliche Verdorbenheit und Fremdheit zu alles, was Edel, Erhaben und Kunst ist: Ihnen unmöglich geworden und Sie auf mein Eigenes und meines Bruders Ansuchen mich reichlich belohnt – als einen für die Kunst nicht mehr heranzubilden möglichen schlechten Zigeunerburschen wieder in meine Heimat entließen. Jetzt sehe ich ein, daß ich meine Zukunft – mit einem Worte – begraben habe. Dies ist aber schon unabänderlich!!! ... und bringe Ihnen untertänigst zur Kenntnis, daß ich hier in Debrezin in meiner Heimat als ordinärer Zigeuner in der Kapelle diene, unter meinen Genossen zwar, und auch vom Publikumme geachtet bin, weil ich meine Violine auch jetzt noch ziemlich spiele ... Auch habe ich eine hiesige Zigeunerin geheiratet und mit ihr im vorigen Jahre einen Sohn gewonnen, welchen ich auf den wertesten Namen Euer Hochgeboren – Ferencz – getauft, und ich war so frei, Euer Hochgeboren zum Gevatter zu wählen ...«

Und dann kommen die Worte, die für Liszt so schmeichelhaft waren, daß er Józsys Brief dem eines Papstes gleichsetzte: »... bin ich in der Gewißheit, daß Euer Gnaden die erste und beste Persönlichkeit unter dem Himmel ist, gleich nach Gott die würdigste und schönste, was allzeit zu loben ich geschworen, gleichwie ich das von Paris mitgenommene Portrait in Andacht betrachte wie das Bild Gottes ..., und es ist kein Bild, das diesem gleicht. Franz Liszt, die Sonne, die mir und der Welt leuchtet bis zum Jüngsten Tage ...! Eljen!!!«

Liszt schreibt, daß er diesen Brief nur an besonders geheiligten Festtagen hervorgeholt und gelesen habe, und dabei seien ihm stets »inbrünstige Zähren« aus den Augen hervorgebrochen.

Józsy war für ihn ein Gegenstand der Schwärmerei. Der Wilde war ihm in Erinnerung, wenn er sich niedersetzte, um an seinen fünfzehn Ungarischen Rhapsodien zu arbeiten, die »eigentlich dem Hübschen aus Debrezin gewidmet sind« (Cornelius).

Es gab Zeiten, da war Carolyne auf den »im Geiste so ungeheuerlich geliebten Cygan« eifersüchtig. Sie machte Liszt entsprechende Vorhaltungen.

In einem Brief heißt es: »Es ist ungut für Dein Seelenleben, wenn Du in einem Manne mehr siehst als nur ein Abbild gewisser Schönheit und Virtus ...!«

Liszt hatte sehr gelegentlich Neigungen, die ihn auf »Byronsche Fährte« brachten. Er war darin wie alle künstlerischen Menschen: um der Schönheit willen ist man gelegentlich bereit, das Maß der Schwärmerei für einen Geschlechtsgenossen zu übersteigern. Józsy erweckte in

Liszt gewiß nicht nur platonische Leidenschaften. Und wer die Briefstellen liest, in denen der Meister die körperlichen Vorzüge Joachim Raffs preist, der möchte ihm zumindest eine latente Homosexualität attestieren.

Es kam vor, daß seine Vertrauten ihn nach eifrigem Alkoholgenuß in winselndem Tonfall die Schönheit Byrons rühmen hörten. Cornelius, dem »griechischen Laster« ebenfalls ergeben, machte ihn gelegentlich auf solche »gesellschaftlichen Ausfälle« aufmerksam. Dann pflegte Liszt mit Terenz das Homo sum, humani nihil a me alienum puto zu sagen, und die Sache war für ihn abgetan.

Carolyne übersah die »romantischen Eventualien«, die Liszt – nach ihrer Meinung – aus der »Schule« der Sand und ihrer Kumpane mitgebracht hatte. Nur in einer Sache war sie streng und unerbittlich: daß Liszt nun auch noch eine Oper über einen Sodomiten schreiben wollte, hatte zu unterbleiben.

Seit einiger Zeit ging der Meister mit dem Plane schwanger, eine zweite Oper zu komponieren. Er hatte Lord Byrons Drama »Sardanapal« gelesen und in dieser Materie einen brauchbaren Opernstoff entdeckt. Er entwarf ein Szenarium, das auch von Meyerbeer hätte stammen können: Riesige Aufmärsche, Tempeltänze, Tierszenen, geschlossene Nummern, in denen Liebes- und Intrigenspiele abgewikkelt werden sollten.

Zum Schluß der Oper sollte ein riesiger Scheiterhaufen brennen, vor dem der Transvestit und Wollespinner Sardanapal sein Klagelied anzustimmen hatte. Er gab sich selbst den Tod, da sein Erzfeind Arbakes die Hauptstadt Ninive überfallen und die liebsten Sklaven des assyrischen Königs getötet hatte. Liszt hatte bereits mit der Komposition des gewaltigen Klageliedes begonnen, als Carolyne ihn inständig bat, den Plan fallenzulassen.

Liszt muß schwer mit sich gerungen haben, denn er versprach sich von seiner zweiten Oper sehr viel. Schließlich lag das Hauptgewicht seiner Tätigkeit in Weimar auf der Musikbühne, und der Hof hatte bereits mehrfach nachgefragt, ob denn nicht irgendwann eine Liszt-Oper dem Repertoire einverleibt würde.

Liszt war diesem Genre durchaus nicht abgeneigt, aber er war sich nicht schlüssig darüber, welchen Weg ein Opernkomponist seiner Zeit einzuschlagen hatte. Wagner befand sich erst auf dem Wege zur endgültigen Form seines Musikdramas; Meyerbeer arbeitete in ausgewalzten Formen; die italienische Oper, vertreten durch Verdi, hing allzusehr der Schablonenmanier der alten neapolitanischen Schule nach ...

»Berlioz ...! Ja, wie der Opern schreibt, so wollte ich es versuchen!« schreibt Liszt 1870. »Aber als ich Muße zu einem Werke hatte, waren ›Die Meistersinger‹ und vor allem mein ›Tristan‹ über die Bühnen gegangen. Da wußte ich, daß es den Opernkomponist Liszt nicht mehr zu geben brauchte!«

Der Plan zu »Sardanapal« wurde in einem Augenblick fallengelassen, da die Sterne für Liszt ohnehin äußerst ungünstig standen. Der Großherzog Karl Friedrich war 1853 gestorben, und Marie Paulowna, die große Gönnerin, folgte ihm wenig später. Der junge Großherzog aber, Karl Alexander, war auf die künstlerische Linie Dingelstedts eingeschworen, der sehr bald zum Generaldirektor des Theaterwesens im Großherzogtum ernannt wurde. Damit war Liszt in seiner Position degradiert. Und es dauerte keine zwei Monate, bis das Budget der Oper und der Hofkonzerte so gekürzt wurde, daß Liszt sich außerstande sah, über den Rahmen von Mozart-Besetzungen hinauszugehen.

An Uraufführungen war überhaupt nicht mehr zu denken, und gerade in diese Richtung zielten die Bemühungen Liszts, der Weimar zu einer Keimstätte der neuen Musik machen wollte. Nur noch zu einer musikalischen Großtat schwang sich Liszt auf: Er brachte am 18. Dezember 1858 den »Barbier von Bagdad« seines Schülers und Sekretärs Peter Cornelius heraus. Das romantischste aller deutschen Opernwerke wurde ausgebuht und ausgezischt. Liszt wertete die Absage des Publikums an dieses genialische Werk als einen persönlichen Affront. Er reichte seine Demission ein, die ihm von Karl Alexander sofort gewährt wurde.

Nicht einmal die in Aussicht gestellte Uraufführung des »Ring des Nibelungen« von Wagner konnte den jungen Großherzog bewegen, sich für seine Musikbühne und für Liszt zu engagieren, der in der Inszenierung und Bewältigung der gewaltigen Tetralogie das Ziel seines planerischen und dirigentischen Wirkens sah.

Liszt: »Es ist meine Pflicht, hoher Herr, Ihre Aufmerksamkeit neuerlich auf eine große Sache zu lenken, und ich trete in sie ohne lange Vorrede. Dem Schutze, den Eure Königliche Hoheit den schönen Künsten gewährt haben, zu Nutzen und Ehren, und wegen der Ehre, der erste Förderer zu sein, und in dieser Voraussicht, wage ich im Interesse Weimars, Ihnen diese Sache vorzulegen, denn, sofern es möglich ist, erscheint es mir nicht nur zweckmäßig, sondern notwendig und sogar unerläßlich, daß die Erstaufführung von Wagners ›Nibelungen‹ in Weimar stattfinde. Es ist gewiß nicht einfach oder leicht; besondere Maßnahmen müßten getroffen werden – zum Beispiel die Errichtung eines besonderen Theaters und das Engagement von Künstlern, die den Intentionen Wagners genau entsprechen. Schwierigkeiten und Hindernisse werden sicher auftreten, aber meiner Meinung nach und alles in Betracht gezogen, sollte es genügen, daß Eure Königliche Hoheit ernstlich wünschen, daß es geschehe, und jene Dinge werden von sich aus vollendet werden. Das Werk Wagners, das zur Hälfte bereits fertig ist und das in zwei Jahren vollendet sein wird, wird diese Epoche als der monumentale Gipfel zeitgenössischer Kunst überragen; es ist unerhört, wunderbar, großartig. Wie sehr ist es zu bedauern, daß die bösen Kräfte der Mittelmäßigkeit, die in gewissen Bereichen herrschen und regieren, es verhindern sollten, zu leuchten und der ganzen Welt Licht zu spenden!«

Karl Alexander erkannte sogleich, daß sein Theaterdirektor Dingelstedt zu den »bösen Kräften der Mittelmäßigkeit« hinzugezählt werden sollte, und das ging ihm »wider die Planung und Zukünftigkeit«, von der er bei seiner Inthronisierung gesprochen hatte. »Dingelstedt weiß vom Theater mehr als der liebe Gott und das ganze Weltall!« hatte der neue Großherzog verkündet. Da galten die Ansichten des Herrn Liszt nichts mehr. »Was hat die Welt von vier so ausgedehnten, langweiligen Opern des Herrn Wagner, der mir überdies ein Dorn im Auge ist, weil er sich so ungesellschaftlich gibt«, erklärte Karl Alexander. Großherzogin Sophie, Liszts Schülerin, mußte klein beigeben. Sie spielte eine unscheinbare Rolle neben dem cholerischen Fürsten, der von seinem Absolutheitsanspruch so besessen war, daß Dingelstedt ihn in einem Privatbrief als »wandelnden Anachronismus« bezeichnete. Und das zeigt viel, denn Karl Alexander ließ ihm in seinem künstlerischen Handlungsbereich doch jede Freiheit und deckte sogar einen Finanzskandal, den Dingelstedt durch Wechselfälschung ausgelöst hatte.

Der junge Großherzog nahm die Demission Liszts auch noch aus einem anderen Grunde sofort an: Seit einiger Zeit bemühte sich der russische Hof, Carolyne gefügig zu machen und sie zu bewegen, einen Vergleich mit dem Fürsten

Sayn-Wittgenstein einzugehen, der ihr zwar die erwünschte Freiheit, jedoch gewaltige materielle Einbußen erbracht hätte. Der russische Gesandte in Weimar hatte erklärt, daß der Zar bereit sei, »mit Weimar abzubrechen«, wenn es dem Großherzog nicht gelänge, die Fürstin zu dem von der Regierung und ihrem Gatten erwünschten Vorschlag umzustimmen.

Karl Alexander hatte verschiedene Versuche unternommen, aber Carolyne hatte ihm jeweils ablehnenden Bescheid getan. Ja, sie war sogar soweit gegangen, daß sie den Großherzog auslachte und ihn vor dem Stab der Großherzogin brüskierte. Der beleidigte Fürst sann darauf, wie er die »Altenburgische« abschieben könnte, um sich keinem Konflikt mit der russischen Verwandtschaft aussetzen zu müssen. Liszts Demission kam ihm gerade recht. »Ich wünschte, sie wären so eiligst verschwunden wie ein Gewitter im Mai, das kommt und geht ..., und wenn es kommt, dann fühlt und sieht man schon, wie es wieder gehen will!« Dingelstedt fügte diesem Ausruf seines Fürsten hinzu: »Wir können sagen, Königliche Hoheit, daß dieses Gewitter nicht einen einzigen Blitz hat einschlagen lassen, der so gewichtig war, daß künftige Geschlechter von diesem Ereignis künden werden!«

Liszt verließ die Altenburg und Weimar. Zehn Jahre hindurch hatte er versucht, diesen Ort zu einem »Olymp der neuen Zeit« zu machen. Es war ihm nicht gelungen.

An seine Schülerin und Vertraute Agnes Klindworth schreibt er: »Wenn ich, als ich mich hier 1848 niederließ, mich mehr an die Musik der Vergangenheit gehalten hätte, wenn ich ein Heuchler geworden wäre, wenn ich den Vorurteilen gehuldigt hätte, nichts wäre leichter für mich gewesen angesichts meiner früheren Verbindungen mit den ›Großen‹ dieser Kreise. Ich hätte gewiß an weltlichem

Ansehen und an Annehmlichkeiten des Lebens zugenommen; die gleichen Zeitungen, die über mich herfallen, hätten mich in den Himmel gehoben, ohne daß es mich viel Mühe gekostet hätte. Sie hätten mir gerne verziehen und meine Jugendsünden als unschuldig hingestellt, um mich zu erhöhen und in jeder Art als den Vorkämpfer der guten und gesunden Traditionen zu preisen, von den Zeiten Palestrinas bis herab zu Mendelssohn. Aber das konnte meine Aufgabe, mein Schicksal nicht sein: meine Überzeugungen waren zu aufrichtig, mein Glaube an die Gegenwart und Zukunft der Kunst zu sicher und glühend, um es mir möglich zu machen, mich den leeren Verdammungsformeln anzupassen, mit denen unsere Pseudoklassiker so gerne verkünden, daß die Kunst sich selbst aufgibt, daß alle Kunst tatsächlich verloren ist ... In der ganzen Zeit habe ich mir nie verhehlt, daß meine Position sehr schwierig war und meine Aufgabe höchst kühn, für viele Jahre lang zumindest. Wagner hatte so kühne Neuerungen eingeführt und so wunderbare Meisterwerke geschaffen, und so mußte meine größte Sorge sein, ihm auf deutschem Boden eine Pflanzstätte zu schaffen, zu einer Zeit, in der er aus diesem Lande verbannt war und alle kleinen Theater in Deutschland sich fürchteten, seinen Namen in ihre Programme aufzunehmen.

Vier oder fünf Jahre harter Arbeit waren für mich nötig für das, was hier trotz der begrenzten Mittel, die mir zur Verfügung standen, in dieser Beziehung geleistet wurde. Wien, Berlin, München und andere haben fünf Jahre lang tatsächlich nichts anderes getan, als das nachzumachen, was das kleine Weimar (wie sie es zuerst spöttisch nannten) ihnen zehn Jahre zuvor vorgemacht hatte.«

Liszt verließ Weimar mit Groll im Herzen. Carolyne

verglich den Auszug aus der Altenburg mit der Ausweisung Adams und Evas durch den Erzengel Gabriel.

Carolyne: »Gabriel aber hieß Karl Alexander und sein Luzifer war Franz von Dingelstedt!«

Der Abbé

Aus Weimar nimmt Liszt seine wichtigste Klavierkomposition überhaupt, die 1854 entstandene Sonate in h-moll, mit. Er hatte die »Aufforderung zum Stampfen und Pfeifen« (Otto Gumprecht) erstmals vor dem großherzoglichen Hofe gespielt, der die im Œuvre des Meisters vereinzelt dastehende Arbeit in Bausch und Bogen ablehnte. Auch die ersten Kritiker fielen über die Sonate her. »Die musikalische Böswilligkeit in Natur!« schrieb der Rezensent einer Leipziger Zeitung. »Das Formloseste, das es je gegeben hat!« hieß es im »Wiener Morgen«. Hanslick erklärte, nachdem er das Werk erstmals im Musikvereinssaal Wien gehört hatte, es handele sich um nichts anderes als um pompöse Rhetorik. Selbst Peter Cornelius machte Liszt Vorwürfe und bat den Meister, ihm darzulegen, warum die Diktion in ihren Bildwechseln oft quasi-improvisatorisch erscheine.

Vor allem die Form der Sonate wurde angegriffen. Ein einziger Satz, in dem das Streben nach äußerster Bravourentfaltung unverkennbar war ... Dies eine Sonate?

Liszt sah sich veranlaßt, der Sonate ein Programm beizugeben. Und das forderte die Gegner noch mehr heraus. Ein Werk, das aus sich heraus nicht mehr verständlich ist!

Gumprecht: »Liszt hat die Klaviermusik ad absurdum geführt. Alles Motivische und Thematische muß erst erklärt werden. Welch pathologische Signale ...!«

Hanslick: »Wem nichts mehr einfällt, der versucht, sein Weniges durch eine äußerst gekünstelte Aufmachung anzubieten. Ein paar Takte unmelodischster Genesis . . ., dann wird dieses bis zur Ewigkeit in den sonderbarsten Abwandlungen serviert, daß uns am Schlusse übel ist von den pausenlosen Übersteigerungen und Überlagerungen, die eine sogenannte Neudeutsche Schule als das Non-plus-ultra der heiligen Klavierkunst ausgibt. Welch eine Schande, vergleicht man dieses Machwerk mit der Sonate von Chopin, die zehn Jahre zuvor entstanden ist und ebenfalls in h-moll notiert wurde. Welch eine Melodienseligkeit! Welch eine Ökonomie! Welch ein Erfüllt-sein! Welch stürmisch-brillante Entwicklungen! Chopin – welch ein Genie! Und dagegen Liszt? Befremdlich das Ganze. Dieser Mensch sollte zum Schweigen gebracht werden!«

Liszt ließ sich nicht zum Schweigen bringen. »Ich kann mit wenigen Bausteinen ein musikalisches Gebäude errichten«, schrieb er an Carolyne. »Andere benötigen dazu das Tausendfache an Material. Ich sage, daß es in der Zukunft wenig Baustoffe geben wird und daß man ein guter Meister sein muß, um damit zurechtzukommen. Nicht in der Verschwendung liegt das Wesentliche, sondern in der Einschränkung auf das Wesentlichste. Eine Idee muß vorhanden sein, nicht eine Ballung von Pseudo-Ideen . . .«

Dennoch verdrossen ihn die schlechten Kritiken, die ihm seine Sonate einbrachte. Carolyne registriert, daß er mehr als sonst zum Cognac und zum Wein greift und Stunden hat, in denen er »vor Spiritus« (!) gänzlich abwesend ist. Gelegentlich muß der Meister einen Arzt konsultieren, da ihm die Leber schwillt und das Augenlicht »zitterig und dämonisch« wird.

Außerdem stellt Carolyne fest, daß Liszt die Bettfreuden nicht mehr nur mit ihr teilt. Mehrere Schülerinnen stehen in seiner Gunst. Die Fürstin macht ihm Vorwürfe. Liszt antwortet, daß er neue Inspirationen brauche und sich von der Wahnvorstellung befreien müsse, alt zu werden.

Carolyne verwandelt sich in eine unterwürfige Geliebte. Ein paar Wochen lang vermag sie ihren Franz damit zu fesseln, dann ist er dieses »Theaters« überdrüssig und kehrt in den Mußestunden zu seinen Schülerinnen zurück.

Carolyne hat zum ersten Male das Gefühl, daß ihr Liszt entgleiten könne. Sie beschließt, ihn mit diplomatischen Mitteln – wie sie es nennt – zu kurieren. Für etliche Zeit wird sie ihn verlassen. »Er soll schon nachkommen, der er weiß, daß er ohne mich nicht existieren kann!« schreibt sie an ihre Tochter, die seit kurzer Zeit mit dem Fürsten Constantin Hohenlohe verehelicht ist und in Wien lebt.

Es zeugt von der Gefühlskälte der Fürstin, wenn sie in diesem Brief am Schluß erklärt, Liszt sei nunmehr ohne jeden leiblichen Anhang (»bis auf diese exaltierte Person Cosima und die nicht zählende Frau Mutter, die in Paris noch immer Leben atmet«), da ihm Tochter Blandine und Sohn Daniel plötzlich und unerwartet hinweggestorben seien.

Carolyne: »Um Liszt herum muß alles tot sein, damit er begreift, was ich ihm bin!«

Sie hat bereits ihre Koffer gepackt, da trifft aus St. Petersburg ein Schreiben ein, daß der Scheidung von Fürst Wittgenstein nichts mehr im Wege stünde. Die Gerichte hätten weithin zugunsten der Fürstin entschieden. Die Gerichte haben entschieden! Nicht aber der Hof aller Reußen, der die Weimarer Fürstlichkeiten unter Druck setzt ...

Liszt wendet sich an den Bischof von Fulda, der seine Zustimmung zur kirchlichen Trauung geben muß. Binnen sechs Tagen ist die Antwort da. Der Bischof lehnt das Gesuch ab.

Jetzt will Carolyne ihre Sache in Rom höchstpersönlich

vertreten. Unverzüglich reist sie ab. Liszt soll, da er ja bei Hofe demissioniert hat, in wenigen Wochen folgen.

Er hält es in der Villa Altenburg allein nicht aus und begibt sich nach Paris, wo er – wie in früheren Zeiten – sehr bald Mittelpunkt der Gesellschaften ist.

Er besucht Gounod, trifft sich mit Baudelaire und Meyerbeer, ein paar Abende lang mit Wagner, der ebenfalls in der Seine-Metropole weilt, und mehrfach mit dem kränkelnden Berlioz. Liszt hat sich in Weimar und andernorts für die Werke des Freundes eingesetzt, doch Berlioz findet, daß nicht genug für ihn und seine Musik getan wird. Er schimpft auf Wagner, »dem Erzübel aller Kunst«, und bittet Liszt, sich für ihn bei Hofe zu verwenden.

Tatsächlich kommt Liszt dieser Bitte nach. Er ist mehrfach bei Kaiser Napoleon III. und der Kaiserin Eugénie zu Gast, die ihm pathetisch huldigen. Liszt ist in einer Phase, da er solche Lobhudeleien dringend benötigt, um sein seelisches Gleichgewicht wiederherzustellen. Wenn die schöne Eugénie von Teba neben ihm auf der Klavierbank sitzt und mit ihm die »Liebesträume« spielt, vergißt er für einen Augenblick, daß sie eine Kaiserin und er ein Komponist ist, dem man zwischen Elbe und Seine nicht gerade wohlwill.

Eugénie möchte ihn an ihren Hof binden. Ein hohes Amt wird in Aussicht gestellt, ein jährliches Einkommen, das dem eines Ministers gleichkommt, soll garantiert werden; aber Liszt lehnt ab. Für ihn gibt es nur einen Weg . . ., und der führt nach Rom. Carolyne hat ihm mitgeteilt, daß der Papst in ihrer Eheangelegenheit bemüht werde und daß Aussicht bestünde, die Scheidung schnellstens herbeizuführen, damit die kirchliche Trauung »noch in den nächsten Wochen« vollzogen werden könne. »Dieses zu erreichen ist mein höchstes Ziel, Majestät!« erklärt Liszt, als er sich von Kaiserin Eugénie verabschiedet. »Ich kann Sie gut verstehen, Meister«, antwortet die Monarchin, »denn das menschliche Glück steht in einer Zeit wie der unsrigen weit über dem Glück, das einem Äußerlichkeiten und Titel geben können.«

Auch Napoleon III. ist betrübt, daß Liszt nicht an seinem Hofe bleiben will. »Sie ziehen von dannen, mein Freund«, sagt der Kaiser, »und hätte ich nicht Offenbach, ich hätte überhaupt keine Kunst um mich herum. Ach, Liszt, was ist das ...? Es kommt mir vor, als sei ich hundert Jahre alt!«

Liszt macht eine tiefe Verbeugung und antwortet: »Sire, überdenken Sie das soeben Gesagte. Ich darf es anders formulieren: Sie, Sire, sind das Jahrhundert!«

Bevor Liszt nach Rom fährt, kehrt er noch einmal in die Altenburg zurück, um den Abtransport seines Meublements zu überwachen. Ganz zuletzt nimmt er das Testament aus dem Safe, das er bereits im Vorjahr aufgesetzt hat. Es enthält einen Hymnus auf Carolyne, mit der er sich am 22. Oktober – also an seinem fünfzigsten Geburtstag – in der Kirche San Carlo zu Rom vermählen will.

Liszt: »Alles, was ich in den letzten zwölf Jahren getan und gedacht habe, verdanke ich ihr, von der ich so glühend wünsche, sie bei dem teuren Namen meiner Gattin nennen zu dürfen ... Ich kann ihren Namen nicht niederschreiben, ohne daß meine Seele erbebt. Alle meine Freuden gehören ihr, und alle meine Leiden übergebe ich ihr, damit sie Beruhigung finden ...«

Die Kirche von San Carlo am Corso wird auf Veranlassung der Fürstin mit riesigen Blütenarrangements geschmückt. Mehr als dreitausend Kerzen sollen feierliches Licht spenden, wenn sie am Arm des Komponisten zum Hochaltar schreitet. Das Brautkleid ist aus weißer Seide. Mehr als achthundert Rubine und über tausend Diamanten von Erbsengröße sind zu den Stickereien verwendet worden, mit denen der Rock des Gewandes übersät ist. Das Hochzeitsdiadem wiegt an die zwei Pfund; die Schleppe soll von zwölf Pagen getragen werden.

Liszt hat sich für die ungarische Nationaltracht entschieden. Er wird die höchsten Orden tragen, die ihm verliehen worden sind, dazu den Ehrendegen der ungarischen Ritterschaft. Zwei magyarische Prinzen werden ihm assistieren, wenn Kardinal Hohenlohe die Einsegnung vornimmt.

Carolyne hat alles bis ins letzte Detail vorgeplant. Einhundertundzwanzig Gäste nehmen an dem Galadiner teil, zu dem eines der vornehmsten Hotels gemietet worden ist. Die Speisekarte nennt sechzehn Gerichte erlesenster Art...

Über all diese Köstlichkeiten und Aufwendigkeiten unterhalten sich die Brautleute am Abend vor der Trauung. Es ist spät geworden. Gemeinsam will man sich zum Nachtgebet auf einer Betbank niederlassen, da schellt es an der Tür.

Der Diener läßt einen Mönch ein. Carolyne muß nach einem Glaubersalz greifen, denn sie ist einer Ohnmacht nahe. Liszt bittet, der fremde Gast, der sich nicht vorstellen will, möge zu einem Erfrischungstrunk Platz nehmen. Der Mönch jedoch winkt ab und überreicht einen versiegelten Brief des Papstes. Die Hochzeit muß verschoben werden, da die Familie Sayn-Wittgenstein eine weitere Untersuchung des Scheidungsfalles verlangt. Das Paar ist wie versteinert.

Liszt hat begriffen: Er weiß, daß die Fürstin niemals seine rechtmäßige Gattin sein wird. Höhere Mächte haben ihre Hand im Spiel. Später glaubt sich Carolyne daran zu erinnern, Liszt habe nach der Lektüre des päpstlichen Schreibens ausgerufen: »Marie hat gesiegt!«

Nicht nur Liszt resigniert; auch Carolyne findet nicht mehr die Kraft, gegen die Wittgensteins und gegen die

Kurie, die offenbar mit dem Fürsten Nikolaus in St. Petersburg paktiert, vorzugehen. »Der Wunsch der alleinseligmachenden Kirche ist mir Gebot«, schreibt sie an ihre Tochter, die sehr darüber beglückt ist, daß ihre »Frau Mutter« eine Fürstin bleibt und nicht das Eheweib eines Künstlers geworden ist.

Tochter Marie und ihr Gatte Constantin von Hohenlohe dürften die Hochzeit Franz Liszts mit Carolyne hintertrieben haben. Kardinal Hohenlohe, ein naher Verwandter Constantins, schreibt, er habe nie daran gedacht, das Paar zu trauen. Und selbst der Blumenschmuck in San Carlo habe ihn nicht im geringsten gerührt. Erst die Mitteilung, daß Angehörige diverser Fürstenfamilien an der Trauungszeremonie teilnehmen würden, hätte ihn dazu veranlaßt, beim Heiligen Vater vorstellig zu werden, der dann die Entscheidung getroffen hätte, daß eine entsprechende Verbindung niemals zustande kommen dürfe ...

Adelheid von Schorn, Freundin Carolynes, faßt die Ereignisse in Rom so zusammen: »Die Fürstin hat es mir und anderen erzählt, mit dem Ausdruck der größten Wahrhaftigkeit und des größten Schmerzes, und ich fühle mich verpflichtet, es hier zu wiederholen: Liszt war in der Zeit, in der er von ihr getrennt war, gleichgültiger geworden, der Gedanke der rechtmäßigen Verbindung mit ihr war keine Notwendigkeit mehr. Das merkte sie ihm an, als er am 21. Oktober in Rom ankam; und bestätigt hat er es selbst, indem er nie wieder danach fragte, ob die Trauung zu ermöglichen sei oder nicht. Natürlich war er jeden Tag bereit, mit ihr vor den Altar zu treten, aber ihre weibliche Feinfühligkeit erkannte, daß es bei ihm nur noch eine Pflichterfüllung war. So hat auch sie nicht mehr davon gesprochen ..., sie hat das Ziel ihres Lebens zum Opfer gebracht.«

Carolyne ergeht sich von nun an in frommen Übungen. Kardinal Hohenlohe und sein Kollege Antonelli gehören zu den Gästen, die fast täglich in der Wohnung der Fürstin Visite machen. Mit ihnen kann sie stundenlang beten ... Und beide sind geduldige Zuhörer, wenn ihnen Carolyne aus ihren eigenen Werken vorliest. Mildtätig ist die Fürstin über alle Maßen. Hohenlohe und Antonelli schleppen ein Vermögen aus ihrem Hause, das sie wohltätigen Stiftungen und Privatsammlungen zuführen.

Mit den beiden Kardinälen überlegt sie die Zukunft Franz Liszts. Er soll Direktor der päpstlichen Kapelle werden. Man wird ihm die niederen Weihen erteilen, damit er nach dem vatikanischen Reglement dieses hohe Amt ausüben kann. Liszt ist einverstanden. Er wird Abbé; aber er wird es eigentlich umsonst, denn zu dem hohen Amt, das man ihm in Aussicht gestellt hat, wird er niemals berufen.

Hohenlohe gibt seinen frömmelnden Sermon zu der fatalen Geschichte: »Ihre Inspiration, die Gott Ihnen gegeben hat, wird die Seele und das Entzücken der Gläubigen sein, und eine mächtige Waffe, die verlorenen Kinder Unserer Heiligen Mutter Kirche zuzuführen ...«

Liszt hat eine kurze Zeit hindurch versucht, seine Inspiration eine solch mächtige Waffe sein zu lassen; doch sehr bald kehrte er zu der Ansicht zurück, die er einst vertreten hatte, als er – unter dem Einfluß Saint-Simons – schrieb: »Vom Künstler ist doch unmöglich das Gelübde der Enthaltsamkeit, der Armut und des Gehorsams zu verlangen ... zu verlangen, daß er der Liebe in irgendeiner ihrer Formen entsage, sei es der sinn- und der seelenbewegenden, der asketischen oder der mystischen!«

Carolyne gegenüber war er der zurückhaltende Abbé; doch die Welt kannte ihn anders. Viele menschliche Gründe waren im Spiel, als Liszt sich entschloß, die niedrigsten

Weihen zu empfangen. Er war es Carolyne schuldig, ihr vorzugaukeln, daß keine andere Frau eine Rolle in seinem weiteren Leben spielen würde. An eine Heirat war nicht zu denken, obwohl Fürst Nikolaus Wittgenstein 1864 gestorben war und einer Trauung nichts im Wege gestanden hätte. Liszt war ein zu guter Diplomat, um nicht berechnen zu können, was für ein Schaden ihm durch eine andere Bindung entstanden wäre. Carolyne hatte durch Hohenlohe und Antonelli die Macht, ihn im Bereich der katholischen Kirche unmöglich zu machen. Sein Ansehen als Komponist war nicht sehr gefestigt, als Virtuose hatte er längst ausgedient ... Die Maske des Abbés konnte ihn schützen. Und es war ja nur eine Maske, die man abnehmen konnte ... wo und wann man es wollte; ganz gewiß in den Armen der tolldreisten Olga Janina, die seit einiger Zeit seine Sinne aufpeitschte.

Römische Elegie

»In Franz Liszt ist der höchste Grad von schöpferischer Begabung erreicht, der in unserer Zeit zu erreichen ist. Ich will ihn sehen und segnen!« sagte Papst Pius IX. und machte sich mit seinem Privatsekretär und zwei Kardinälen auf den Weg, um den Komponisten in seiner Zelle des Klosters Madonna del Rosario auf dem Monte Mario zu besuchen.

Pater Lombroso hatte Wind von der Sache bekommen und dem Tondichter gemeldet, welch eine hohe Prozession sich vom Vatikan aufgemacht habe. »Ich war dem größten Elend nahe«, schreibt Liszt, »als mir der getreue Frater meldete, was mir geschehen sollte. So raffte ich mich denn auf, Ordnung zu schaffen ...« Lombroso half, denn die Zelle glich einem Hinterstübchen des Montmartre. Die Skulptur der Diana, die ihm Kaiserin Eugénie jüngst übersandt hatte, mußte in der Esse versteckt werden, denn es wäre nicht auszudenken gewesen, hätte Pio Nono sie in ihrer unanständigen Unverhülltheit zu Gesicht bekommen. Die Schriften Baudelaires verschwanden, das Bild Wagners mußte irgendwo ausgelagert werden. Unter das Bett kamen Partituren, die in einer Klosterzelle besser nicht aufbewahrt wurden: Liebeslieder von Berlioz.

Liszt hatte sich notdürftig angekleidet und die Zelle hergerichtet, als der Zeremonienmeister mit dem Abt des Klosters erschien, um den Heiligen Vater anzukündigen, der alsbald über die Schwelle des kargen Raumes schritt und einen demütig auf dem Boden liegenden Liszt vorfand.

Der neunte Pius hatte ein überaus romantisches Gemüt. Er kniete vor dem Komponisten nieder und säuselte: »Das Haupt der Kirche erhebt das Haupt der Musik!«

Liszt rührte sich nicht. Er wußte, wie er den Mastai-Ferretti-Papst erweichen konnte. Ein Schluchzen kam von den Lippen des Komponisten; sein Körper schien von Krämpfen der Rührung geschüttelt.

Pius schluchzte ebenfalls. Er lag jetzt vor Liszt auf der Erde und flüsterte ihm zu: »Der Leib der Kirche umfängt den Leib der Musik!« Gegenseitig zogen sich Liszt und der Papst in die Höhe. Beide stammelten unverständliche Worte; beide suchten krampfhaft nach Ausdrucksmöglichkeiten, um ihren Grad der Rührung zu demonstrieren.

»Günstling Gottes!« stammelte schließlich der Heilige Vater, »gib Uns denn eine Probe der göttlichen Wirksamkeit in deinem künstlerischen Tun. Verfüge dich ans Harmonium, mein Sohn Franz, und spiele, was dir dein Herz auftut.«

Liszt schritt zaghaft auf das Instrument zu, versank in tiefer Andacht, und während sich Pio Nono auf dem Mönchsbett niederließ, begann Liszt eine Fantasie über »Tu es Petrus« von Palestrina.

Nach einer Stunde erhob sich der Papst, segnete den Komponisten und befahl seinem Geheimschreiber, die »Stunde der Kunst« in den Annalen des Vatikans festzuhalten. »Siehe ...«, diktierte Pio Nono, »... Wir haben den Geist Gottes gespürt durch Unseren Bruder Franziskus, welcher da heißet Liszt und ist der größte Schöpfer der Töne nach den Vätern der Musik, die komponiert haben zum Ruhme des Heiligen Stuhles ...«

Nach diesem Besuch erhoffte Liszt für sich einen Gewinn: Doch weder Amt noch Dotation wurden ihm zugeteilt. Selbst Carolyne war darüber, daß nichts geschah, entrüstet. Sie machte Hohenlohe auf die Vernachlässigung ihres einstigen Geliebten aufmerksam. Der jedoch wußte nichts anderes zu vermelden als das: »Man wird bei dem allerhöchsten Besuch einen Fehler gemacht haben!« Welch ein Fehler es sein konnte, darauf kamen weder die Fürstin noch Liszt.

Bald nach dem Besuch des Papstes stellten sich bei Liszt heftige Magenbeschwerden ein. Seine Nervosität wuchs. Er verfiel zusehends, und als Hans von Bülow ihn bei der Tonkünstlerversammlung des Allgemeinen Deutschen Musikvereins in Karlsruhe begrüßte, war er über die Vergreisung des Meisters zutiefst erschrocken.

Liszts Gestalt wirkte dämonisch. Seine Gesichtshaut war verledert, tiefe Furchen lagen um Augen und Mund. Die Augen glühten wie im Fieber. Gregorovius schreibt: »Er ist ausgebrannt. Nur noch die Wände stehen von ihm, worin ein gespenstisches Flämmchen herumzüngelt . . .«

Bevor er im Palazzo Barberini am 21. April 1865 sein Abschiedskonzert gab, besuchte er die Altenburg, um sich noch einmal »an tausendfältigen Erinnerungen zu laben«. Er gedachte der ersten glücklichen Tage, die er mit Carolyne in diesen Mauern verbracht hatte und schrieb ihr: »Die Mauern weinen und klagen. Und ich weine und weine und weine noch, auf den Knien vor Dir, mein Engel!«

Wenige Tage nach dem letzten öffentlichen Konzert, das Liszt gab, empfing er die Weihen. Vor St. Peter hatte sich eine ungeheure Menschenmenge angesammelt. Journalisten waren aus vielen Ländern Europas herbeigereist, um an dem Ereignis teilzunehmen, das in den Feuilletons der großen Zeitungen bereits seit Wochen kommentiert wurde. Es war keineswegs so, daß dieser Akt in aller Stille vollzogen wurde. Liszt hatte selber dafür gesorgt, daß alle Freunde und Gönner von seinem Schritt erfuhren. An Publicity mangelte es nicht, als er am 25. April 1865 Tonsur und Weihe durch Kardinal Hohenlohe erhielt.

Carolyne wohnte der Zeremonie in einer verdeckten Loge bei. Sie lag auf den Knien und betete, äugte zwischendurch hernieder auf die fromme Aktion und pries und lobte Gott und Hohenlohe für die Wohltat, die ihrem Ewig-Franzl widerfuhr.

Sieben Grade der Priesterschaft empfing Franz Liszt. Das bedeutete: Sein Priestertum konnte er aufgeben, wann immer er es wollte. Er durfte keine Messen lesen und keine Beichte abnehmen.

Gleich nach den Zeremonien bezog Liszt seine neue Wohnung im Vatikan gegenüber den Loggien Raffaels.

Das Echo auf Liszts Wandlung war ungeheuerlich. In den großen Pariser Tageszeitungen erschienen Karikaturen: Liszt als Janus mit einem Pilger- und einem Mephistogesicht; Liszt als Jungfrau Maria mit dem Kinde Richard Wagner auf den Armen; Liszt als Busenschlange Pius IX ...

Die »Vossische Zeitung« in Berlin bezeichnete das Ganze als billigen Karnevalsscherz: »Nachdem Herr Liszt der bedeutendste Virtuose der Zeit war und sich als Dirigent und Komponist einen Namen gemacht hat, gilt ihm als nächst höheres Ziel das katholische Priestertum. Wer weiß, was alles er noch anstrebt, ist ihm doch zuzutrauen, daß er noch Diplomat oder Geheimer Missionär wird. Es erscheint uns so, als trüge er das Büßergewand wie ein Roué, der sich zum römischen Karneval eingefunden ... Wohl möchten wir ihm nicht wünschen, daß es ihm ergehe wie dem Fischer und seiner Frau ..., daß er nämlich am Ende seiner Tage wieder in der erbärmlichen Kate sitzt, aus der er einst aufgebrochen ...«

Brahms und seine Jünger fielen über ihren Kollegen her. In mehreren Zeitungen veröffentlichten sie Schmähschriften, in denen Liszt vorgeworfen wurde, er verrate die Musik an die katholische Kirche, »welche mit Engstirnigkeit stets das verfolgt hat, was neu und zukunftsträchtig ist«.

Den Widerspruch in ihrer Argumentation sahen die Brahminen offenbar nicht. Wie denn: Liszt durfte auf einmal für seine Musik beanspruchen, daß sie neu und in die Zukunft weisend sei . . .?

Liszt nahm die Meldungen, Karikaturen und Hetzereien süß-sauer zur Kenntnis. Innerlich war er voller Groll, nach außen hin ließ er sich kaum etwas anmerken.

Kardinal Hohenlohe erklärte: »Wenn bei jeder nächsten Weihe die Presse so glänzend sein wird, treuer Freund, ist mir um Ihren Nachruhm nicht bange!«

Nun, es kamen keine weiteren Weihen mehr, und es dauerte nicht lange, da hatte sich die Welt an den Abbé Liszt gewöhnt, der entweder in der Villa d'Este wohnte, im Kloster Santa Francesca Romana oder in der eigens für ihn umgebauten Hofgärtnerei zu Weimar.

Rom war für ihn nicht etwa ein Ort absoluter Zurückgezogenheit geworden; lediglich die neue Ausgangsbasis. Liszt brauchte die Veränderung, er liebte das Reisen. Er wollte stets dabeisein, wenn sich in der abendländischen Kunst etwas tat. »Ich bin zufriedener geworden, aber nicht ruhig . . .«, schrieb er an Tochter Cosima.

Olga Janina

Sie war eine Nymphomanin und sah – wie es in ihren 1875 erschienenen »Souvenirs d'une Cosaque« heißt – in Liszt einen musizierenden Priapus, den für sich zu gewinnen in ihr »urweltliche Gelüste« entfachte.

Im Frühjahr 1869 war die Gräfin Olga Janina in der Villa d'Este erschienen, um bei Franz Liszt Klavier- und Theorieunterricht zu nehmen. Bereits beim ersten Gespräch wußte sie den Abbé so von sich einzunehmen, daß er ihrem Leib gewährte, wonach sie »in all den kühnen Träumen« lechzte.

Olga, Tochter eines Italieners und einer Russin, pflegte stets aufs Ganze zu gehen. Ein Heer von Kavalieren war durch ihre Kemenate gezogen. Ein Komponist fehlte bisher in diesem Reigen. Liszt war der Auserkorene. Sie stellte sich ihm mit den Worten vor: »Ich bin Donna Juana d'Austria!«

Olga Janina war nicht gerade hübsch, verstand es aber, sich der Männerwelt interessant zu machen. Ihre Kleidung war extravagant, ihr Vermögen nicht unbeträchtlich. Sie bot Liszt fürstliche Honorare für die Unterrichtsstunden, die dieser »auf direktem Wege« jedoch ablehnte.

So überhäufte Dame Olga ihn mit Präsenten, stattete seine Zimmer mit spanischem Brokat aus, ließ ihm die teuersten Feinschmeckereien zukommen und sorgte dafür, daß er seinen Körper in Essenzen badete, die sie aus Ägypten und Syrien kommen ließ. Liszts Schlafröcke wurden auf Seide gefüttert; sie kaufte ihm Schlafhosen, die mehr aus Spitzen denn aus Stoff bestanden.

Der Abbé fühlte sich geschmeichelt: Eine junge karauschige Dame der Aristokratie umhegte ihn und erfüllte ihm die kühnsten Wünsche. Dabei war sie diskret und ihm nie im Wege.

Sie mußte oft stundenlang hinter Tapetentüren ausharren, wenn Besucher unangemeldet bei Franz Liszt erschienen. Einmal fand der Abbé sie ohnmächtig zusammengebrochen in einem schmalen Zwischengang, der von seinem Empfangszimmer zu einem Abtritt führte.

Natürlich ergab es sich fast zwangsläufig, daß Gräfin Olga hinter den Tapetentüren lauschte. Liszt hatte eine vollmundige, laute Stimme. Sein Freund Hohenlohe fistelte, und wenn der Kardinal, was gelegentlich vorkam, deftige Zoten auftischte, überschlug sich sein Organ, und Olga registrierte nur noch Gekreische, Gegluckse und Geschrille.

Sie kam sehr bald dahinter, daß es der Abbé vorzüglich verstand, Hohenlohe und andere Würdenträger für sich einzunehmen. Ihm stand eine breite Palette an Expressionen zur Verfügung, die ihre Wirkung auf den Zuhörenden nie verfehlten: frommes, salbungsvolles Gestammel, Tränen der Rührung, Freudenschreie . . .

Gräfin Olga erklärte ihm ohne Umschweife, daß sie ihn für einen ausgemachten Heuchler halte. Liszt wußte keine Antwort darauf. Gelegentlich sprach er ihr gegenüber von Diplomatie, wenn er zum Beispiel Hohenlohe mit einem ungeheuren Redeschwall überfiel, da der Kirchenfürst sich über den »lüderlichen« Lebenswandel des Abbés beschwerte.

Bald gefiel sich das Paar darin, die gegenseitigen Frivolitäten zu genießen. Olga war eine höchst erfinderische Person. Liszt hatte nie Langeweile. Sie kürzte ihm eine Soutane, so daß sie beim Tee, wenn er das »Röckchen«

trug, seine männlichen Beine und Schenkel bewundern konnte. Er dagegen verlangte, daß sie die Nächte »nur im Mieder« neben ihm verbrachte.

Zu den gegebenen Stunden mußte die Gräfin neben ihm beten. Da sie jedoch durch nichts zu dieser frommen Andacht zu bewegen war, fesselte sie der Abbé an den Betschemel mit einer Lederschnur, die ihr manchmal – wie sie schreibt – derb ins Fleisch schnitt. In solchen Betstunden lernte die Gräfin Liszts Gesicht auswendig. Sie bekennt, daß seine Züge von Ave Maria zu Ave Maria lüsterner und verworfener geworden seien. Schließlich war dann ein Zustand erreicht, da sich der würdige Herr die Soutane vom Leibe riß und ...

Olga Janina hatte eine blühende Phantasie. Sie kostete die Nähe Liszts und die Intimitäten mit ihm über alle Maßen aus. Und als er sie verstoßen hatte, verwandelte sich ihre Leidenschaft in Haß. Bücher über Bücher wurden von ihr verfaßt, um den perversen Abbé vor aller Welt zu geißeln. Frauen, denen Liszt Adieu gesagt hatte, pflegten Bücher zu schreiben: Marie d'Agoult, Carolyne Sayn-Wittgenstein, Olga Janina und viele andere.

Sind Olgas Tagebücher auch weithin ein Produkt ihrer Phantasie, so ist doch durch diesen und jenen Zeugen belegt, daß sie auch über Realitäten berichtete. Liszt war haltlos geworden. Er wußte, daß es mit seiner Manneskraft zu Ende ging, daß er alt wurde. »Alles noch zusammenraffen, was es zusammenraffen gilt!« schrieb er an Felix Draeseke. Und damit waren gewiß auch seine sexuellen Bedürfnisse gemeint. Das Bild des lüsternen Abbés, der jeder Schürze nachrennt, entstand in jenen Jahren. »Ich eile von einem Frühling in den anderen. Oh, daß kein ver sacrum an mir vorbeiginge!«

Hohenlohe und Carolyne reden ihm ins Gewissen: Die

Gräfin muß aus seiner Umgebung verschwinden. Im Vatikan kursieren Gerüchte, der Heilige Vater möchte von dem unkeuschen Lebenswandel des künftigen Hofkapellmeisters seines Reiches erfahren ... Doch Liszt denkt nicht daran, Olga aufzugeben. Er geht mit ihr auf Reisen. Weimar ist das erste Ziel. Man besucht Wien, Szegard und schließlich Budapest.

In der ungarischen Metropole zeigt die Gräfin plötzlich Anwandlungen von Hysterie. Liszt verfolgt eine andere Schöne. Olga gerät außer sich vor Wut und Enttäuschung. Hinzu kommt, daß sie ihr Bankkonto bis auf den letzten Heller geplündert hat (für Liszt) und jetzt mittellos dasteht. Sie stellt Liszt in einer Hotelhalle zur Rede. Der jedoch reagiert kühl und abweisend. Olga zieht aus den Weiten ihres Mantels ein Tesching. Der Schuß verfehlt Liszt. Man bringt die Rasende in ihr Zimmer. Kampfer und Salbei bringen sie einigermaßen zur Ruhe. In der Nacht schluckt sie Gift. Liszt reicht ihr ein Gegengift und kann sie bewegen, sich aus dem Staube zu machen, bevor die Polizei auftaucht, die von dem Anschlag auf den Abbé Wind bekommen hat.

Liszt kann nur mit großen Mühen verhindern, daß der Skandal an die Öffentlichkeit dringt. Olga wirft sich in die Arme eines spanischen Granden, nimmt in Paris Wohnung und beginnt ihre schriftstellerische Tätigkeit, mit der sie einen enormen Erfolg hat. Vieles erscheint unter Pseudonym, doch die Eingeweihten wissen, wer der Verfasser ist.

»Les Amours d'un Cosaque« bringt ihr ein Vermögen ein. Nicht weniger verdient sie mit den »Mémoires d'un Pianiste« oder »Le Roman du Pianiste et de la Cosaque«. Am meisten Aufregung verursacht der Roman »Sylvia Zorelli«, in dem Olga Janina Liszt und Marie d'Agoult karikiert. Und nach dieser Edition weiß jeder, welchen Grad die Beziehungen zwischen Autorin und Musiker erreicht hatten. Liszt hatte ausgeplappert, was über sein Verhältnis zu Marie nur auszuplappern war. Olga hatte es getreulich notiert.

Marie d'Agoult war außer sich. Sie bat ihre einflußreichen Freunde, gegen den »Übelstand Janina« in der Presse zu Felde zu ziehen. Sie erreichte das Gegenteil. »Madame Stern-d'Agoult gesteht durch ihre Giftereien ein, daß dieser Roman die reine Wahrheit berichtet«, hieß es im »L'Ambassadeur«. Die Auflage stieg. Liszt mußte einsehen, daß er seinen Priesterstand aufs schamloseste verletzt hatte. Hohenlohe rückte von ihm ab; Carolyne empfahl ihm eine Bußreise nach Syrakus.

Liszt jedoch beschloß, in Paris Entspannung zu suchen. Kaiserin Eugénie lud ihn ein. Mit ihr spielte er tagelang das »Juwelenspiel«, das die Monarchin erfunden hatte: Sie schüttete sich eine Handvoll Diamanten in den Busenausschnitt, begann eine Art von Veitstanz . . ., und der »Gegner« mußte dafür Sorge tragen, daß auch sämtliche Edelsteine wieder zum Vorschein kamen. Der Graf von Morny schreibt, daß Liszt jeden Diamanten wieder ans Licht schaffte »und brauchte er Stunden dazu«.

»... und will nun wirken für den Leib der Kirche«

Am 2. Mai 1864 war Giacomo Meyerbeer in Paris gestorben. In seinem Nachlaß fand man mehr als einhundert Nummern zu einer Oper, an der er fast zwanzig Jahre lang gearbeitet hatte. Aus diesem Angebot, das für mindestens ein halbes Dutzend Opern gereicht hätte, schufen seine Schüler die in Lissabon und Indien spielende Große Oper »Die Afrikanerin«, uraufgeführt am 28. April 1865 in Paris.

Liszt war in die Seine-Metropole gepilgert, um das gigantische Musikspektakel mitzuerleben, das unter dem Patronat des kaiserlichen Hofes abgewickelt wurde. Er hatte die hohe Ehre, zwei Stunden vor Beginn der Vorstellung mit dem Hof zu speisen, wobei er der Tischnachbar der Kaiserin Eugénie und des Erzbischofs von Paris war.

Napoleon fragte Liszt an der Tafel, was er von dem neuen Werk des inzwischen verewigten Opernfürsten halte, diesem Undankbaren, der testamentarisch verfügt hatte, daß man seine sterblichen Überreste nach Berlin überführen sollte, wo doch jeder in Paris darauf gewartet hatte, daß es eine pompöse Staatsleiche auf dem Père Lachaise geben würde.

»Ich habe die meisten Werke von Meyerbeer sehr hoch eingeschätzt«, erklärte Liszt dem von ihm verehrten Kaiser der Franzosen, »bin jedoch skeptisch, ob nach den vorliegenden Werken Richard Wagners noch jemand anderes in der Lage ist, der Oper wirklich neue Impulse zu geben.«

Liszt war von der »Afrikanerin« hingerissen. In der

Brendelschen Zeitung veröffentlichte er einen Essay, in dem er sich mit seinem »Antipoden des Geschmacks« nach dessen Hinscheiden »und nach der Kundgabe seines letzten Vermächtnisses durch die phänomenale Opernschöpfung« versöhnte.

Liszt: »Wagner ist der Wegweiser in die Zukunft. Meyerbeer aber ist der emsige Chronist dieser Zeit. Und wer die Geschichte der Musik in diesen Jahren einmal studieren wird, kann an ihm als dem gewaltigsten Denkmal seiner Ära nicht vorbeigehen...« Noch in Paris begann Liszt, seine Fantasie über »Die Afrikanerin« zu komponieren. Sie geriet nicht nur bravourös, sondern auch sehr lang, und mußte daher in zwei Heften herausgegeben werden. Die »Jonglerie indienne« wurde zu Lebzeiten Liszts nur zweimal aufgeführt. Mit Befremden registrierte man, daß der Meister »falsche Töne« aufzunotieren begann.

Cosima: »Mein Vater ist der Meinung, daß es Zeit wird, neue Farben in die Musik einzuführen. Er ist kein Maler, aber ... er versucht, ein solcher zu sein. Es gelingt ihm nicht, denn der Widerhall seiner eingefangenen Natur stellt sich vor in schrecklichen Auf- und Abgängen, die alle Harmonien zerstören und ein schimmeliger Mischklang werden.«

Liszt verliert in seiner Opernfantasie jede klassische Form: Ein Thema fließt aus dem anderen, flüchtige Elemente irrlichtern durch die Traumgesänge, Äolsharfen verweben das Ganze zu einem undurchsichtigen, aber höchst stimmungsvollen Klangteppich. Meyerbeer hat die Anregung zu dieser Fantasie gegeben; Liszt schuf mit ihr ein Werk, das die Brücke zu Debussy und Ravel schlug. Der Musikimpressionismus war geboren; Musik der Welt gegeben, die eine beglückende Wirkung ausübte, nämlich zu lösen und zu entspannen.

Liszt geht das Wagnis ein, Klänge nicht mehr polyphon

miteinander zu verbinden, sondern sie nebeneinander zu setzen. Er bricht mit der überkommenen Grammatik, und seine Zeitgenossen begreifen ihn nicht. Wie kann man es wagen, ein Thema durch verbotene Quarten- und Quintenparallelen darzustellen? Liszt verschandelt die Musik. Er muß irre sein, senil. Niemand kommt darauf, daß er zur Selbstherrlichkeit des Klanges vorgedrungen ist.

»Bliebe er doch nur bei seinen geistlichen Werken!« schreibt Hans von Bülow. »Mit denselben beginnt er doch gerade, sich zu festigen. Und nun dieses ...! Fatal!!«

Die Fantasie zur »Afrikanerin« steht mitten zwischen umfangreichen Werken für den sakralen Raum, aber sie zeigt deutlich, daß Liszt immer noch mit einem Bein im weltlichen Lager stand, das er nie ganz verließ, wenn auch Carolyne und die ersten Biographen des Meisters der Meinung waren, daß er seit der »Graner Messe« von 1855 nichts anderes mehr im Sinne hatte, als mit seiner Musik dem »Leib der Kirche zu dienen«. Ungern erinnert sich die Fürstin Sayn-Wittgenstein an jene »schnöden Hinwendungen zur irdischen Instanz« von 1862, womit sie die beiden Episoden aus Lenaus »Faust« meinte, die in jenem Jahr entstanden waren. Wenn Liszt den »Tanz in der Dorfschenke«, der als »Mephisto-Walzer« bekanntgeworden ist, in ihrer Gegenwart zu intonieren begann, schlug sie das Kreuz und verfluchte die Genien, die ihm dieses »Satansstück« eingegeben hatten. Ebensowenig hielt sie von der Bearbeitung des Walzers aus Charles Gounods Oper »Faust«, die Liszt Napoleon III. widmete. »Es ist unerträglich, in seinen Wendungen all den Unflat wiederzufinden, den dieses scheußliche, stinkende Paris ausströmt!« schrieb Carolyne an ihre Tochter. »Ich erflehe es nur von der höheren Gerechtigkeit, daß dieses Opus sein letztes ist, das er der Welt zugeeignet hat.«

Sie erkannte nicht die Zerrissenheit seiner Persönlichkeit, aus der alles erklärbar ist, was er bis an sein Lebensende tat. Sie hielt ihn für einen Heiligen und versuchte mit allen Mitteln, dieses Bild des »heilen« Mannes der Nachwelt zu überliefern. Bereits in den frühen sechziger Jahren begann Carolyne damit, Briefe, die »allzu weltlich« gehalten waren, zu vernichten. »Ich habe meinen Anteil daran, daß er Priester wurde«, teilt sie ihrer Tochter Hohenlohe mit, »und ich weiß, daß er sich in dieser Rolle sehr wohlfühlt.«

Eine Rolle! Er identifizierte sich mit ihr. Der Abbé Liszt war Realität.

Carolyne feuerte ihn an, etwas »Gewaltiges und Einmaliges« zu komponieren, womit er am Beginn seiner Tätigkeit als Musikdirektor der Peterskirche beeindrucken sollte.

Seit längerem lag auf seinem Schreibtisch eine Dichtung von Otto Roquette: »Die Legende der heiligen Elisabeth von Ungarn«. Dichter und Komponist hatten sich mehrere Jahre zuvor auf der Wartburg getroffen und beschlossen, sich »irgendwann einmal« mit der ungarischen Schutzpatronin zu befassen. Roquette hatte seine Dichtung sehr bald vollendet, während Liszt zögerte, mit der Komposition zu beginnen, da er nicht wußte, ob das Oratorium eine Form war, durch die er sich einem größeren Publikum »auf energischste Art und Weise« kundtun konnte. Carolyne machte ihn immer wieder auf den Text Roquettes aufmerksam, und eines Tages begann er mit der Komposition. Dazu bemerkt die Fürstin: »Es hatte sehr lange gedauert und meines engagiertesten Zuspruches bedurft, ehe Franz sich dem Stoff zuwandte und über die ersten Themen zu fantasieren begann. Ich war beglückt, daß ihm alles so schnell und gründlich zufloß. Es war ein Strom von oben, der ihn lenkte. Er schuf ein gewaltiges Oratorium ... und es war der Odem Gottes in ihm.«

An dem Stoff interessierte ihn in erster Linie, daß die heilige Elisabeth eine Tochter des ungarischen Königs Andreas gewesen war. »Wenn der Papst sich meines Werkes nicht erbarmt, so wird es bei meinen Landsleuten ankommen«, sagte Liszt zu Bülow. »Ich habe die Gestalt dieser hohen Frau von frühester Kindheit an verehrt. Ihr nachzueifern, daß wäre wahrlich lohnend! Ihre Askese ... ein Grund, geheiligt zu werden!«

Vor allem die romantischen Stellen in der Vita der Heiligen inspirierten Liszt: zum Beispiel das Rosenwunder. Einst hatte der Gemahl Elisabeths entdeckt, daß sie den Armen Lebensmittel in einem verdeckten Korb brachte. Er hielt das für Verschwendung. Er entriß ihren Händen den Korb, öffnete den Deckel und starrte – oh Wunder! – auf blutrote Rosen. Dieses »Rosenwunder« beeindruckte auch Richard Wagner, der ansonsten von dem Oratorium nicht sehr viel hielt. Er erklärte, das Esoterische dieser Szene sei nur mit den Gralsmotiven aus dem »Lohengrin« vergleichbar.

Peter Cornelius sah in diesem musikalischen Einfall eine »romantische Traumerfüllung«. An die Sängerin Malwina Schnorr von Carolsfeld schrieb er, es sei Liszt gelungen, das Ideal des Jenaer Kreises in Töne umzugießen, die »Blaue Blume aller Sehnsüchte und aller Reinheit« habe einen klanglichen Leib bekommen.

Cornelius: »Man sage, was man will ...: Liszt ist der Gewinner dieses Wähnens, das seit zwei Generationen die Künstler erfüllt. Er hat es verstanden, er hat es gefunden, was uns bedrängt und uns glücklich macht. Er ist der Zauberer, der – wie Merlin – offenbaren kann, was in unseren Geistern vor sich geht.«

Wenige Jahre zuvor hatte Cornelius in seinem »Barbier von Bagdad« ähnliche Wendungen gefunden, als er in

Nureddins großer Szene ein »holdes Bild in Engelsschöne« musikalisch ausmalte. Er wußte, daß solche Musik einem Komponisten nur höchst selten zufloß. Und er wußte um die Problematik solcher Melodienseligkeit: »Ach, welches Herz versteht sie recht, lieber Liszt? Nur ein Herz, das wie das unserige versteht, dem Leben und der Liebe jene Magie abzugewinnen, von welcher der gewöhnliche Sterbliche auch nicht einen Hauch von Ahnung hat.«

Liszts Vorstellungen von einem Oratorium für den kirchlichen Raum waren geprägt durch die gewaltigen Modelle, die Cherubini, Rossini und etliche Franzosen geliefert hatten, andererseits aber auch durch die Werke dieses Genres, die aus der Feder Felix Mendelssohn-Bartholdys stammten. Während der Arbeit an der »Heiligen Elisabeth« lag eine Partitur des Mendelssohnschen »Paulus« in erreichbarer Nähe. Liszt sah sie immer wieder durch und erklärte oftmals seinen Schülern und auch Carolyne, daß dieses Werk »vorbildlich für alle Oratorienschöpfer« zu sein habe.

Leider hielt sich unser Meister wenig an die Vorlage, denn sein Hymnus an die Schutzpatronin seines Heimatlandes geriet stellenweise allzu opernhaft. Zum Beispiel glaubte Liszt, daß sich ein dröhnender Kreuzrittermarsch recht gut im dramatischen Ablauf ausnehme. Meyerbeer hatte stets in seinen Musikschauspielen Wert darauf gelegt, daß ihm von seiten der Librettisten Gelegenheit gegeben wurde, irgendwo ein wirkungsvolles Marcia einzubauen. Liszt fand diese Idee großartig. Mit Hohenlohe überlegte er, wo im Ablauf der »Elisabeth« dieser Marsch einzufügen sei. Monsignore war dafür, das Oratorium damit zu eröffnen. Liszt schwebte vor, in der Schlußapotheose diesen derben Vierertritt erklingen zu lassen, zumindest: ihn an dieser Stelle zu wiederholen. Carolyne war es, die sich mit ihrer Meinung durchsetzte: »Wenn schon ein Marsch in einer Kirche, dann dort, wo er das Wort der Bibel oder der Legende unterstützt. In der Messe beim Dies irae, in der Dichtung Roquettes dort, wo von den Kreuzrittern die Rede ist.«

Liszt vermochte die sechs Episoden der »Heiligen Elisabeth« verhältnismäßig schnell zu komponieren. Während der Arbeit fühlte er seinen Geist »durch die wohltuende und mich anfeuernde Pfingstzelebrität des Heiligen Geistes« angeregt. Eines Morgens erzählte er Carolyne allen Ernstes, daß ihm in der Nacht die »heilige Taube« erschienen sei, um ihm das Thema der letzten Episode einzugeben.

Die Fürstin stiftete daraufhin ein Legat, aus dem alljährlich einem begabten Komponisten ein ansehnlicher Betrag ausgezahlt werden sollte, sofern auch ihm die »heilige Taube« gelegentlich ein Thema aufgebe. Soweit nachzuweisen war, muß dies in den folgenden Jahren bei Felix Draeseke und Joachim Raff der Fall gewesen sein, denn sie wurden aus diesem seltsamen Fonds gespeist.

Die »Heilige Elisabeth« Liszts fand kein sehr weites Echo. Auch die römischen Kreise waren skeptisch, wenn nicht sogar ablehnend. Carolyne machte zwar Propaganda, wo sie nur konnte, und sie (!) erreichte es immerhin, daß dieses Oratorium in den nächsten vier Jahren achtmal aufgeführt wurde; aber zu einem Siegeszug durch die Kathedralen – wie sie es sich erträumt hatte – konnte sie dem Werk nicht verhelfen. Noch schwieriger wurde es für sie und Liszt, das nachfolgende Oratorium »Christus« populär zu machen.

»Wenn mein früherer Vorwurf, also die musikalische Ausdeutung der heiligen Elisabeth, nicht so angekommen ist, wie ich es mir erwünscht hatte, so mag es daran liegen, daß ich mich allzusehr an Vorbilder geklammert habe, welche ich in Händel, Haydn und Mendelssohn erblickte, wobei ich daran erinnern will, daß dieses Vorbildliche nur in der äußeren Form bestand. Bei meinem ›Christus‹ will ich ganz ich selber sein und mich von jeglicher Voreingenommenheit trennen...« Liszt hat sich an diese Worte, die er zu Beginn der Komposition an Hans von Bülow richtete, gehalten.

Das Oratorium »Christus« weicht von allen bisherigen Produktionen dieses Genres ab. Liszt: »Ich will den heiligen Vorgang sich selbst darstellen lassen...«

Zunächst hatte er daran gedacht, einen literarischen Vorwurf Friedrich Rückerts zu verwenden. Davon rieten ihm Carolyne und Monsignore Hohenlohe ab. »Wer zu Rom weiß schon etwas von einem Poeten, der Rückert heißt!« schrieb Hohenlohe. »Und außerdem ist dieser Mann so sehr im Protestantischen verankert, daß man befürchten muß, keine ordentliche Kirche wird dieses Werk aufführen. Wozu ein Dichter, teurer Freund? Wir haben die Bibel und die heilige Liturgie...!«

Liszt hielt sich an Hohenlohes Wünsche. Rückerts Text wurde fallengelassen. Carolyne verbrannte die angeblich ketzerischen Seiten des Manuskriptes eigenhändig und... sie räucherte kräftig mit chalzedonischem Weihrauch und Myrrhen hinterher, »damit nichts Teuflisches in den Räumen zurückbleibt«. So unterblieb es, daß Franz Liszt Rückerts berühmte »Evangelienharmonie« vertonte, die übrigens auch Johannes Brahms einmal in Töne umsetzen wollte.

Liszt bezog in die Partitur bereits früher komponierte Arbeiten ein, so ein um 1852 entstandenes »Vater unser« und die etwas später komponierten »Seligpreisungen«.

Das Werk ist in drei Abteilungen gegliedert: I. Weihnachtsoratorium, II. Nach Epiphania, III. Passion und Auferstehung. Liszts Schüler Ludwig Nohl gab die erste Einführung in diese umfangreiche Komposition.

Nohl: »Die instrumentale Einleitung, auf die mehrfach wiederkehrende und das Ganze auch rein musikalisch verbindende Intonation ›Tönet ihr Himmel von oben‹ gebaut, scheidet in ihrem streng asketischen Wesen zunächst das Gemüt von dem bunten Gewohnheitsgewirre der Welt aus und bereitet durch kräftig einschlagende Grundakkorde zur Aufnahme einer neuen, höheren Welt vor, die sich zum Schluß durch in die Höhe entschwebende Geigentremolationen selbst ankündigt und unmittelbar in ein längeres ›Pastorale‹ überführt, das, die alte Intonation verwendend, die Verkündigung des Engels bei den Hirten einleitet. Diese selbst ist anfangs der einfache Celloton, dem reiner Chorgesang antwortet, worauf zunächst vom Streichquartett, dann vom vollen Orchester begleitet, der Chor der himmlischen Heerscharen sein Gloria in Excelsis in voller Breite und mächtigen Dreiklangsfolgen ertönen läßt, bis der Schluß wieder das einfache Hirtendasein darstellt, dem die Ahnung des bedurften Heils zuerst gekommen ist ..«

Mit diesem Szenenablauf ist die gesamte Konstruktion des Oratoriums vorgegeben: Solonummern, Streichquartett, Chor nebst Orgel, volles Orchester ... Liszt nutzt die gesamte Palette musiktechnischer Möglichkeiten. Und er gerät damit – wie Richard Wagner erklärt – ins Uferlose, »da ihm die Mittel durchgehen wie dem Fuhrmann ein wildes Gespann vor dem Ackerwagen«.

Viereinhalb Stunden dauerte die Aufführung des »Christus«. Tochter Cosima war am Ende so erschöpft, daß sie ihrem Vater, der ja immerhin fünf Jahre an diesem Werk gearbeitet hatte, Vorwürfe machte. Warum er seine Ideen nicht besser verplant habe? Warum man das Werk nicht an drei Abenden hintereinander gäbe ... Warum, warum, warum ...

Liszt war enttäuscht, daß nicht einmal die Personen, die ihm am nächsten standen, von der Sache tiefer beeindruckt wurden. »Meine Tochter hat sich nur über die Länge des Oratoriums beklagt und einen überaus müden Eindruck gemacht«, schreibt er an Carolyne. »Nun, sie wird ihre Gründe haben; aber sie ist doch reichlich ungerecht, denn ich habe mein Bestes gegeben und meine Freunde sind mit mir.«

Wer war mit ihm? Wagner schrieb ihm in der üblichen Art ein »Bedankmich«, aus dem man entnehmen kann, wie sehr er den väterlichen Freund schätzte. Über das Werk an sich ist kaum etwas vermerkt.

Bülow argwöhnt: »Er hat selber daran gedacht, die Figur des Jesus von Nazareth auf die Bühne zu bringen, ist aber offenbar durch Nietzsche davon abgebracht worden. Jetzt hat sein größter Gönner die Initiative ergriffen und muß natürlich dafür büßen, daß er es gewagt hat ...«

Mag Bülow auch parteiisch sein, Liszts Schüler Karl Tausig ist es gewiß nicht: »Unser Meister Liszt hat sich übernommen. Ganz gewiß. Es gibt zu weite, leere Flächen ... zuviel Unkraut zwischen den herrlichen, hellen Lilien. Die Lilien sehen die wenigsten. Am Unkraut wird sein Rang gemessen. Und das ist für uns bitter, sehr, sehr bitter!«

Brendel macht ihm Elogen, Hohenlohe stellt ihn in einem Handschreiben weit über Bach. Aber Liszt weiß, daß er mit seinen Oratorien keinen Erfolg haben wird. »Ich stehe unter ihm«, notiert er in seinem Tagebuch. Damit meint er, daß er nie die Kraft und das Genie Johann Sebastian Bachs besitzen wird, der mit seinen Passionen – so Liszt – auf dem Sektor der geistlichen Musik der König der

Ewigkeit ist. Liszt hatte die Fähigkeit und den Mut, seine Arbeiten (vor allem die der Spätzeit) selbst einzuschätzen. »Will es mir denn nicht gelingen, so soll mein Wähnen Dienen sein!« Keiner seiner Zeitgenossen hat diesen Satz oder ähnliche Formulierungen über die Lippen gebracht. Sie alle glaubten, der musikalischen Weisheit letzten Schluß gefunden zu haben. Reinthaler posaunte nach seinem Christus-Oratorium heraus, er habe nun endlich die Formel gefunden, mit der »ewigen Bacherei« ein Ende zu machen. Draeseke glaubte, sein »Christus« werde als Paradeaufführung gegeben werden, wenn Gottvater nach dem Jüngsten Gericht »Lust an einer Kirchenmusik« verspüre...

Nur Liszt beschied sich. *Ihm* dienen, Bach dienen! Bereits 1855 hatte er die erste Fassung der gewaltigen Orgelfuge über den Namen B-A-C-H vollendet. Nun begann er, an der Zweitfassung zu arbeiten, die dann 1870 fertiggestellt war. Womöglich sei er ein schlechter Komponist gewesen, meint er Carolyne – und ein andermal Bülow – gegenüber. »Aber: ich habe es ehrlich gemeint!«

Und Bülow fügt hinzu: »Nicht nur ehrlich, sondern in der Furcht vor den höchsten Genien, die unsere Welt mit Musik beschenkten. Wer so spricht, wie Liszt spricht, verkündet damit seinen hohen Wert und sein unsterbliches Wirken auf die ethischen Kräfte in dieser Welt. Liszt ist nicht durch seine Werke unsterblich, wohl aber durch seine Haltung, seinem und dem Werk anderer gegenüber!«

Er zieht sich zurück; er will fortan keine großen, das heißt: abendfüllenden Werke mehr komponieren. Er resigniert nicht nur als Mensch, er resigniert nun auch als Komponist und verfällt in jenen Zustand, den er selber mit »santa indifferenza« umschreibt. Heilige Gleichgültigkeit! Carolyne sieht darin Abdankung und ein »gefährliches Zeichen von Engstirnigkeit«. Sie ist noch immer der Meinung, der Vatikan habe das Amt des Kirchenmusikdirektors an Sankt Peter für ihren Franz parat. Händeringend bittet sie Hohenlohe, den Papst zu beknien, damit der »Erbarmungswürdige« endlich von seinen Qualen erlöst werde und vor allem: für das Alter versorgt sei. Der Papst wird gebeten, winkt aber ab. Sein Schlußkommentar zum »Fall Liszt«: »Wohl weiß ich, daß er ein großer Mann und Komponist ist, aber jetzt hat er sich wieder unterstanden, eine Fantasie und Fuge über Meyerbeers Choral ›Ad nos, ad salutarem undam‹ zu schreiben und ans Licht der Öffentlichkeit zu bringen. Was für ein Choral! Ein Jude hat ihn herausgehustet ... und das soll uns munden? Nein, Liszt ist ein untaugliches Objekt. Für den Vatikan muß er schweigen!«

Die Wasserspiele der Villa d'Este

»In meinem Alter (51 Jahre!) ist es gerathen, zu Hause zu bleiben, was man zu suchen hat, findet sich inwendig, nicht auswärts...«, heißt es in einem Brief Franz Liszts an Chefredakteur Franz Brendel. Das war im Jahre 1862. Zu Hause fühlte sich Liszt in der Villa d'Este, die mit ihren herrlichen Parks und Gärten die Atmosphäre schuf, die der Meister brauchte, um sich seinen großen Werken widmen zu können.

Es ging ihm ähnlich wie seinem Freunde Richard Wagner, der auch Weite, Bequemlichkeit und Luxus benötigte, um seine Kunst »in rechter Weise ausatmen zu können«. Die Klosterzelle behagte Liszt nur in wenigen Augenblikken seines Lebens, nämlich dann, wenn er – wie er es nannte – mit sich Generalbilanz zu machen hatte. Einst, in den frühen Tagen von Paris, hatte er bekannt, daß zum Gebet nicht allein die dunkle Kammer tauge: »Auch in den Armen eines Weibes kann ich Gott nahe sein!«

Der Abbé Liszt dachte im reifen Alter nicht anders, obwohl er es mit seinen Betstunden ernst nahm. Nicht, daß er Dutzende von Ave Marias herunterschnurrte oder sein Brevier von vorn nach hinten durchlas..., er hatte für die Augenblicke der Meditation eine Art autogenes Training entwickelt. Er konnte auch ohne Gebetbuch und ohne Rosenkranz in den Händen der »anderen Welt« aufs engste verbunden sein. »Gott spricht zu mir am liebsten in den Momenten, da er in mir ohne Zutaten einziehen kann«, heißt es in einem Brief an Carolyne. Oder: »Was Glaube ist, offenbart sich mir am ehesten dann, wenn ich durch keine dogmatische Aussage oder mir unter die Nase geschobene Litanei abgehalten werde. Glaube ist für mich das Entzücken einer ganz stillen Stunde ... Dann können die Sterne oder die Sonne reden, Engel mich heimsuchen ... und ich erfahre mehr, als jemals jemand auf dieser Erde erfahren hat.« Eine Art von Naturpriestertum, wie es in vielen seiner Zeitgenossen wirksam war.

Es gab Augenblicke, da sah man den Abbé in die herrlichen Wasserspiele der Villa d'Este hineinträumen. Niemand durfte ihn anrühren oder ansprechen. Selbst Carolyne wagte nicht, ihm in solchen Momenten entgegenzutreten. Aber sie beobachtete ihn und notierte ihre Erfahrungen.

Carolyne: »Es stimmt mich sonderbar, ihn gelegentlich in solch ungeheuerlicher Abkehr dasitzen zu sehen. Ich fühle dann, daß er dieser Welt abhanden gekommen ist. Ein Mensch, der nicht mehr Mensch ist. Ein großer Geist, der in einem anderen Geist aufgegangen ist. Er sitzt vornübergebückt, hat die Hände gefaltet und die Augen geschlossen. Und doch sieht er und er hört ... Er lauscht in ein anderes Reich hinein. Gestern hat er mir die Klänge dieses anderen Reiches mitgeteilt. Er saß bei mir am Flügel und ich vernahm die Wasserspiele. Nicht, daß mich diese Musik berührte wie sein ›Liebestraum‹ oder die Musik, die mir zugeeignet ist. Aber sie berührte mich so, daß ich fassungslos wurde. Eine neue Welt tat sich mir auf, in welche bisher nur er Einblick hatte. Es sind Klänge, die ich nicht erklären kann; und er sie wohl noch weniger. Und doch ist es seine Musik, vermischt mit Tönen, die ihm nur der Allerhöchste eingegeben haben kann ...« Die Fürstin schreibt über eine der berühmtesten Kompositionen Liszts aus der Spätzeit, nämlich über die »Wasserspiele der Villa d'Este« (Les jeux d'eaux à la Villa d'Este). Was sie sich nicht erklären kann, ist der impressionistische Einschlag dieses Werkes. Carolyne analysiert das Neue als göttlichen Odem; in Wirklichkeit ist es nichts weiter als ein Schritt voran in der Entwicklung der Musik.

Wagner ist es, dem Liszt als einem der ersten dieses Stück vorspielt. Nach einer langen Pause des Schweigens (der Bayreuther rotiert durch den Salon und ist aschfahl im Gesicht) sagt Wagner: »Ich gönne dir, lieber Franz, diese Musik nicht. Sie ist uns soweit voraus, daß niemand in dieser Zeit sie begreifen wird. Aber ich habe sie begriffen. Ich sage dir, daß sie alle Musik künftig grundlegend beeinflussen wird. Lege sie gut fort, die Noten, und unterstehe dich, sie irgend jemand zu zeigen. Es könnte sein, daß man dich verspottet. Ich bin ärgerlich, daß du dieses komponiert hast: Du gehst über all das hinaus, was in mir ist . . .!«

Franz Brendel hat uns diese Worte überliefert. Er fügt hinzu: »Wagner befand sich in einer fatalen Stimmung. Er hatte entdeckt, daß ihm Liszt mit seinem Werke den Rang an Modernität abgelaufen hatte. Allerdings: Ich selber bin skeptisch, daß diese Musik Zukunft haben wird. Sie ist zu philosophisch, ja weltfremd. Und nie wird eine Musik sich Bahn brechen, die aus diesen Elementen besteht. Liszt ist auf dem falschen Wege . . .« Schon wenige Jahre später hatten die Franzosen die »Wasserspiele« entdeckt. Debussy erklärte, daß er in dieser Komposition den Pulsschlag seines eigenen Herzens verspüre.

Liszt legte die Noten – wie es ihm Wagner geraten hatte – zunächst in ein Safe, doch dann holte er sie wieder hervor, weil ihn Karl Tausig, sein Meisterschüler, drängte. Tausig war der erste Pianist, der die »Wasserspiele« in einem öffentlichen Konzert vortrug. Nach seinem frühen Tode Anfang der siebziger Jahre wollte Liszt seine Komposition vernichten: »Nach Tausig soll sie niemand mehr spielen!« Doch Carolyne entriß sie ihm und bewahrte sie auf. Bald nach dem Tode Richard Wagners erschienen sie im Druck, gleichzeitig mit den zwei Threnodien »Aux cyprès de la Villa d'Este«.

Die ruhige, vornehme Atmosphäre der berühmten Villa konnte Liszt nur zeitweilig einfangen. Es kam sehr bald der Tag, da er die bequemen, hohen Räume verließ, um abermals in der Welt herumzuwandern. Anlaß dazu bot ihm die Mitteilung aus Paris, man werde im März 1866 in der Kirche St. Eustache seine »Graner Messe« aufführen.

»Ich werde zu gern zu diesem Anlaß nach Paris eilen«, schrieb Liszt an Gounod, der die Aufführung besorgte. »Mein Schmerzenskind in der Stadt zu hören, in der ich meine größten Triumphe davongetragen habe ... wie könnte ich mir das entgehen lassen, treuer Freund! Außerdem habe ich die Angelegenheiten meiner Mutter zu ordnen, welche vor wenigen Wochen selig im Herrn entschlafen ist.«

Die 1855 entstandene »Graner Messe« war bis dahin nur einmal aufgeführt worden, nämlich bei dem Ereignis, zu dem sie komponiert worden war. Der Fürstprimas von Ungarn hatte das Werk bei Liszt in Weimar bestellt. Es sollte anläßlich der Einweihung der Kathedrale von Esztergom (Gran) uraufgeführt werden. Liszt hatte sechs große Abteilungen nach dem Verlauf der katholischen Messe komponiert, wobei ihm – nach eigener Meinung – das Gloria und das abschließende Agnus Dei am besten gerieten.

Die Einweihung und die Uraufführung hatten die Spitzen des österreichischen und magyarischen Adels nach Esztergom gelockt. In vollem Ornat erschien Kaiser Franz Joseph, der sich den Komponisten vorstellen ließ. Die Messe hatte eine ausgezeichnete Presse, während der Adel und der Kaiser das Werk als »ausgemachten Schwindel« abtaten. In einem Hofprotokoll vom 3. September 1856 heißt es: »Se. Majestät haben geruht, im Hohen Dome zu Gran an der Aufführung einer Hohen Messe des Herrn Franz Liszt teilzunehmen. Man ist allerhöchstderoselbst der Auffassung, daß dieses Werk keine Tiefe und keinen festlichen Glanz besitzt. Es ist nicht zu empfehlen, daß man dieses Werk auch anderenorts zu Veranstaltungen aufführe, an welchen Se. Majestät geruht, allerhöchstderoselbst oder seine Hohe Familie teilzunehmen ...« Lediglich der Fürstprimas lobte die Komposition. Dieser zunächst einmal deswegen, weil er das Werk ja in Auftrag gegeben hatte, dann aber auch darum, weil er feststellte, daß Franz Joseph die gesamte Aufführung verschlief. »Ein Kaiser, der nur darauf achten muß, daß er nicht auch noch während des Hohen Aktes schnarcht und durch die Nase allerhöchsten Odem bläst, ist nicht wohl geraten, um solche erhabene Musik zu kritisieren«, erklärte der kirchliche Würdenträger. »Er sollte seine allergnädigste Nase in andere Dinge stecken, die ihm mehr frommen.«

Bei einem Festbankett in Anwesenheit der Magnaten und des Hofes brachte der Fürstprimas einen Toast auf Liszt aus, der folgendermaßen lautete: »Gott hat uns die Ehre zuteil werden lassen, in unserem Bruder und Landsmann Franz Liszt einen Künstler von so hohem Rang zu erschaffen, daß wir, die wir uns Ungarn nennen, nichts als höchste Dankbarkeit dafür empfinden können. Franz Liszt hat uns ein Werk geschenkt, in dem er mit allem Eifer und erhabener Frommheit unsere heilige Mutter Kirche und Gottes Allmacht preist. Dieses Werk ist so edel und so großartig gelungen, daß noch in entferntesten Zeiten davon gesprochen werden wird. Eljen, Franz Liszt! Er ist die größte Zierde unseres ungarischen Volkes!«

Graf Andrassy bemerkt zu diesem Toast: »Die Herren aus Wien verzogen das Gesicht, als der hohe Herr so oft und eindringlich von der ungarischen Herkunft Liszts sprach. Nun denn: Liszt ist ein Ungar ... und wir dürfen stolz auf ihn sein, auch wenn ihn uns die Wiener Bagage mißgönnt. Man ärgert sich darüber und eifert noch in den Hinterkammern, daß dieser neuerstandene Mozart nicht den Österreichern gehört. Gott sei Dank: es ist nicht so! Die hohen Herrschaften würden dieses Genie wie den Wolfgang verludern lassen ...! Wir sind für Liszt und wir werden alles tun, um ihn für uns und mit uns wirken zu lassen, ten ihm zwei Damen der Aristokratie, denen er ein gut Teil zum Ruhme Ungarns und der ganzen Welt!«

Man machte mit Franz Liszt Politik. Und das recht gründlich. Andrassy gehörte zu den eifrigsten Förderern des Planes, Liszt das Präsidium der Musikakademie von Budapest anzutragen. 1875 war es soweit. Vorher, nämlich 1871, hatte man ihn bereits zum ungarischen Hofrat ernannt. »Mein Volk vergißt mich nicht!« rief Liszt angesichts der Ernennungsurkunde aus. »Wenn auch in den anderen Landen mein Stern im Sinken begriffen ist, hier bin ich der, der ich wirklich und für die fernere Zukunft bin!«

Von nun an verbrachte er einen Teil seiner Zeit in Budapest. Dahin folgten ihm seine Meisterschüler, die er ansonsten in Weimar zu unterrichten pflegte ... Und es folgten ihm zwei Damen der Aristokratie, denen er ein gut Teil seiner Mußestunden widmete: Olga Baronin von Meyendorff, geborene Prinzessin Gortschakow, sowie Madame Moukhanoff, verehelichte Comtesse Kalergis. Es war für ihn ein aufregendes Spiel, die Meetings mit den beiden Damen so festzulegen, daß sie sich niemals in die Quere kamen.

Olga von Meyendorff jedoch durchschaute eines Tages die Komödie. Und wie es in einem Lustspiel auszugehen pflegt: Sie löste sich im guten von Liszt und tröstete sich mit einem jungen elsässischen Baron, mit dem sie die Werke ihres »Liebesmeisters« vierhändig spielte.

Die Meyendorff: »Mit Joseph verbrachte ich viele Stunden am Pianoforte. Und nicht selten hatten wir uns in der Musik Franzens verfangen. Joseph hatte eine hervorragende Anschlagstechnik, gebrauchte nie Pedal. Ich kam oft aus der Balance ... Was auch geschah, der Geist Franzens war über uns und er verfolgte uns väterlichst und brüderlichst sogar ins Schlafgemach, wo wir für ihn beteten und uns zu seinem Gedenken fanden ...«

Die Hofgärtnerei

Die »bon ecclésiaste«, wie Liszt die Fürstin gelegentlich anredete, war ganz und gar gegen den Plan, sich wieder in Weimar anzusiedeln.

In Paris erreichte ihn ein Schreiben, worin sie ihn warnte: »Solltest Du es wirklich wagen, in diese schnöde Gegend, an diesen besch ... Hof zurückzukehren, so bedeutet das: Bruch mit mir. Ich jedenfalls gehe nicht wieder nach dorthin zurück, denn ich habe beschlossen, keinen Schritt mehr aus Rom zu tun.« Sie blieb bei diesem Beschluß.

Liszt mußte sehr diplomatisch vorgehen, um Carolyne nicht zu kränken. Brechen wollte er mit seinem »Schmollwuzelchen« keinesfalls. Aber er wollte auch Weimar nicht außer acht lassen, an dem nun einmal sein Herz hing, mochte der Hof ihn auch in früheren Jahren schwer gekränkt und verkannt haben.

Großherzog Karl Alexander hatte seit längerer Zeit mit Liszt korrespondiert. Er mache sich Gedanken darüber, womit er den Meister der Töne wieder an seine Residenz fesseln könne, schrieb der Weimaraner. Dingelstedt sei so gut wie vergessen, die Frau Gemahlin Sophie habe eine »tiefe und erstaunliche« Sehnsucht nach dem einstigen Lehrer, das Publikum verlange nach dem Künstler, der in der Lage sei, Weimar zu einem neuen »Musaion« zu machen, man werde die Hofgärtnerei umbauen, Schüler hätten sich en masse angemeldet ... Aufführungen, Oper, Aufträge, Honorare ... Karl Alexander tat, was er konnte. Und Liszt fühlte sich geschmeichelt.

Er schrieb an Wagner: »Man hat sich besonnen und erkannt, was ich ihnen sein kann. Etwas spät, aber doch nicht zu spät!« In mehreren Briefen des Großherzogs stand allerdings noch etwas anderes: Liszt möge doch, wenn irgend möglich, allein nach Weimar übersiedeln. Die Frau Fürstin in allen Ehren, aber sie sei doch nun einmal so schwierig, so extravagant ... Das Publikum verehre Liszt; die russische Dame weniger. Madame könnte doch in Rom verbleiben. Sonst aber stünden ihm alle Türen offen ...

Liszt begriff. Auch ihm war es lieber, daß Carolyne in der Ewigen Stadt zurückblieb. Er besprach sich mit Hohenlohe und Bülow, die es durch Briefe und gutes Zureden schafften, daß die Fürstin in der Via del Babuino zurückblieb und sich ihren literarischen Häkeleien widmete.

»Wenn Du nun fährst, mein Liebster, sorge dafür, daß mir die Zigarren nicht ausgehen. Ich kann zwar eine Weile ohne Dich auskommen ... und ich weiß, daß Du mir jeden Tag einen Brief schreibst, so daß ich ohnehin über alles informiert bin, was Du betreibst und erreichst ...; aber ohne Zigarren komme ich nicht aus. Das ist der Unterschied in meinen Beziehungen zu Dir und zu den Zigarren, mein Liebster ...«

Liszt trug dafür Sorge, daß Carolyne während seiner Abwesenheit genug zum Schmauchen hatte. Sie bevorzugte seit einiger Zeit »lange Gavanesen«, sehr starke, parfümierte Zigarren, die eigens für sie im Westfälischen angefertigt wurden. Diese fast dreißig Zentimeter langen, dünnen Zigarren rauchte sie auch bei Gesellschaften. Hohenlohe neckte sie damit und fragte sie einmal, ob es die Gestalt Paganinis oder Franzens sei, die ihr beim Genießen dieser »tolldreisten Gegenstände« in den Sinn käme. Die Fürstin antwortete: »Sie erlauben, mein Freund, daß ich zurückfrage: Welches Leibchen kommt denn Ihnen in den

Sinn, wenn Sie Ihre Stola um die Hände winden, das der Herzogin von Kalabrien oder das der Pasta?«

Hohenlohe: »Sie haben gewonnen, Teuerste. Man kann Liszt immer wieder nur bewundern, daß er Sie hat: eine Frau mit soviel Geist und Charme ist in unserer Zeit rar wie ein Prophet, der uns verkündet, daß ab morgen im Po Milch und Honig fließen.«

Karl Alexander bot alles auf, um den Empfang für Liszt in Weimar möglichst festlich zu gestalten. Die Hofgärtnerei war von einem Dresdner Architekten nach den Plänen Großherzogin Sophies umgebaut worden. Für die Innenausstattung hatte Carolyne »per Correspondence-Adresse« gesorgt. Alles war bequem und luxuriös eingerichtet und unterschied sich kaum von den Interieurs, die Liszt aus der Villa d'Este gewohnt war. Wagner besuchte ihn und erklärte, daß er überrascht sei, den Freund in einer »Aufmachung« vorzufinden, die auch ihm »höchstes Wohl« beschert hätte. Der Bayreuther beauftragte seine Wiener Putzmacherin, für Liszt gelbe Moirégardinen zu besorgen, rosa Seide für die Bespannung eines Ankleidezimmers und einen Brokat »von Goldgrund mit lilanen Applikationen« für das Schlafgemach.

Liszt ließ sich die Vorschläge und Aufträge Wagners gefallen. Er dachte, daß ihm der Freund »dererlei Spezialitäten« zum Geschenk machen wolle. Weit gefehlt! Die Rechnung kam ein halbes Jahr später und war gepfeffert. Liszt, der nicht gerade über reichliche Einkünfte verfügte, mußte tief in die Tasche greifen und beschimpfte den »Fant«, der ihm den »baren Unsinn« aufgeschwatzt hatte. An Carolyne schrieb er: »Brokat und Seide für einen Abbé! Da wird man mich schön einzuckern, wenn man von diesem Gehabe erfährt. Ich mag niemanden meine Räume zeigen ... Dieser Wagner!«

Liszt übertrieb. Er zeigte fast allen Besuchern seine Prunkzimmer, wozu auch sein Schlafgemach gehörte. Er zeigte sie vor allem seiner Lieblingsschülerin Lina Schmalhausen, die ihn, wenn er einen Halskatarrh hatte oder die Nesselsucht, an der er vor allem im Frühjahr litt, bekochte und betat. Das Musikzimmer war der Mittelpunkt der Hofgärtnerei-Wohnung. Es hatte vier Fenster und war durch einen algerischen Hängeteppich geteilt. Vier Kachelöfen spendeten reichlich Wärme, tiefe Sessel, mit Maroquinleder überzogen, luden den Gast zum Verweilen ein. Spiegel, Lampen, Bergèren, Nippes ... alles im Geschmack der Zeit.

Es gab eine Wagner-Büste aus Marmor, ein Porträt Rossinis, gemalt von Delacroix; Gipsabdrücke der Hände Chopins, Thalbergs, Schumanns, Tausigs, Gounods und Berlioz' lagen in einer Vitrine; Partituren von ihm selber waren auf handgeschnitzten Postamenten aufgestellt. Lina Schmalhausen sorgte für den restlichen Flitter: Feder- und Glasperlensträußchen, Brokatschleifchen an den Tischbeinen, Häkeldeckchen und Silbertabletts mit kleinen Näschereien, Riechflakons, bronzene Spucknäpfe, mit Pailletten bestickte Gazeschleier vor den Bildnissen Verstorbener ...

Ein Museum. Aber in jener Zeit liebte man es, in einem Museum zu wirken und zu leben. Kein Winkel blieb ungenutzt. Selbst unter dem Flügel und dem Cembalo hockten riesige Katzen und Hunde aus Chinabone und Gips, standen Sitzbänkchen und Fußkissen parat.

In diesem bis oben hin vollgestopften Musikzimmer unterrichtete Liszt seine Schüler, die nicht selten in der geräumigen Hofgärtnerei auch Unterkunft gefunden hatten. Bezahlen brauchten sie dafür nicht. Liszt forderte weder Kostgeld noch irgendein Honorar für die Stunden.

Er pflegte in Gruppen zu unterrichten. Lediglich Bülow

und zeitweilig Tausig hatten es erreicht, daß der Meister sie einzeln vornahm. Aber sonst bildete er Cercles von zehn bis zwölf Personen um sich herum. Es gab eine Anfängergruppe, eine Gruppe der Neophyten, eine Gruppe der »gehobenen Gesellen«, eine Gruppe der Meister und eine »Gesellschaft der Auserwählten«, zu der Grieg, d'Indy, César Franck, MacDowell und Amy Fay gehörten.

»Vie trifurquée« nannte Liszt sein Dasein. Er dreiteilte sich: Rom, Weimar und Budapest sahen ihn Jahr für Jahr. Hatte er sich in der Ewigen Stadt mit kompositorischen oder musikschriftstellerischen Problemen lange genug befaßt, sehnte er sich nach seinem Schülerkreis in Weimar. Wurde er dort allzu sehr belagert, freute er sich auf die baldige Übersiedlung nach Budapest, wo es offenbar weniger turbulent zuging als in der sächsisch-weimaranischen Metropole.

In der ungarischen Akademie ging man nach einem strengen Ausleseverfahren vor, was bedeutete, daß Liszt pro Semester höchstens vier oder fünf Meisterschüler hatte. Bisweilen ließ er die Fay oder die Schmalhausen nachkommen, um den Budapester Studenten vorführen zu können, wie weit seine »Kinder« in Weimar in die Klaviertechnik vorgedrungen waren. Amy Fay: »Die plötzlichen Einladungen nach Budapest waren für mich und wenige andere Schüler Liszts stets ein Quell hellster Freude. Morgens traf das Brieflein ein, schon am Nachmittag waren wir auf dem Wege nach Ungarn. Dort eingetroffen, begrüßte uns der Meister wie vor langer Zeit Verlorene. Er besaß soviel Überschwang und Herzlichkeit, daß man darunter bisweilen zu ersticken drohte. Er scheute sich nicht, seine Soutane zu raffen und uns bereits auf dem Bahnhof herumzuschwenken. Dann führte er uns in der Akademie seinen ungarischen Schülern vor. Und er war stolz und zufrieden, wenn wir eine Leistung vollbrachten, die ihm ausreichend und den Zuhörenden geradezu phänomenal erschien. Ich glaube, daß das Niveau der musikalischen Ausbildung in Budapest damals nicht sehr hoch war, und wenn Liszt kam, hatte man alle Hände voll zu tun, ihm überhaupt Studenten vorzuführen, die soweit waren, daß der Meister ihre Künste überwachen konnte. Manchmal beklagte er sich über den Zustand; aber er faßte gleich wieder Mut, weil er daran glaubte, daß in seinem Volke soviel Begeisterung und Genie für die Sache ruhe . . .«

Liszt hielt in Budapest auch öffentliche Vorträge. Bei solchen Veranstaltungen war der große Saal der Akademie bis auf den letzten Platz gefüllt. Vor allem die Aristokratie fand an den »Liszt-Aktionen« Gefallen . . . und Spaß, denn der Meister hatte es sich angewöhnt, die Vorträge in ungarischer Sprache zu halten. Freilich radebrechte er gewaltig. Oft enthielten seine Sätze mehr französische oder deutsche Vokabeln als magyarische.

Einmal versuchte er verzweifelt, den Zuhörern klarzumachen, was eine Rondo-Form sei. Er redete und redete; aber niemand schien ihn so recht zu verstehen. Schließlich forderte er die Damen und Herren der ersten Reihe auf, sich zu erheben und auf das Podium zu treten. Er stellte sie so auf, daß jeweils hinter einem Mann eine Frau stand. Dann vertauschte er die Paare nach der mathematischen Ablaufformel des Rondos und erklärte dem Publikum, daß man sich so und nicht anders die thematischen Spezifica dieser Satzform vorzustellen habe.

Solche »Gesellschaftsspiele« behagten den Budapestern außerordentlich. Sie luden Liszt zu sich in die Villen und forderten ihn nicht selten auf, mit den Anwesenden Menuett, Branle, Contredanse, Française, Sonatenform oder Scherzo auszuführen. Ein paar Mal machte er den Spaß mit, dann erklärte er der Gräfin Andrassy, daß er weder ein Tanzmeister noch ein Lehrmeister der Akrobatik sei und daß die Engagements zu solch »makabren Zwecken« zu unterbleiben hätten.

Liszt: »Die Dame war versessen auf die Sonatenform, wobei sie es nie begreifen wollte, daß man die Reprisen nicht in beliebiger Zahl durchführen kann ...«

Carolyne bekam Wind von den Machenschaften und forderte ihren Ewig-Franzl per Eildepesche auf, sich wieder »männlich und distinguiert« zu benehmen. Seine Kindereien seien bereits im Vatikan Gegenstand von Unterhaltungen geworden.

Carolyne: »Wenn man Priester geworden ist, darf man nicht mehr das Rad schlagen wie ein Pfau ...!«

Übrigens hatte auch Marie d'Agoult von den Eskapaden Liszts in Budapest gehört. »Daniel Stern« schrieb mehrere Briefe, in denen sie den Freund »händeringend« bat, sich an seinen akademischen Auftrag zu erinnern und »das ruhmtötende Flanieren in heruntergewirtschafteten Salons« dringend zu unterlassen. Liszt schrieb zurück, daß er sich Einmischungen in sein Privatleben energisch verbäte. Er sei sich keiner Absprache bewußt, die ihr erlaube, mit ihm »in solch brisanter Art« zu korrespondieren.

Marie schickte ihm die Tochter ihrer Freundin ins Haus, die zauberhafte Agnes Klindworth, damit der Herr Abbé durch die Präsenz einer »tugendhaften und selbstsicheren« Jugendblüte abgelenkt und auf den Weg der Seriosität zurückgebracht werde. Liszt empfing die bildschöne Agnes aufs liebenswürdigste, hatte nach wenigen Tagen ihr Selbstvertrauen und schließlich auch ihre Tugend gebrochen. Die Jugendblüte rankte sich – wie er schrieb – am Stamm seiner reifen Männlichkeit empor »und ward zu einer wunderherrlichen Paradiespflanze«.

Der Garten Eden um den Abbé herum gedieh zu Weimar und Budapest wirklich prächtig. Die Moukhanoff-Kalergis und die geborene Gortschakow wurden von ihm besonders gehegt; Lina Schmalhausen fühlte sich in der Rolle des Hausmütterchens am wohlsten ...

Liszt tat alles dazu, seinen Ruf als Don Juan zu festigen. Er brauchte die Amouren; aber er brauchte noch mehr den belebenden Schülerkreis um sich herum. In den späten Weimarer Jahren wurde er zum größten Talententdecker aller Zeiten. Die Namenslisten seiner Schüler scheinen endlos. In seinen Papieren, die Ludwig Nohl zu einem Register ordnet, tauchen mehr als dreihundert Namen junger Menschen aus aller Welt auf. Er nimmt eine überaus sorgfältige Auslese vor; aber dennoch ist die Zahl der Pianisten, die aus seiner Schule hervorgehen und eine Weltkarriere machen, enorm hoch. In Weimar begründet er eine Tradition, die ihre Auswirkungen bis in die Gegenwart hat.

Liszt kümmerte sich nicht nur darum, daß seine Schüler klaviertechnisch weiterkamen, er machte sie auch mit dem Geist der »neuen« Musik vertraut, sprach mit ihnen über das Leben und die Lebensanschauung der Komponisten, über philosophische und ästhetische Probleme und versuchte, die Kümmernisse seiner Schützlinge zu beseitigen.

Grieg berichtet darüber, daß Liszt sich nicht scheute, ihm den Hosenboden zuzunähen, nachdem dieser während einer Rangelei mit Raff aufgerissen war.

Grieg: »Das alles hat für die Musikgeschichte keine Bedeutung, zeigt aber, wie sehr der gute Meister uns zugetan war, wie sehr er, der er Priester geworden war, Mensch blieb und Freund seiner armen Schüler. Ich war über diese kleine, nichtige Begebenheit, über diesen Fall von Nächstenliebe so gerührt, daß ich die betreffende Hose – scheltet mich, die ihr dieses lest! – nie mehr anzuziehen wagte.

Ich habe sie viele Jahre hindurch aufgehoben und wie einen heiligen Rock betrachtet. Vielleicht wird man einst sagen, der große Liszt hat dem kleinen Grieg das Zeug geflickt . . .!«

Amy Fay hatte überhaupt keine Lust, Terzen- oder Quarten- oder Quintengänge zu üben. Der Meister schimpfte über ihr schludriges Spiel. Amy reagierte auf seine Ermahnungen und Drohungen nicht im entferntesten. Sie lächelte ihn an, denn sie glaubte, daß ihr Lächeln soviel ausmachen würde, daß er besänftigt wäre und sie »in Gnaden« entlassen möchte. Mademoiselle hatte gefehlt! Liszt sperrte sie vier Tage in das Übungszimmer ein, ließ ihr Hirsebrei und Milch durch eine kleine Öffnung reichen und erklärte, daß sie aus ihrem Gefängnis erst wieder herausgelassen werde, wenn sie in der Lage sei, einwandfreie Terzen- und Quartengänge zu spielen. Zwei Tage lang bockte sie, dann übte sie Tag und Nacht. Und am vierten Tag war sie in der Lage, die Prüfung zu bestehen. Liszt begrüßte sie höchst belustigt am Frühstückstisch und stellte ihr ein Diplom aus: »Fräulein Fay hat durch die Kraft des Hirsebreis und durch die Stärkung gewöhnlicher Kuhmilch eine außergewöhnliche Meisterschaft im Klavierspiel erreicht. Sie ist in der Lage, Terzen-, Quarten- und Quintengänge in hervorragender Weise aufzuführen. Dieses bescheinigt Franz Liszt zu Weimar, den . . .«

Man erkennt aus diesen hübschen Episoden, in welcher Atmosphäre Liszt mit seinen Schülern wirkte. »Die Kunst ist dramatisch und schwerwiegend genug«, notierte er, »so daß es gut ist, wenn man den Weg zu ihr und zu ihrer Vollendung heiter und unbeschwerlich geht. Zwang tötet jede Initiative. Zwang inspiriert zu nichts. Wer aber gelöst, zufrieden, bemuttert und wohlversorgt an sein Werk geht, der wird es vollenden.«

Kein Wunder, daß seine Schüler ihn grenzenlos verehrten. Wagner, mit dem Liszt erst Anfang der siebziger Jahre wieder engeren Kontakt bekam, spöttelte: »Wozu ihm ein ehernes Denkmal setzen, da er doch von seinen unzähligen Jüngern bereits denkmalswürdig gemacht worden ist ... Er wandelt herum wie eine lebende Statue und nimmt an jedem Morgen die Huldigungen einer kniefälligen Menge entgegen.«

Was Wagner ironisch meinte, wurde von Carolyne als »unumstößliche Wahrheit« verkündet. Sie arbeitete mit Besessenheit an der Liszt-Legende. Das Bild eines vollkommenen Menschen und Priesters gedachte sie der Nachwelt zu überliefern. Sie sparte nicht mit Vorwürfen, wenn ihr eine »Schandtat« des Geliebten zu Ohren kam: »Sie tragen mit Leid, mit Schmerz, vielleicht mit Scham das Kleid der Miliz Jesu. Sie glauben die Uniform dessen zu tragen, was vergeht, was hinfällig geworden ist. Sie fühlen sich unglücklich, weil Sie an das gebunden sind, was Sie in Ihrer Jugend gelernt haben zu verachten, zu beklagen!«

Aufbrausend wendet sich Carolyne an Liszt, als sie erfährt, daß er mit Wagner reinen Tisch machen will, um dem »Glorreichen« Hilfestellung für seine Bayreuther Vorhaben geben zu können. »Fahren Sie dorthin, so ist es, als wenn sich Sankt Peter zu Judas Ischariot begibt!«

Der Torhüter

Liszt beschloß, seinen einundsechzigsten Geburtstag in Bayreuth zu feiern. Er hatte den Hilferuf Richard Wagners vernommen, der sich mit seinem Festspielunternehmen bereits mehrere Herzinfarkte eingehandelt hatte. Die Spenden für den Bau des Festspielhauses flossen spärlich; das Eintreten Liszts für die Sache mochte die Mäzene zu weiteren Zuwendungen ermuntern.

»Komm! Komme bald, mein Freund! Nur: Komm!!!«

Liszt kam.

Carolyne schäumte: »Sie gefeiert zu sehen von denen, die Jesum Christum in Worten und Taten verleugnen, die Böses tun, und sagen, daß sie Gutes täten – das wird ein schmerzliches Kapitel in Ihrer Biographie sein, da Sie sich ja selbst sagen müssen, daß Sie dieses Fest herausgefordert haben, indem Sie gerade in diesen Tagen Ihren Besuch in Bayreuth machen!«

Bülow schickte eine Eildepesche: »Warum diese Reise, Meister? Wollen Sie all Ihre Freunde nun gänzlich verraten? Was tun Sie? Unglückseliger!«

»Man benötigt mich als Torhüter ...«, schreibt Liszt an den Grafen Abranyi, der ihn eingeladen hatte, den Geburtstag in Budapest zu begehen. »... ich glaube, daß dieses in Bayreuth für mich eine Aufgabe ist, die das Schicksal an mich stellt. Ich habe für mein Heimatland die Krönungsmesse hinterlassen. Was hinterlasse ich denn für dieses Land, das ich ebenso schätze ...?«

Die Krönungsmesse von 1867 sah Liszt als sein »ungarisches« Hauptwerk an. Er hatte sie im Auftrage der Magnaten zur Krönung Kaiser Franz Josephs I. zum ungarischen König in der Budapester Matthiaskirche geschrieben.

Eine sonderbare Mischung aus prunkvoller Zeremonie und liturgischer Einfalt war mit diesem Werk entstanden, in dem Liszt auf den Gregorianischen Choral und die A-cappella-Kunst Palestrinas und Lassus' zurückgriff: Das Ganze natürlich eingekleidet in eine glänzende Instrumentation.

Damit glaubte er, dem ungarischen Volke »zur ewigen Genüge« gedient zu haben. »Was jetzt noch kommt«, erklärte er Carolyne, »muß vor allem in dem Bestreben liegen, das Einzigartige des Neuen zum Durchbruch zu verhelfen.« Mit anderen Worten: Richard Wagner beizustehen.

Liszt wußte, daß kein Opernhaus in deutschen Landen in der Lage sein würde, den kompletten »Ring des Nibelungen« so herauszubringen, wie Wagner es sich vorstellte. Und mit ihm war Liszt der Meinung, daß die Tetralogie niemals verschandelt und zusammengekürzt werden durfte, »da sonst die Menschheit nicht erfährt, was der eigentliche Sinn des Ganzen ist«.

Liszt wird von Wagner und Cosima abgeholt. Madame Wagner macht einen frostigen Eindruck. Sie fragt ihren Vater sogleich, ob er in der protestantischen Frankenstadt nicht die Soutane ablegen könne. Liszt muß die Kalesche bezahlen, da die Wagners ihre Portemonnaies vergessen haben. Der Tee ist sehr dünn, wie Liszt bemerkt. »Ich muß erst einmal die Speisekammern auffüllen!« Daß er sie auffüllt, nehmen die Wagners als Selbstverständlichkeit hin.

Beim ersten Abendessen kommt es zu einer lautstarken Auseinandersetzung. Cosima hat das »leidige« Thema angeschnitten: Der Sturz Frankreichs und Napoleons III., dem Liszt so wohlgesonnen war. Die Tochter fragt ihren Vater rundheraus, was er von dem Gedicht ihres Gatten halte, das dieser »An das deutsche Heer vor Paris« gerichtet habe.

Es ist ein schlechtes Gedicht: der Form und dem Inhalt nach. Liszt kennt es. Er windet sich hin und her, doch Frau Cosima verlangt unnachgiebig eine Antwort auf ihre Frage. »Es ist eines Richard Wagners nicht würdig, so etwas zu schreiben!« sagt Liszt.

Cosima wütend: »Aber es ist eines Franz Liszts würdig, mit dem Verbrecher Napoleon und der Hure Eugénie an einer Tafel zu sitzen ...!«

Liszt erhebt sich, will fortgehen. Wagner hält ihn zurück, redet auf den Schwiegervater ein, den er so notwendig braucht. Cosima sei überanstrengt, womöglich eine Fehlgeburt, Weiberhysterie, Launen, Schwächen ...

Liszt bleibt. Wagner schickt seine Frau hinaus, umarmt den Freund und bittet ihn inständig, für seine Sache einzutreten. Gemeinsam gehen sie die Rede zur Grundsteinlegung des Festspielhauses durch. Liszt hat Bedenken, vor allem bei den Stellen, da sich Wagner als Nationalist ausweist: »Dies aber ist das Wesen des deutschen Geistes, daß er sich von innen baut: der ewige Gott lebt in ihm wahrhaftig, ehe er sich auch den Tempel seiner Ehre baut ...«

Liszt erklärt, Wagner betreibe Mißbrauch mit dem Volksgefühl. »Bist du, Richard Wagner, nicht ein Mensch, der über den Völkern stehen muß?« fragt Liszt. »Warum ist Richard Wagner nichts als ein Deutscher? Ich dachte, er komponiere sowohl für die Franzosen als auch für die Engländer, Ungarn, Schweden oder Russen ...«

Der Kosmopolit Liszt kann den engstirnigen Nationalisten Wagner nicht begreifen. Was hat dieser Mann für einen Wandel durchgemacht: der Revolutionär von 1848, der Feuerbach, Bakunin und August Röckel nahestand, der Demokrat, der Sozialist ... und dann: der Königs- und Fürstendiener, der Nationalist, der Diktator ...

Liszt ist entsetzt. Nicht zuletzt auch darüber, daß den Wagnerkindern das »deutsche Wesen« mit allen Mitteln eingebleut werden muß. Die Gouvernante hat die Aufgabe, den Mädchen (Sohn Siegfried ist noch zu klein) auch die Geschichte der Habsburger vorzutragen. Cosima möchte ihre Töchter geistig in bestimmter Richtung vorgeprägt wissen, wenn die Deutschen sich anschicken sollten, Österreich – wie sie an den Fürsten Hohenlohe schreibt – »heim ins Reich« zu holen.

Liszt besteht darauf, in die »politischen Ergüsse« der Wagners nicht mit einbezogen zu werden. Sobald die Tischgespräche eine entsprechende Wendung nehmen, verläßt Liszt die Tafel und begibt sich in das Kinderzimmer oder in den Salon. An Carolyne berichtet er, daß er nicht selten »hungrig und wütend« aufgestanden sei.

Auch mit Franz Liszt als Aushängeschild gelingt es Wagner nicht, die fehlenden Summen für das Festspielhaus rasch genug einzutreiben. So muß der Plan fallengelassen werden, schon 1873 in Bayreuth Festspiele abzuhalten. Dazu kommt es erst im Sommer 1876. Am 13. August eröffnet man in Anwesenheit Kaiser Wilhelm I. mit dem »Rheingold«.

Liszt hat an vielen Proben teilgenommen. Er ist hingerissen von dem »Ereignis des Jahrhunderts«. Stundenlang plaudert er mit dem Tenor Albert Niemann, der Liszt »das gute Gewissen dieser Kunstschlacht« nennt.

Und dann ist es soweit. Bereits Stunden vor der Auffahrt ist Liszt wie im Fieber. Er sendet Wagner mehrere Depeschen: Liebes- und Dankeshymnen an den »Gott«, der solche Wunder schuf. Die vielen Majestäten, die am lieblichen Hügel empfangen werden, bemühen sich auffallend um den Abbé. »Er war ein Fürst unter Fürsten«, berichtet Niemann. »Und man überlegte, welche Gestalt mehr Eindruck machte, die des Deutschen Kaisers oder die Franz Liszts ...«

Cosima ist diese »Begaffung« ihres Vaters schon zuviel. Am liebsten würde sie ihn an den folgenden Abenden in Wahnfried zurücklassen. Als Liszt die Kutsche besteigt, die ihn zur Premiere des »Siegfried« hinauffahren soll, zischt sie ihm zu: »Den Clan der Fürsten laß für Richard! Bleibe bei denen, die für dich taugen!«

Neben Liszt sitzen dessen Schüler Conrad Ansorge und Bernhard Stavenhagen. Sie haben die Worte der Liszt-Tochter mit angehört. Sie müssen den Meister trösten, der kalkweiß im Gesicht zum Hügel hinanfährt und sagt: »Dieses Weib ist der Stachel zu meinem Ende!«

Und dennoch hält er aus. In der »Vossischen Zeitung« kann er die Worte lesen: »Über allem aber stand ein guter Geist, der in Person anwesend war: Franz Liszt. Wagner weiß, was er diesem Großartigen zu verdanken hat ... zumindest die Legitimierung seines wahnwitzigen Unternehmens ... Liszt war der eigentliche Held neben dem Komponisten.«

Kurz vor Beginn der Festspiele war Marie d'Agoult in Paris gestorben. Liszt erfuhr von ihrem Ableben aus der Zeitung. Als Stavenhagen und Ansorge ihm kondolieren wollten, wies er sie barsch zurück. Was ihn diese Frau angehe ... Eine merkwürdige französische Schriftstellerin, Daniel Stern geheißen ... Er wisse keinen Zusammenhang zwischen seinem Leben und dem ihrigen. Marie war die Mutter seiner drei Kinder. Ihr Tod berührte ihn nicht mehr tief; er vergoß keine Träne um ihretwillen und schrieb verächtlich an Carolyne: »Sie hatte im höchsten Grade und sogar leidenschaftlich Freude daran, falsch zu sein, ausgenommen gewisse Augenblicke der Ekstase, an die sie später nicht mehr erinnert werden wollte.«

Als Cosima äußert, sie wollten einen Gedenkgottesdienst für ihre verstorbene Mutter abhalten lassen, sagt Liszt brutal, sie möge lieber einen Scheiterhaufen entzünden und darauf alle Erinnerungen an die »Dame« verbrennen.

Cosima beschimpft ihn als Untier. Darauf Liszt: »Und du bist das Produkt deiner Mutter!«

Es ist erstaunlich, daß es Wagner immer wieder gelang, zwischen seinem Schwiegervater und Cosima zu vermitteln. Was den Tod Marie d'Agoults anbetraf, so versuchte Wagner Liszt davon zu überzeugen, daß er wenigstens in der Öffentlichkeit rüde Bemerkungen über die Verstorbene unterlassen möge. Außerdem erinnerte Wagner daran, welchen »Circus« Liszt jüngst in Weimar unternommen hätte, um die verstorbene Madame Moukhanoff zu würdigen ... ein Sonderkonzert, die Komposition einer Elegie ... Liszt verbietet Wagner, in seiner Gegenwart über Marie d'Agoult zu sprechen. Liszt: »Sie war das Diabolische meiner frühen Jahre!« Das sagt er und bekreuzigt sich sechsmal hintereinander – wie Stavenhagen bemerkt.

Liszt kam Jahr für Jahr zu den Festspielen nach Bayreuth, auch noch nach Wagners Tod im Jahre 1883. Zwischendurch besuchte er Carolyne und Hohenlohe in Rom, hielt sich am Hofe des Holländerkönigs Willem III. auf oder unterrichtete in Weimar. Die Jahre verliefen eintönig für ihn. Wo er auftauchte, machte man ihm heftige Elogen und feierte ihn mit Empfängen, Umzügen und Akademien; aber das alles sagte ihm wenig. Innerlich war er am Erlöschen. Die wenigen Kompositionen, die er noch schafft, zeigen durchweg Sprödigkeit und Motivarmut. Sie sind langatmig und vermögen kaum zu überzeugen.

Seit 1879 erschien er überall in einer purpurnen Soutane. Hohenlohe hatte es durchgesetzt, daß man ihn am 12. Oktober des Jahres zum Kanonikus von Albano ernannte. Es wurde aus diesem Anlaß »für ewige Zeiten« eine Messe gestiftet, die an jedem 2. April im Dom zu Albano gelesen wird.

Via crucis

Im Juli 1881 stürzt Liszt von der Treppe seiner Wohnung in der Hofgärtnerei zu Weimar. Ein Unfall? Die ärztlichen Berichte deuten eher darauf hin, daß ein leichter Schlaganfall die Ursache des Sturzes gewesen ist. Es zeigen sich nämlich vorübergehende Sprachstörungen und Lähmungen in der rechten Körperhälfte. Von diesem Unfall erholt sich Liszt nicht völlig. Carolyne rät ihm dringend, Weimar und das Unterrichten aufzugeben.

Die Fürstin: »Sie müßten doch wissen, daß Sie unter meiner Pflege am ehesten wieder hergestellt würden. Niemand auf der Welt wäre dazu besser geeignet . . .«

Bülow gibt Alarmzeichen: »Seine Unbehilflichkeit und körperliche – wie leider auch geistige – Schwäche ist in so hohem Grade Tag für Tag zunehmend, daß ihm ein wirkliches Malheur zustoßen könnte, wenn er sich selbst überlassen bliebe.«

Da sich Carolyne aus Rom nicht entfernen will, um ihn abzuholen, muß ihn seine Enkelin Daniela von Bülow in die Ewige Stadt begleiten, wo er seinen 70. Geburtstag feiern will. Daniela wird fortan sein »Schutzengel«. Sie begleitet ihn nach Torre Fiorentina, wo man mit Richard und Cosima Wagner zusammentrifft, und nach Bayreuth.

Die Uraufführung des »Parsifal«, an der Liszt 1882 teilnimmt, ist für ihn »die erhabenste Station einer Freundschaft«. Er sieht in diesem Werk nicht (wie Nietzsche oder Hanslick) die große Zurücknahme Wagners, sondern die Krönung einer »geistigen Laufbahn, die sich darin vollendete, daß sie an das Ende das Aufgehen in Religiosität und christlicher Symbolik setzte«.

Liszt sitzt an der Seite Wagners bei dem Festbankett, das im Anschluß an die Aufführung gegeben wird. Tränenüberströmt wendet sich der gefeierte Komponist an seine Gäste, und am Schlusse seiner Ansprache ergreift er die Rechte Liszts, zieht ihn hoch und sagt: »Als ich, um auf deutsch zu reden, ein ganz aufgegebener Mußjöh war, da ist Liszt gekommen und hat von innen heraus ein tiefes Verständnis für mich und mein Schaffen gezeigt. Er hat dies Schaffen gefördert, er hat mich gestützt, hat mich erhoben, wie kein anderer. Er ist das Band gewesen zwischen der Welt, die in mir lebte, und jener Welt da draußen. Daher sage ich nochmals: Franz Liszt lebe hoch!«

Im November des Jahres begleitete Daniela von Bülow Liszt nach Venedig, wo man zusammen mit den Wagners im Palazzo Vendramin wohnte.

Cosima hat nach wie vor wenig Nachsicht mit ihrem Vater, obwohl sie weiß, daß sein Gesundheitszustand alles andere als zufriedenstellend ist. Sie kritisiert ihn unablässig: Seine Hemden seien schmutzig, seine Fingernägel ungesäubert, sein Haar filzig, die Hacken an seinen Schuhen schief. Liszt-Schüler August Göllerich trägt die Schuhe des Meisters heimlich zum Schuhmacher und besorgt ihm außerdem ein Paar Hauspantoffeln, da die Füße Liszts stark anzuschwellen beginnen.

In Venedig beschließt Liszt, ein neues Oratorium zu komponieren. Es soll dem polnischen Heiligen Stanislaus gewidmet werden. Carolyne hat ihn zu dieser Komposition angeregt.

Mehrere Tage hindurch entwirft Liszt Skizzen zu diesem Werk, dann läßt er die Blätter von Daniela sammeln und zu einem Paket verschnüren, das er nie mehr öffnen wird.

Von seinem Fenster aus beobachtet er einen Trauerzug. Auf einer schwarzverhangenen Gondel steht ein Sarkophag; der Gondoliere singt eine wehmütige Melodie. Liszt ist von dieser Szene ergriffen. Er setzt sich nieder und komponiert in einem Atemzuge das Klavierstück »La lugubre gondola«.

Das Hauptthema dieser Elegie wird wenige Monate später in eine der merkwürdigsten Schöpfungen Franz Liszts übernommen, in die Musik »Am Grabe Richard Wagners«.

Der »Glorreiche« ist am 13. Februar im Palazzo Vendramin-Calergi in Venedig an einem Herzversagen gestorben. Liszt hält sich gerade in Budapest auf. Cosima läßt ihm keine Nachricht zukommen. Sie will ihn nicht an der Beisetzung im Garten der Villa Wahnfried teilnehmen lassen. »Ich will allen Groll aus meiner Nähe wissen, wenn ich mein Liebstes der Erde übergebe!« sagt sie zu Hermann Levi, dem Dirigenten der »Parsifal«-Uraufführung, der sofort nach dem Bekanntwerden des Ablebens von Wagner nach Bayreuth geeilt ist.

Daniela von Bülow muß Liszt beibringen, daß seine Anwesenheit in Bayreuth unerwünscht ist.

Liszts Antwort: »So lohnt man mir meine Freundschaft!«

Er begibt sich nach Weimar, und am Geburtstag Richard Wagners veranstaltet er ein Gedächtniskonzert. Er dirigiert die Musik »Am Grabe Richard Wagners«. Als das Konzert beendet ist, notiert er auf dem Deckblatt der Partitur folgende Worte: »Richard Wagner erinnerte mich einst an die Ähnlichkeit seiner Parsifal-Motive mit meinem früher geschriebenen ›Excelsior‹. Möge die Erinnerung hiermit verbleiben. Er hat das Große und Hohe in der Kunst unserer Zeit vollbracht! 22. Mai, 1883.«

Liszts Gesundheitszustand wird immer bedenklicher. Lina Schmalhausen, die junge Schülerin, ist es jetzt, die seine Pflege übernommen hat. Sie kümmert sich wenig darum, daß die Leute mit Fingern auf sie zeigen und sie als Priesterflittchen abtun.

Cosima schreibt ihrem Vater Drohbriefe: »Bist Du von Sinnen? Wie Du Dich benimmst in Deinem Alter...! Schandhaft, solche Skandale an der Schwelle des Todes!« Sie sagt und schreibt immer, was sie denkt; gleichgültig, ob sie ihre Adressaten damit beleidigt oder kränkt. Die Schmalhausen müsse sofort hinausgeworfen werden. Es gäbe Sanatorien, Pflegeheime ... Auf den Gedanken, selber für den Vater zu sorgen, kommt Cosima nicht.

Liszt behält »Linchen« bei sich, die sich wirklich mit Hingabe um den geliebten Meister kümmert.

»Sie soll ihm sogar die Füße waschen!« ereifert sich Cosima in einem Gespräch mit der Sopranistin Lilly Lehmann. Darauf die Sängerin: »Was ist so Negatives daran? Man könnte eine biblische Tugend darin sehen.«

»Man könnte!« giftet die Liszt-Tochter. »Aber man kann und darf nicht!«

Allmählich ahnt Liszt, daß seine Tage gezählt sind. Er konsultiert einen bekannten Internisten in Halle an der Saale, der eine »fortschreitende Wassersucht« und »grünen Star« feststellt. Er rät Liszt, seine Reisen einzustellen und sich im Süden niederzulassen. Doch der Meister denkt nicht daran, aufs »Altenteil« zu gehen. Er reist weiter durch die Welt, wird geehrt, umjubelt.

Am Weihnachtstag des Jahres 1885 tritt er zum letzten Male als Pianist vor die Öffentlichkeit: Er spielt in Rom in einem Konzert des Deutschen Künstlervereins seine 13. Rhapsodie. Es ist das erste und zugleich letzte Konzert des Abbés Liszt in der Ewigen Stadt.

Er besucht Venedig, Florenz und wird in Lüttich triumphal gefeiert. In der Seine-Metropole erlebt er eine großartige Aufführung der »Graner Messe« unter der Leitung Édouard Colonnes. Bis auf den letzten Platz ist die Kirche St. Eustache gefüllt. Der Erzbischof, der Staatspräsident ... »tout« Paris gibt sich die Ehre.

Die Presse ist freundlich gestimmt. »Es ist schon ein eigenartiges Erlebnis, den Mann unter uns weilen zu sehen, der dieses Jahrhundert der Musik so ungemein geprägt hat. Ein Monument, ein Weiser, ein Heiliger ... Er hat die Welt gekannt, die schönen Seiten des Lebens geliebt und aus allem seine Vita geschaffen. An ihm kann man ablesen, wie es in diesem Jahrhundert war«, schreibt »L'Ambassadeur«.

Das Oratorium muß in der folgenden Woche wiederholt werden. Charles Lamoureux und Sébastien Érard organisieren rasch drei Konzerte mit Lisztschen Werken. Bei jedem ist der Komponist anwesend und läßt sich wie einem Monarchen hulidgen. Zwischendurch kutschieren ihn Freunde zum Père Lachaise hinaus, wo er stumme Zwiesprache mit den Freunden hält, die ihm längst vorausgegangen sind: Chopin, Lesueur, Cherubini ...

Bernhard Stavenhagen hat die Sätze aufnotiert, die Liszt über jeden sprach:

»Chopin ... er war die Grazie und Melancholie dieses Jahrhunderts, Lesueur war der Vater des modernen Musikunterrichts, Cherubini war der eigentliche Zusammenführer der italienischen und französischen Musik, ein gestrenger Herr, aber ein gerechter ...« Am längsten verweilt Liszt vor der Gruft Rossinis. Er legt ein großes Gardenienkreuz nieder, bricht in Tränen aus und sagt voller Rührung: »Mein Freund, ich danke dir!«

Liszt nimmt Abschied. Er wird von der Exkaiserin Eugénie empfangen, die ihm von ihren Begegnungen mit Offenbach erzählt. Liszt bedauert, mit diesem »Mozart der Champs-Élysées« niemals zusammengetroffen zu sein.

Liszt: »Jetzt im Alter mache ich die Erfahrung, daß ich die heitere Muse beiseite gelassen habe. Offenbach, Johann Strauß ... Ich wünschte, ihnen im Himmel entgegentreten zu können. Und dann würde ich sagen: ›Seid mir gegrüßt, meine Brüder, ihr habt euren Lohn wie die gestrengen Meister der Tonkunst. Eure Musik hat einen größeren Gewinn als die der Ernsten. Sie hilft dem Menschen.‹ Ich hoffe, daß sie mir dann gut sein werden.« Kaiserin Eugénie läßt ihrem Gast ein Couplet aus der »Hochzeit bei der Laterne« von Offenbach vortragen. Er schenkt der jungen Sängerin, die für ihn singt, die Handschrift eines Liedes, das er gerade komponiert hat. Später wird die Dame eine der Zierden der Berliner Hofoper sein. Sie heißt Pauline Lucca. Von ihr stammt die folgende Beschreibung des greisen Franz Liszt:

»Gebückt, fast blind kam er zur Exkaiserin Eugénie zum Tee. Sein Priesterkleid war abgewetzt. Die Kaiserin mußte ihn führen. Sie hielt ihm die Tasse, die zu schwer für ihn geworden war und steckte ihm die Cakes in den Mund. Noch war sein Geist wach, aber sein Körper kränkelte. Es war rührend, wie die schwergeprüfte Monarchin sich um den berühmten alten Herrn bemühte. Sie hatte einen fast kindlichen Umgangston mit ihm, und hatte er etwas Liebes zu ihr gesagt, segnete er sie von Ferne und sie nahm seinen Gruß an ... Dann durfte ich ihm das Stück von Offenbach vortragen. Er hörte es mit viel Aufmerksamkeit und Freude an und bat am Schluß um eine Wiederholung. Dann winkte er mich zu sich heran. Ich mußte mich hinabbeugen und er gab mir einen Kuß auf die Stirn. Ich küßte ihm die Hände ...«

Von Paris aus reist Liszt mit Bernhard Stavenhagen nach

London, wo die Ehrungen für ihn nicht enden wollen. Königin Victoria holt ihn nach Windsor und ist anwesend, als in St. James Hall sein Oratorium »Die Legende der heiligen Elisabeth« aufgeführt wird.

In Antwerpen besucht Liszt mit Stavenhagen ein Konzert, in dem zwölf junge Pianisten Werke aus seiner frühen Epoche spielen. Jeder einzelne erhält von dem Meister ein Handschreiben und ein Bild. Dann geht es abermals nach Paris, wo Colonne im Trocadéro vor siebentausend Besuchern die »Heilige Elisabeth« dirigiert.

Die Reisen erschöpfen Liszt so, daß er bereits in Paris an vielen Tagen das Bett hüten muß. An Bülow schreibt er verzweifelt: »Ich weiß nicht, warum es so sein muß, aber ich fühle, daß diese Welt mich verläßt. Ich habe zu nichts Kraft mehr . . . ich werde verwandelt.«

Stavenhagen hat Mühe, ihn nach Weimar zu bringen. Lina Schmalhausen ist derweilen nach Budapest gefahren, um wichtige Angelegenheiten für den Meister zu regeln. Sie muß den Vorstand der Akademie um einen Vorschuß für Liszt bitten, weil dessen Mittel aufgebraucht sind.

Cosima Wagner: »Damen kosten Geld . . .«

Hans von Bülow: »Er hat die größten Opfer für andere gebracht. Er hat nie an sein eigenes Wohl gedacht, immer nur an das der anderen . . .«

Carolyne: »Der heilige Franziskus . . . In FL war er wiedererstanden. Er gab sein Letztes für die, die es weniger brauchten als er.«

Conrad Ansorge: »Ein Bettelmönch lebte sorgloser und splendider als Liszt. Fürsten bewirteten ihn, er speiste die, die nach Ruhm hungerten.«

Lina Schmalhausen erhält einen Brief nach Budapest, der sie veranlaßt, sofort nach Weimar zurückzukehren.

Liszt: »Meine Augenschwäche verschlimmert sich. Ich

kann jetzt nicht mehr lesen, und schreibe nur mit Anstrengung selbst meine überflüssigen Noten, wovon ich doch eine ziemliche Anzahl von Seiten vor meinem Ableben fertigbringen möchte ...« Er fordert sie auf, ihm mit großen Lettern zu antworten. Und er fügt hinzu: »Wenn möglich, kommen Sie auf ein paar Wochen nach Bayreuth ...«

Nach dorthin reist er im Juni des Jahres 1886, um an der Hochzeit seiner Enkelin Daniela von Bülow mit Henry Thode teilzunehmen. In der Frankenstadt leidet er unter dem feuchtwarmen Klima sehr. Eine Einladung seines Malerfreundes Munkácsy nach Luxemburg kommt ihm gelegen. »Dort ist das Klima sehr viel milder«, schreibt er an die Baronin Meyendorff. »Ich werde dort bis zum Beginn der Festspiele ausharren, dann nach Bayreuth zurückkehren und mich im Herbst einer Augenoperation unterziehen. Vielleicht sind Sie so freundlich und besuchen mich nachher bei der Kur zu Kissingen ...«

Bereits auf der Fahrt nach Luxemburg hatte sich Liszt eine Bronchitis zugezogen. Er nahm an einem Konzert teil, reiste dann aber sehr bald wieder nach Bayreuth zurück, »um denen nahe zu sein, bei denen ich sterben möchte«. Er dachte dabei an den verewigten Freund Richard Wagner, dessen Grabstätte für ihn ein Heiligtum geworden war. Er dachte an Daniela Thode, an Albert Niemann und Hermann Levi, an Conrad Ansorge und Bernhard Stavenhagen, die in Bayreuth weilten ...

Es war Cosima durchaus angenehm, ihren berühmten Vater zur Eröffnung der Festspiele präsentieren zu können. Nach dem Tode ihres Mannes war sie die Geschäftsträgerin und künstlerische Leiterin des gewaltigen Unternehmens geworden. Sie brauchte Publicity. Liszt konnte sie ihr am ehesten schaffen. Um so enttäuschter war sie, daß ihr Vater »total marode« in Bayreuth eingetroffen war. Sie ließ ihn in ein der Villa Wahnfried benachbartes Haus bringen, da sie die Anwesenheit eines Kranken während des Festivals in ihren Räumen für »nicht opportun« hielt. Als das Fieber am Eröffnungstage sank, bat Cosima ihren Vater händeringend, an einer Soirée im Hause Wahnfried teilzunehmen, da die Mäzene ihn unbedingt sehen wollten.

Er überstand den Empfang verhältnismäßig gut, obwohl einige Freunde bemerkten, wie er sich in seinem Sessel quälte. Albert Niemann: »Er griff dauernd in die Leere, als suche er einen Halt ... Niemand gab ihm den. Stattdessen reichte man ihm ein Champagnerglas nach dem anderen; er leerte sie in einem Zuge und war zum Schluß in einem Zustand zwischen Leben und Sterben.«

Cosima hielt es nicht für nötig, einen Arzt zu rufen. Erst auf das dringliche Ersuchen August Göllerichs, eines Schülers Liszts, wurde ein Stadtmedikus geholt, der eine beginnende Lungenentzündung konstatierte und zu absoluter Bettruhe riet. Abermals erschien Cosima. Der Vater möge sie nicht im Stiche lassen. Er müsse zum ersten »Parsifal« in die Familienloge kommen. Das Publikum verlange seine Anwesenheit. Liszt gehorchte, obwohl er von der Vorstellung kaum etwas hörte und sah. Zum »Tristan« am 25. Juli war es der Geist Wagners, der ihn – wie Cosima beschwörend berichtete – zum lieblichen Hügel befahl. Vor dem Geist des »Glorreichen« mußte Liszt kapitulieren. Er ließ sich anziehen und zum Festspielhaus fahren. Aber bereits vor dem letzten Akt sank er in Ohnmacht.

Man fuhr ihn in einer verdeckten Kalesche zu seiner Pension zurück, wo Lina Schmalhausen auf ihn wartete. Cosima warf sie hinaus. Eine Hure habe am Sterbebett ihres Vaters nichts zu suchen. Olga von Meyendorff wurde abgewiesen, ebenso Stavenhagen und Ansorge.

Liszt verlangte nach einer Flasche Champagner. Cosima erklärte ihm, daß er solcher Stimulantien nicht mehr bedürfe. Sie war hart zu ihrem Vater, der nur noch wenige Stunden zu leben hatte.

Längst bevor er den letzten Atemzug tat, erkundigte sich Cosima bei seinem Justitiar nach einem eventuellen Testament. Sie erfuhr, daß sie nahezu enterbt war.

In ihrem gekränkten Stolz warf sie nach der letzten Visite des Arztes die Tür zu dem Sterbezimmer zu und schrie: »Nun soll er doch ...!«, wie die Zeugen von Liszts Tod fassungslos zu berichten wußten.

Am 31. Juli kam das Ende. Qualvolle Krämpfe schüttelten den ausgemergelten Körper. Zwei Stunden vor dem letzten Herzschlag fiel Franz Liszt in Bewußtlosigkeit. August Göllerich saß zu seinen Füßen. Noch einmal hatten sich die Lippen bewegt. »Tristan ...!« hauchte der Meister, dann verschied er.

Cosima feierte derweilen mit Damen und Herren aus der Hochfinanz in Villa Wahnfried. Eine Hausangestellte überbrachte ihr die Nachricht vom Ableben ihres Vaters. Sie verzog keine Miene und ordnete an, daß der Gesellschaft nichts von dem »Vorfall« mitgeteilt wurde.

Am nächsten Morgen wurde das Sterbezimmer schwarz ausgeschlagen. Mehrere silberne Kandelaber mußten herbeigeschafft werden. Zu Liszts Haupt stand eine Wagner-Büste. Paul von Joukowsky, der Bühnenausstatter der ersten Festspieljahrzehnte, nahm die Totenmaske ab. Es wurde auch eine Fotografie von dem Verstorbenen gemacht. Ein katholischer Priester erschien, die Schüler und Freunde versammelten sich. Eine Trauermesse wurde gelesen. Cosima nahm an der Tür zum Sterbezimmer die Kondolenzen entgegen.

Sie beschloß, die sterblichen Überreste ihres Vaters auf

dem Stadtfriedhof beisetzen zu lassen. Allerdings erst nach dem großen Schlußfest der Festspiele, an dem sie teilnahm. Im Restaurant »Zum Frohsinn« verabschiedete sie ihre Künstler mit beschwingten Trinksprüchen. Sie überging den Tod ihres Vaters. Würdelos war sein Sterben, würdelos sein Begräbnis.

Fürstin Carolyne legte Protest ein. Vergebens! Die Franziskaner verlangten die Herausgabe des Leichnams ihres Bruders, um diesen nach Rom überführen zu können. Budapest meldete sich, der Großherzog von Weimar gedachte, ein Mausoleum zu errichten. Cosima lehnte ab.

Die Lisztianer in aller Welt waren empört.

Hans von Bülow schrieb an Carolyne von Sayn-Wittgenstein: »So bleibt er ein Heimatloser ... in Erde, die ihn nicht verdient hat.«

Die Fürstin, Liszts Universalerbin, starb ein halbes Jahr später. »Ihm nach ...!« waren ihre letzten Worte.

Ende

Anhang

Zeittafel

1811 Franz Liszt wird in Raiding im ungarischen Komitat Ödenburg geboren. Sein Vater ist Rentmeister beim Fürsten Esterházy.

1820 Liszt tritt erstmals in Ödenburg und Preßburg als Pianist auf.

1821 Übersiedlung der Familie nach Wien. Ungarische Magnaten haben ein Stipendium für Liszt ausgesetzt. Antonio Salieri und Karl Czerny übernehmen den Unterricht.

1822 Debut als Pianist in Wien.

1823 Liszt reist mit seinem Vater nach Paris. Er wird am Conservatoire durch Cherubini abgewiesen. Unterricht bei Ferdinando Paër und Antonin Reicha.

1824 Konzertreisen durch Frankreich und England. Uraufführung der Oper »Don Sanche«.

1826 Weitere Tournee durch Frankreich. Die »Études en douze exercises« entstehen.

1827 England-Tournee. Liszts Vater stirbt in Boulogne-sur-Mer. Liszt gibt Klavierstunden in Paris.

1828 Liaison mit Caroline de Saint-Cricq. Längere Krankheit.

1830 Kontakte mit den Saint-Simonisten. Erste Begegnung mit Hector Berlioz.

1831 Liszt hört Paganini und beschließt »Klaviervirtuose« zu werden.

1832 Liszt begegnet Frédéric Chopin. Konzerttätigkeit mit Berlioz in Paris. Liszt ist Trauzeuge bei der Hochzeit Berlioz' mit der Schauspielerin Harriet Smithson.

1834 Bekanntschaft mit George Sand. Die Liaison mit der Gräfin Marie d'Agoult beginnt.

1835 Liszt begibt sich mit Marie in die Schweiz. Tochter Blandine wird in Genf geboren.

1836 Wettstreit mit Sigismund Thalberg in Paris.

1837 Liszt und Marie in Nohant bei George Sand. In Bellaggio am Comer See wird Tochter Cosima geboren. Zusammentreffen mit Rossini in Mailand.

1838 Reise nach Venedig. Wohltätigkeitskonzerte für die Opfer einer Überschwemmungskatastrophe in Ungarn.

1839 Sohn Daniel wird in Rom geboren. Trennung von Marie. Liszt reist nach Ungarn.

1840 Tourneen durch Deutschland, Frankreich, Belgien, England und Italien.

1842 Liszt tritt mit großem Erfolg in Berlin auf. Bekanntschaft mit Charlotte von Hagn und Bettina von Arnim. Hofkapellmeister in Weimar.

1843 Konzertreisen. Aufenthalt auf der Insel Nonnenwerth.

1844 Endgültige Trennung von Marie d'Agoult.

1845 Teilnahme am Beethoven-Fest in Bonn.

1846 Marie d'Agoults Roman »Nélida« erscheint.

1847 Tournee durch Rußland. Erste Begegnung mit der Fürstin Carolyne Sayn-Wittgenstein. Aufenthalt in Woronice.

1848 Carolyne läßt sich mit ihrer Tochter Marie und Liszt in der Villa Altenburg bei Weimar nieder.

1849 Liszt dirigiert Wagners »Tannhäuser«. Wagner kommt nach Weimar und wird von Liszt nach Paris expediert. Uraufführung der Symphonischen Dichtung »Tasso«.

1850 Uraufführung der »Bergsymphonie« und des »Prometheus«. Am 28. August dirigiert Liszt die Uraufführung des »Lohengrin« von Wagner. Hans von Bülow kommt nach Weimar.

1852 Berlioz-Woche in Weimar. Liszt dirigiert u. a. Schumanns »Manfred« und den »Benvenuto Cellini«.

1856 Uraufführung der »Graner Messe«.

1857 Uraufführung des Klavierkonzerts in A-Dur, der Klavier-Sonate und der Symphonischen Dichtungen »Die Ideale«, »Héroide funèbre« und »Hunnenschlacht«.

1858 Uraufführung des »Barbiers von Bagdad« von Peter Cornelius unter der Leitung Liszts. Er legt sein Amt in Weimar nieder.

1859 Liszts Sohn Daniel stirbt in Paris.

1860 Carolyne läßt sich in Rom nieder, um ihre Scheidung durchzusetzen.

1861 Liszt läßt sich ebenfalls in Rom nieder.

1862 Liszts Tochter Blandine, verheiratete Ollivier, stirbt.

1865 Liszt empfängt die niederen Weihen. Er dirigiert in Budapest die Uraufführung seines Oratoriums »Die Legende der heiligen Elisabeth«.

1866 Liszts Mutter stirbt in Paris.

1867 Uraufführung der »Ungarischen Krönungsmesse« in Budapest.

1869 Liszt kehrt von nun an für einige Monate im Jahr nach Weimar zurück. Er wohnt in der umgebauten Hofgärtnerei. Schüler aus aller Welt.

1870 Cosima, geschiedene von Bülow, heiratet Richard Wagner.

1871 Liszt wird zum ungarischen Hofrat ernannt.

1873 Uraufführung des Oratoriums »Christus« in Weimar.

1875 Liszt wird Präsident der neugegründeten Musikakademie in Budapest.

1876 Marie d'Agoult stirbt in Paris. Liszt besucht die ersten Bayreuther Festspiele.

1877 Liszt wirkt beim Beethoven-Gedenkkonzert in Wien mit. Uraufführung von »Triomphe funèbre du Tasse«.

1881 Liszt erleidet einen Schlaganfall und stürzt auf der Treppe seiner Weimarer Wohnung.

1882 Liszt nimmt an der Uraufführung des »Parsifal« in Bayreuth teil.

1883 Liszt dirigiert in Weimar ein Gedenkkonzert für den verstorbenen Richard Wagner. Uraufführung der »Musik am Grabe Richard Wagners«.

1886 Reisen nach Budapest, Lüttich, Paris, London, Antwerpen und Luxemburg. Liszt stirbt am 21. Juli in Bayreuth an einer Lungenentzündung. Beisetzung auf dem Stadtfriedhof.

1887 Carolyne von Sayn-Wittgenstein stirbt am 8. März in Rom. Sie war Liszts Universalerbin.

Die Werke Franz Liszts

I Kompositionen

1. Tabellarische Übersicht

Gesamtsumme der veröffentlichten und nichtveröffentlichten Werke: 1233

Als Kompositionen zu seinen Lebzeiten gedruckt: 1122

a) 649 Originalkompositionen
(385 Originalwerke, 264 Transkriptionen dieser Werke)
Werke für Orchester 34

Werke für Gesang und Orchester 50
Werke für Gesang und Orgel 22
Werke für Gesang und Klavier 88
Werke für Männergesang ohne Begleitung 15
Werke für Klavier und Orchester 3
Werke für Violine und Klavier 2
Werke für Viola und Klavier 1
Werke für Cello, Harfe, Harmonium und Klavier 1
Werke für Orgel 5
Werke für Klavier zu zwei Händen 155
Werke für Klavier zu vier Händen 5
Werke für Sprecher und Klavier 4
Transkriptionen:
Werke für Orchester 7
Werke für Gesang und Orchester 9
Werke für Gesang und Orgel 9
Werke für Männergesang mit Trompeten, Posaunen und Hörnern 3
Werke für Frauenstimmen 5
Werke für Gesang und Klavier 57
Werke für Klavier und Orchester 1
Werke für Klavier und Violine 2
Werke für Orgel und Violine 2
Werke für Cello und Klavier 5
Werke für Klavier, Cello und Violine 1
Werke für Streichquartett 1
Werke für Flöte, Oboe, Klarinette, Fagott und Horn 3
Werke für Orgel 11
Werke für Klavier und Harmonium 1
Werke für zwei Klaviere zu vier Händen 14
Werke für Cymbal 1
Werke für Klavier, linke Hand allein 1
Werke für zwei Klaviere zu zwei Händen 7
Werke für zwei Klaviere zu acht Händen 4
Werke für Klavier 70
Werke für Klavier zu vier Händen 50

b) 442 Transkriptionen von Werken anderer Komponisten
Werke für Orchester 10
Werke für Gesang und Orchester 5
Werke für Klavier und Orchester 4
Werke für Klavier und Violine 1
Werke für Klavier, Violine, Viola, Violoncello und Kontrabaß 1
Werke für Orgel 14

Werke für »Piano et Vibrations« 2
Werke für zwei Klaviere zu vier Händen 12
Werke für Klavier 20
Werke für zwei Klaviere zu acht Händen 1
Werke für Klavier zu vier Händen 20
Werke für Sprecher und Klavier 1

c) Revidierte Ausgaben klassischer Werke 31

2. Übersicht nach den wichtigsten Titeln

a) Orchesterwerke: 13 Symphonische Dichtungen
Tasso. Lamento e Trionfo (1849)
Ce qu'on entend sur la montagne (1850)
Prometheus (1850)
Orpheus (1854)
Mazeppa (1854)
Les Préludes (1854)
Festklänge (1854)
Hungaria (1856)
Die Ideale (1857)
Héroide funèbre (1857)
Hunnenschlacht (1857)
Hamlet (1858)
Von der Wiege bis zum Grabe (1858, vollendet 1881/82)
Faust-Symphonie in drei Charakterbildern (1857)
Symphonie zu Dantes Divina Commedia (1857)
Zwei Episoden aus Lenaus Faust (1861)
Trois Odes funèbres (1860)

b) 17 Märsche

c) Werke für Klavier und Orchester (Auswahl)
Malédiction (1827)
Grande Fantaisie symphonique über Themen aus Berlioz' »Lélio« (1834)
Phantasie über Motive aus Beethovens »Ruinen von Athen« (zwischen 1848 und 1852)
I. Konzert in Es-Dur (1849)
II. Konzert in A-Dur (1839, Umarbeitungen bis 1861)
Totentanz (1849)
Bearbeitungen für Klavier und Orchester:
14. Ungarische Rhapsodie
Schuberts »Wanderer-Phantasie«
Webers »Polacca brillante« Opus 72

d) Klavierwerke (Auswahl)
Variationen über einen Walzer von Diabelli (1822)

18 Variationswerke in den Jahren 1824–25
Étude pour le Pianoforte en quarantehuit Exercises (nur 12 Etüden erschienen, 1826 bzw. 1851)
Scherzo (1827)
Grande Fantaisie de Bravoure sur la Clochette de Paganini (1832)
Apparitions (1834)
Années de Pèlerinage (neun Stücke, zwischen 1848 und 1853 aus Arbeiten des Album d'un voyageur von 1835/36 umgestaltet)
Deuxième Année: Italie (sieben Stücke, darunter die Dante-Sonate, entstanden zwischen 1835 und 1858
Venezia e Napoli (Anhang zum 2. Band, 1840–1859)
Troisième Année (sieben Stücke, 1867–77)
Grand Galop chromatique (1838)
Harmonies poétiques et réligieuses (zehn Stücke, darunter Nr. 4, »Pensée des morts«, eine Umarbeitung der »Harmonies«, 1845 bis 1852)
3 Études de Concert (1848)
Großes Konzertsolo (1848)
Consolations (1849)
I. Ballade Des-Dur (1849)
Scherzo und Marsch (1851)
Ab irato, Étude perfectionnement (1852)
Sonate h-Moll (1853)
Weinen, Klagen, Sorgen, Zagen, Präludium nach Bach (1859)
Variationen über dasselbe Thema (1862)
2 Legenden (1862)
2. Konzertetüden (1863)
2 Elegien (1874–77)
Sarabande und Chaconne aus dem Singspiel »Almira« von Händel (1879)
Div. Märsche, Tänze und Pièცen.

e) 19 Ungarische Rhapsodien, erschienen ab 1851

f) Orgelwerke (Auswahl)
Phantasie und Fuge über den Choral aus Meyerbeers Oper »Der Prophet« (1850)
Präludium und Fuge über den Namen BACH (1855/1870)
Variationen über den chromatischen Baß von Bachs Kantate »Weinen, klagen« (1863)

g) Vokalwerke (Auswahl)
Don Sanche ou le Château d'Amour, Oper (1825, Paris)
Die Legende von der Heiligen Elisabeth, Oratorium (1862)
Christus, Oratorium (1872)

Missa solemnis zur Einweihung der Basilika von Gran (1856)
Messe für vierstimmigen Männerchor und Orgel (1848, Neufassung 1869)
Missa choralis (1865)
Ungarische Krönungsmesse (1867)
Requiem (1868)
Div. Psalme
Sonnenhymnus des hl. Franziskus von Assisi (1874)
Legende »Die heilige Cäcilia« (1874)
Festkantate zur Enthüllung des Beethoven-Denkmals (1845) und Kantate zur Säkularfeier für Beethoven (1870)
Div. Chöre, darunter die zu Herders »Entfesseltem Prometheus« (1850/55)

h) Lieder (82)
Die Dichter der Lieder sind:
Goethe, Lamartine, Herder, Hugo, Schiller, Heine, Hoffmann von Fallersleben, David, Byron, Uhland, Lenau, Herwegh, Petrarca, di Todi, Tasso, Dante, Sénancourt, Shakespeare, Longfellow, Franz von Assisi, Rosa und Michelangelo.

i) Melodramen (6)

k) Transkriptionen
darunter:
Phantasie über Mozarts »Don Giovanni« (1841)
Phantasie über Verdis »Rigoletto« (1851)
Phantasie über Berlioz' »Symphonie fantastique« (1835/62)

II Die literarischen Werke Franz Liszts

1. Biographien
Frédéric Chopin (1850)
2. Essays
Zur Stellung der Künstler (1835)
Über zukünftige Kirchenmusik (1834/1842)
Über Volksausgaben bedeutender Werke (1836)
Über Meyerbeers »Hugenotten« (1837)
Über Thalbergs Opus 15, 19 und 22 (1837)
»An Herrn Professor Fétis« (1837)
Über Schumanns Opus 5, 11 und 14 (1837)
Paganini. Ein Nekrolog. (1840)
3. Dramaturgische Skizzen
Glucks »Orpheus« (1854)
Beethovens »Fidelio« (1854)
Webers »Euryanthe« (1854)

Beethovens Musik zu »Egmont« (1854)
Mendelssohns Musik zum »Sommernachtstraum« (1854)
Meyerbeers »Robert der Teufel« (1854)
Schuberts »Alphons und Estrella« (1854)
Aubers »Die Stumme von Portici« (1854)
Bellinis »Montecchi und Capuletti« (1854)
Boildieus »Die weiße Dame« (1854)
Donizettis »Favoritin« (1884)
Pauline Viârdot-Garcia (1859)
Kleine Zwischenaktmusik! (1855)
Mozart (1856)

4. Wagneriensien
Tannhäuser (1849)
Lohengrin. Über die erste Aufführung zu Weimar (1850)
Holländer (1859)
Rheingold. Zum 1. Januar (1855)

5. Zukunftsvisionen
Berlioz und seine »Harald-Symphonie« (1855)
Robert Schumann (1855)
Robert Franz (1855)
Sobolewski »Vinvela« (1855)
John Field und seine Nocturnes (1859)
Nachwort zu »Robert Franz« (1871)

6. Kritiken (Auswahl)
Zur Goethe-Stiftung (1850)
Der 100. Geburtstag des Großherzogs Karl August von Sachsen-Weimar (1857)
Dornröschen. Zu einem Gedicht von Genast und der Musik Joachim Raffs (1856)
Marx und sein Buch »Die Musik des 19. Jahrhunderts« (1855)
Kritik der Kritik (1858)
Ein Brief über das Dirigieren (1853, 1872)

7. Soziologisch-kritische Studien
Die Zigeuner und ihre Musik in Ungarn (1860/1883)
Musik in Wien (1861)

8. Übersetzungen
Musikalische Haus- und Lebensregeln von Robert Schumann

Diskographie

(Auswahl aus dem Angebot internationaler Schallplattenfirmen)

CBS

Années de Pèlerinage: Suisse: Nr. 6 Vallée d'Obermann, Vladimir Horowitz, Klavier CBS S 72 574

Années de Pèlerinage: Canzonetta del Salvator Rosa, Consolation Nr. 3, Des-dur, Konzert-Etüde Nr. 2, f-moll, Konzert-Etüde Nr. 3, Des-dur, Mephisto-Walzer, Notturno Nr. 3, As-dur, Opus 62, Ungarische Rhapsodie Nr. 2, cis-moll, Ungarische Rhapsodie Nr. 15, a-moll, Valse Oubliée Nr. 1. Fis-dur, Philippe Entremnont, Klavier, CBS S 61 221/222

Les Préludes, New Yorker Philharmoniker, Leonard Bernstein, CBS S 71 016

Sonate für Klavier h-moll, Nelson Freire, Klavier, CBS S 72 829

Totentanz für Klavier und Orchester (Paraphrase über »Dies irae«), Nelson Freire, Klavier, Münchner Philharmoniker, Rudolf Kempe, CBS S 72 713

Ungarische Fantasie für Klavier und Orchester, Philippe Entremont, Klavier, New Philharmonia Orchestra, Seiji Ozawa CBS S 72 981

Philips

Sämtliche Sinfonischen Dichtungen, London Philharmonic Orchestra, Bernaard Haitink, SAL 67 09 005 (6)

Praeludium und Fuge über den Namen Bach, Trauerode, Evocation à la Chapelle Sixtine, Tu es Petrus, Daniel Chorzempa an der Orgel des Konzerthauses »De Doelen«, Rotterdam, LY 6500 376 (18)

Sämtliche Konzertparaphrasen über Opern von Verdi, Claudio Arrau, Klavier, LY 6500 368 (18)

Benédiction de dieu dans la Solitude, Gnomenreigen, Waldesrauschen, Sonate h-moll, Claudio Arrau, Klavier, 65 00043

Klavierkonzerte Nr. 1 und 2, Svjatoslav Richter, London Symphony Orchestra, Kyrill Kondraschin, LY 835474

Electrola (EMI)

Csárdás obstiné, Alfred Brendel, Klavier, 1 C 053-92 175

Elegie auf Themen des Prinzen Louis Ferdinand von Preußen, Helene Salomé, Trio der Brühler Schloßkonzerte, SHZEL 58

Konzert für Klavier und Orchester Nr. 1, Es-dur, Cziffra, Philharmonia Orchestra London, André Vandernoot, 1 C 053-10 071

dto. – Edith Farnadi, Orchester der Wiener Staatsoper, Sir Adrian Boult, 1 C 045-90 350

dto. – Julian von Károlyi, Philharmonia Hungarica, István Kertész, 1 C 047-50 517

Konzert für Orchester und Klavier Nr. 2, A-dur, Cziffra, Philharmonia Orchestra London, André Vandernoot, 1 C 053-10 071

Mazeppa, Orchester der Wiener Staatsoper, Hermann Scherchen, 1 C 045-90-326

Orpheus, Mephisto-Walzer, Rhapsodie espagnol, Ungarisches Staatsorchester, Janós Ferencsik, 1 C 045-91 165

Ungarische Rhapsodie Nr. 1, f-moll, Symphonie-Orchester des Bayerischen Rundfunks, Leopold Ludwig, SHZE 176

Ungarische Rhapsodie Nr. 2, c-moll, Philharmonia Orchestra London, Herbert von Karajan, SHZE 150

Ungarische Rhapsodien für Klavier Nr. 3, 8, 17, 15, 2 und 12, Alfred Brendel, Klavier, 1 C 053-92 175

Anni di Pellegrinaggio, Aldo Ciccolini, Klavier, 063-10449

Études de Concert d'après Paganini, Werchowsky, Klavier CVC 2036

Grand Galop Chromatique, Cziffra, 30063 (Frankreich)

Semprini Plays Liszt, TWO 317 (England)

Lieder von Franz Liszt, Elisabeth Schwarzkopf, Sopran, Gerald Moore, Klavier, ASD 2634

dto. – HOM 1072

dto. – HLPS 25

Transcriptions for Piano, Alfred Cortot, HOM 1182

Deutsche Grammophon

Gloria in excelsis Deo, geistliche Chormusik aus der »Ungarischen Krönungsmesse«, Dirigent: Janós Ferencsik, mit Irén Szecsödy, Magda Tiszay, József Simándi, András Farago, DG 136 491

Ungarische Krönungsmesse, vollständige Aufnahme, Besetzung wie vorher, DG 138 668 SLPM

Ungarische Rhapsodie Nr. 6, Martha Argerich, Klavier, DG 138 672

Les Préludes, Ungarische Rhapsodie Nr. 2, Berliner Philharmoniker, Herbert von Karajan, DG 139 037 SLPM

Liebestraum Nr. 3, As-dur, Opus 62, Valse oubliée Nr. 1. Fis-dur, Stefan Askenase, DG 135 130

Les Préludes, Ungarische Rhapsodie Nr. 2, Klavierkonzert Nr. 1, Tamàs Vàsàry. Klavier, Bamberger Symphoniker, Felix Prohaska, Ferenc Fricsay, Richard Kraus, DG 135 138

Polonaise Nr. 2, E-dur, Tamàs Vàsàry, Klavier, 135 016

Der heilige Franziskus von Paula über die Wogen schreitend, Konzert für Klavier und Orchester Nr. 1, Es-dur, Konzert für Klavier und Orchester Nr. 2 A-dur, Paganini-Etüde Nr. 2, Es-dur, Tamàs Vàsàry, Klavier, Bamberger Symphoniker, Felix Prohaska, DG 138 055 SLPM

Präludium und Fuge über den Namen Bach, Karl Richter an der Steinmeyer-Orgel im Herkules-Saal, München, DG 138 906 SLPM

Mazeppa, Ungarische Fantasie, Ungarische Rhapsodien Nr. 4 und 5, Shura Cherkassky, Klavier, Berliner Philharmoniker, Herbert von Karajan, DG 138 692 SLPM

Decca

Faust-Symphonie, Werner Krenn, Tenor, L'Orchestre de la Suisse Romande, Ernest Ansermet, Decca Stereo SET 370–1

Hunnenschlacht, Orpheus, Mazeppa, Los Angeles Philharmonic Orchestra, Zubin Mehta, Decca SXL 6535

Liebestraum, Sonate h-moll, Valse obliée Nr. 1, Gnomenreigen, Berceuse, Clifford Curzon, Klavier, Decca SXL 21 079-B Hi-Fi

Les Préludes, Wiener Philharmoniker, Zubin Mehta, Decca SXL 21 157-B

Douze études d'execution transcendante Nr. 1, 2, 3, 5, 8, 10, 11, Gortschakoff-Impromptu, Mephisto-Walzer, Wladimir Ashenazy, Klavier, Decca SXL 21 222-B

RCA

Sonate h-moll, Arthur Rubinstein, Klavier, RCA LSC 2871-B

Funérailles, Au bord d'une source, Valse oubliée Nr. 1, Fis-dur, Rakóczy-Marsch, Ungarische Rhapsodie Nr. 6, Sonette del Petrarca Nr. 104, Ungarische Rhapsodie Nr. 2, Vladimir Horowitz, Klavier, RCA LM 25 84 – C

Telefunken

Les Préludes, Ungarische Rhapsodie Nr. 2, c-moll, Ungarische Rhapsodie Nr. 6 (Pesther Carneval), Fantasie über ungarische Volksweisen, Siegfried Stöckigt, Klavier, Gewandhausorchester Leipzig, Vaclav Neumann, Telefunken SAT 22507

Capitol

Ungarische Rhapsodie Nr. 2, c-moll, Leonard Pennario, Klavier, Hollywood Bowl Symphony Orchestra, Miklos Rozsa, SMK 1035

Die wichtigsten Schüler Franz Liszts

Vilma Abranyi-Varga, Budapest
Ida Bloch, Bremen
Anna Block, New York
Marianne Brandt, New York
Elisabeth Brendel-Trautmann, Dresden
Ingeborg von Bronsart-Stark, Weimar

Pauline Fichtner-Erdmannsdörfer, Moskau
Amy Fay, Chicago
Stephanie von Fryderycy, Wien
Anna Gáll, Budapest
Nadine von Schakovskoy-Helbig, Rom
Aline Hundt, Berlin
Marie Jaëll-Trautmann, Paris
Johanna Klinkerfues, Stuttgart
Wanda von Kontsky, Warschau
Marie Lipsius (La Mara), Leipzig
Laprunarède, Duchesse de (Adèle de Fleury), Paris
Elsa Levyson, Berlin
Hedwig von Liszt, Wien
Sarah Magnus-Heinze, Dresden
Sophie Menter-Popper, Itter
Henriette Mildner, Prag
Ida Nágy, Budapest
Irene Nobel, Budapest
Gizella Paszthory-Voigt de Leitersberg, Wien
Marie Pleyel, Brüssel
Lina Ramann, Nürnberg
Lina Schmalhausen, Berlin
Paula Söckeland, Hamburg
Ella Solomonson, Budapest
Elsa Sonntag, Dresden
Pauline Viârdot-Garcia, Paris
Ida Volkmann, Nürnberg
Johanna Zarembski-Wenzel, Brüssel
Eugen d'Albert, Eisenach
Friedrich Altschul, Budapest
Conrad Ansorge, New York
Franz Bendel, Berlin
Otto Bendix, Kopenhagen
Alexander Borodin, St. Petersburg
Karl-Franz Brendel, Leipzig
Hans von Bronsart, Leipzig
Hans von Bülow, Berlin
Hermann Cohen, Paris
Peter Cornelius, München
Bernhard Coßmann, Baden-Baden
Leopold Damrosch, New York
Felix Draeseke, Dresden
August Göllerich, Moskau
Adalbert von Goldschmidt, Wien
Salomon Jadassohn, Leipzig
Joseph Joachim, Berlin
Wilhelm Kienzl, Graz
Karl Klindworth, New York
Julius Kniese, Aachen
Louis Köhler, Berlin
Frédéric Lamond, Brüssel
Eduard Lassen, Weimar
Moritz Moszkowski, Berlin
Felix Mottl, Karlsruhe
Otto Neitzel, Köln
Arthur Nikisch, Leipzig
Ludwig Nohl, Heidelberg
Joseph Joachim Raff, Frankfurt
Eduard Reményi, Budapest
Julius Richter, Leipzig
Nikolaus Rimskij-Korssakow, St. Petersburg
Moritz Rosenthal, Wien
Joseph Rubinstein, Moskau
Nikolaus Rubinstein, Moskau
Camille Saint-Saëns, Paris
Emil Sauer, Hamburg
Xaver Scharwenka, Berlin
Alexander Siloti, Leipzig
Edmund Singer, Stuttgart
Friedrich Smetana, Prag
Bernhard Stavenhagen, Berlin
Karl Tausig, Berlin
Anton Urspruch, Frankfurt
Felix von Weingartner, Prag

Davon bezeichnete Liszt als seine Meister-Schüler:
Hans von Bülow
Karl Tausig

Franz Bendel
Hans von Bronsart
Karl Klindworth
Julius Richter
Ingeborg Stark von Bronsart
Sophie Menter-Popper
Aline Hundt
Pauline Fichtner-Erdmannsdörfer
Sarah Magnus-Heinze
Amy Fay

Quellen

1. Originalquellen

Tagebuchaufzeichnungen Adam Liszts, Liszt-Museum, Budapest, z. T. zitiert bei Ludwig Nohl: »Franz Liszt«, Leipzig 1883
Franz Liszts Briefe, herausgegeben von La Mara, Leipzig 1893–1904
Franz Liszts Briefe an Baron Anton Augusz, herausgegeben von Wilhelm von Csapo, Budapest 1911
Franz Liszts Briefe an seine Mutter. Aus dem Französischen übertragen und herausgegeben von La Mara, Leipzig 1918
Franz Liszts Briefe an Carl Gille, Leipzig 1903
Briefwechsel zwischen Wagner und Liszt, Leipzig 1919
Briefwechsel zwischen Liszt und Hans von Bülow, Leipzig 1898
Gesammelte Schriften von Franz Liszt, Leipzig 1880–1883
Briefe hervorragender Zeitgenossen an Liszt, herausgegeben von La Mara, Leipzig 1895–1904
Franz Liszts Briefe aus ungarischen Sammlungen 1835–1886. Gesammelt und erläutert von Margit Prahačs, Kassel 1966
Correspondance de Liszt et de sa fille Madame Émile Ollivier 1842 bis 1862, Paris 1936
Franz Liszt, Briefe an Marie d'Agoult, herausgegeben von Daniel Ollivier, Berlin 1933–1935
Daniel Ollivier: Autour de Mme. d'Agoult et de Liszt (Alfred de Vigny, Émile Ollivier, Princesse de Belgiojoso), Paris 1941
Richard Wagner: Briefe an Hans von Bülow, Jena 1916
Richard Wagner: Mein Leben, München 1911
Marie d'Agoult: Memoiren, Dresden 1928
Marie d'Agoult: (Pseudonym: Daniel Stern) »Nélida«, Roman, Paris 1846
Hector Berlioz: Literarische Werke, Leipzig 1903–1921
Peter Cornelius: Literarische Werke, Leipzig 1904
Giacomo Meyerbeer: Briefwechsel und Tagebücher, Berlin 1960–1970

2. Schriften von und über Zeitgenossen Franz Liszts

Richard Wagner: Sein Leben in Briefen. Herausgegeben von Carl Siegmund Benedict, Leipzig 1913

Friedrich Nietzsche: Schriften für und gegen Wagner, Leipzig 1924
Hans von Wolzogen: Erinnerungen an Wagner, Leipzig 1891
Judith Gauthier: Auprès de Richard Wagner, Paris 1943
Guido Adler: Wagner, Vorlesungen, Leipzig 1904
Wilhelm Kienzl: Richard Wagner, München 1904
Theodor von Bernhardi: Aus dem Leben Th. v. Bernhardis, Leipzig 1893–1896
Amy Fay: Musikstudien in Deutschland, Berlin 1882
Amy Fay: Tagebuchaufzeichnungen, Privatdruck, Chicago 1883
Gizella Paszthory-Voigt de Leitersberg: Tagebuchaufzeichnungen, Sammlung Máday, Budapest, handschriftlich, ca. 1898
August Göllerich: Franz Liszt, Berlin 1908
Ludwig Nohl: Franz Liszt, 2. Aufl., Leipzig 1886
Ferdinand Gregorovius: Römische Tagebücher, Stuttgart 1892
Eduard Hanslick: Concerte, Componisten und Virtuosen, 1870–1885, Berlin 1886
Adolphe Pictet: »Descriptions«, Genf 1872
Olga Janina: Souvenirs d'une Cosaque, Paris 1874
George Sand: Geheimes Tagebuch, Paris 1926
George Sand: Lelia, Leipzig 1893
George Sand: Briefe eines Reisenden, 3. Aufl. 1908, deutsch: Leipzig 1923
George Sand: Liszt, Essay, Manuskript, Sammlung Dudevant, Paris
Frédéric Chopin: Correspondance, Paris 1953–1960
Eugène Delacroix: Journal, Paris 1932
Heinrich Heine: Briefe, Mainz 1950–1952
La Mara: An der Schwelle des Jenseits. Letzte Erinnerungen an die Fürstin Carolyne Wittgenstein, Leipzig 1925
La Mara: Aphoristisches von Franz Liszt: Gespräche auf der Altenburg, Berlin 1912, Neue Rundschau
La Mara: Aus der Glanzzeit der Weimarer Altenburg, Leipzig 1906
La Mara: Liszt und die Frauen, Leipzig 1919
Rudolf Lehmann: Erinnerungen eines Künstlers, Berlin 1896
August Stradal: Erinnerungen an Franz Liszt, Berlin 1842
Cosima Wagner: Franz Liszt. Ein Gedenkblatt von seiner Tochter, München 1911
Ludwig Rellstab: Franz Liszt, Berlin 1842
Wendolin Weissheimer: Erlebnisse mit Wagner, Liszt und vielen anderen Zeitgenossen: Musikalische Exercitien, Stuttgart 1898
Alice Sokoloff: Cosima Wagner, Hamburg 1970
Casimir Carrère: George Sand, Düsseldorf 1970

3. Wichtige Bücher und Essays über Liszt

Béla Bartók: Liszt-problemak, Budapest 1936
Übertragung ins Deutsche: Liszt und Ungarn, Kassel 1953
Dorette Berthoud: Davila – fils de Liszt?, Neuchâtel 1956
Robert Bory: Une retraite romantique en Suisse, Paris 1930
Robert Bory: Liszt et ses enfants Blandine, Cosima, Daniel, Paris 1931
Jean Chantavoine: Liszt, Paris 1927
Frederick Corder: Ferencz Liszt, London 1925
János Hankiss: Wenn Liszt ein Tagebuch geführt hätte ..., Budapest 1966
Émile Haraszti: Franz Liszt, Paris 1967
Émile Haraszti: Liszt à Paris. Quelques documents inédits, in: La Revue musicale, 1936
Everett Helm: Franz Liszt in Selbstzeugnissen und Bilddokumenten,
Marcel Herwegh: Au printemps des Dieux, Paris 1929
James Huneker: Franz Liszt, London 1911
Julius Kapp: Franz Liszt, Berlin 1909/1927
Julius Kapp: Franz Liszt und die Frauen, Leipzig 1911
Julius Kapp: Das Dreigestirn Berlioz–Liszt–Wagner, Berlin 1919
Ludwig Kusche: Franz Liszt, München 1961
Ernest Newman: The man Liszt, London 1934, Neuaufl. 1969
Guy de Pourtalès: La vie de Franz Liszt, Paris 1926
Peter Raabe: Liszts Leben, Stuttgart 1931
Peter Raabe: Liszts Schaffen, Stuttgart 1931
Lina Ramann: Franz Liszt als Künstler und Mensch, 3 Bände, Leipzig 1880–1894
Arnold Schering: Über Liszts Persönlichkeit und Kunst, Leipzig 1926, in: Jahrbuch der Musikbibliothek Peters.
Bruno Schrader: Franz Liszt, Berlin 1921
Humphrey Searle: The music of Liszt, London 1954
Sacheverell Sitwell: Liszt, London 1934, Neuaufl. New York 1967
Hamburg 1972

Personenregister

Abranyi, Alexander Stefan Graf 275
d'Agoult, Charles Graf 89, 98, 102, 107 ff., 122
d'Agoult, Marie Cathérine Sophie Gräfin 87–91, 94–99, 102, 112, 114 ff., 121 ff., 125, 138, 140 f., 156, 160 f., 179 f., 191, 202, 206, 208, 232, 243 ff., 271, 279 f.
Albert, Herzog von Sachsen-Coburg und Gotha, Gemahl der englischen Königin Victoria 138
d'Albert, Eugen 16
d'Alembert, Jean le Rond 77
Andrassy, Hélène Gräfin 270
Andrassy, Graf 215, 218, 263
Angoulême, Marie Cathérine Herzogin von 105
Ansorge, Conrad 279, 288 ff.
Antonelli, Giacomo Kardinal 234 f.
Apponyi, Graf 49
Aremberg, Louise Herzogin von 77
Arnim, Bettina von 143 f.
Arnstein, Fanny 53
Askenase, Stefan 15, 17
Auber, Daniel François 73, 93

Bach, Johann Sebastian 20, 73, 76 ff., 136, 138, 175, 204, 255 f.
Baillot, Henri 34
Bakunin, Michail 278
Balzac, Honoré de 48, 70 ff., 76, 78
Bartók, Béla 14, 18 f.
Batthyány, Fürst 134
Baudelaire, Charles 230, 236
Beethoven, Ludwig van 13, 46, 52, 54 ff., 59, 63, 72, 80, 104, 123, 129, 140, 143, 147, 167, 173, 175, 181, 192, 204, 210 f., 214
Belgiojoso, Fürstin 93, 103 ff.
Bellini, Vincenzo 76, 78, 116, 167
Benckheim, Samuel Baron 132
Bennet, William Sterndale 198
Berlioz, Hector 16 f., 21, 63, 80 f., 83 f., 86, 89, 92 ff., 125, 167 ff., 171, 174 f., 181, 186, 213, 221, 230, 236, 268
Berry, Armande Louise Herzogin von 73, 76, 103
Bethmann 90 ff.
Bihary, Joczy 45 f., 47 ff.
Blessington, Sarah Lady 138
Bloch, Ida 21, 60
Block, Anna 21
Bory, Robert 17
Brahms, Johannes 195–201, 207, 213, 217, 239, 253
Brendel, Franz 198 ff., 214, 247, 255, 258, 260
Brown, Rosemary 9 ff.
Bülow, Baronin von 202 ff.

Bülow, Blandine von 207
Bülow, Cosima von, siehe Wagner, Cosima
Bülow, Daniela von 207, 282 f., 288 f.
Bülow, Hans von 173, 176 ff., 193 ff., 200–209, 238, 248, 250, 253, 255 f., 266, 268, 275, 282, 288, 292
Buonaparte, Jérôme 97 f.
Busoni, Ferruccio 11, 17 f., 20 f., 214
Byron, George Gordon Noël Lord 20, 42, 76, 127, 139, 219 ff.

Carolyne siehe Sayn-Wittgenstein, Carolyne Fürstin zu
Cessiat, Valentine Gräfin 160
Cherubini, Luigi 52, 57 ff., 62, 64, 77, 251, 286
Chopin, Frédéric 79 ff., 83 ff., 87, 89, 92, 97, 103, 114, 170, 180, 217, 228, 268, 286
Clementi, Muzio 49
Cohen, Hermann 99, 116
Colbrand 113
Colonne, Édouard 285 f.
Cornelius, Peter 13, 26, 139, 166, 172, 176, 194, 217, 219 f., 222, 227, 250 f.
Cramer, Heinrich 67, 79, 120
Czerny, Karl 49, 54 ff., 77

Dante, Alighieri 147, 209, 212
Daumier, Henri 79
Debussy, Claude 10 ff., 15, 128, 172, 247, 260
Delacroix, Eugène 87, 89, 104, 268
Devonshire, Herzog von 67
Diabelli, Anton 35 f., 46 f., 52, 54 ff., 120
Dingelstedt, Franz Freiherr von 165 ff., 174, 197, 221, 223 f., 226, 265
Doblinger, Karl 126
Donizetti, Gaëtano 16, 114, 116, 133, 167, 197
Draeseke, Felix 211 ff., 243, 252, 256
Duport, Louis 35

Eberscht, Juda 62
Ense, Rahel Varnhagen von 42
Érard, Sébastien 66 ff., 173, 286
Erdödy, Ferencz Graf 49
Erkel, Ferencz 18
Eskeles-Fließ, Madame 53, 57 f., 59, 62
Esterházy, Casimir Fürst 132
Esterházy, Nicolaus Fürst 35 ff., 38, 45, 49
Eugénie von Teba, Kaiserin von Frankreich 230 f., 236, 245 f., 277, 286 f.
d'Exelmans, Mademoiselle 116

Fauré, Gabriel 10
Fay, Amy 9, 21, 269 f., 273
Ferdinand I., Kaiser von Österreich 117, 120
Festetics, Marie Gräfin 132 ff.
Festetics, Stefan Graf 133
Feuerbach, Anselm 278
Field, John 43 ff.
Flotow, Baron Friedrich von 144, 197
Franck, César 63, 269
Franz Joseph I., Kaiser von Österreich 261 f., 276
Freud, Sigmund 15
Friedrich Wilhelm IV., König von Preußen 144 f.
Furtwängler, Wilhelm 14 f.
Galitzin, Marie Katharina Sophie Fürstin 145 f., 160

Georg IV., König von Großbritannien 67
Gershwin, George 11 ff.
Glinka, Michail Iwanowitsch 16, 147 f.
Gluck, Christoph Willibald Ritter von 42
Göllerich, August 290 f.
Goethe, Johann Wolfgang von 90, 128, 139, 143, 158, 164 ff., 174, 209 f., 213
Gortschakow, Prinzessin, siehe Meyendorff, Olga von
Gounod, Charles 63 ff., 230, 240, 261, 268
Granville, Lord 76
Gravina, Gilbert Graf 21
Grétry, André Ernest 92
Grieg, Edvard 269, 272 f.
Griffes, Charles Tomlinson 11
Gumprecht, Otto 227

Händel, Georg Friedrich 47, 175, 253
Hagn, Charlotte von 143 ff., 160
Halévy, Jacques Fromental 16, 127, 167
Halévy, Ludovic 127 f.
Hand, Ferdinand 46 ff.
Hanslick, Eduard 21, 198 f., 200 f., 227, 282
Haraszti, Emile 20
Haslacher, Julius 17
Haslinger, Tobias 118, 125
Haydn, Joseph 13, 34 f., 49, 92, 170, 253
Hegel, Georg Wilhelm Friedrich 123
Heim, Emilie 191
Heine, Heinrich 42, 87, 89 f., 126, 129 ff.
Helm, Everett 20
Herder, Johann Gottfried 164
Hérold, Louis Joseph Ferdinand 16, 167
Hiller, Ferdinand von 92, 137 f.
Hoffmann von Fallersleben, August Heinrich 176
Hohenlohe, Constantin von 229, 233
Hohenlohe, Gustav Kardinal von 232–235, 238 ff., 242 f., 245, 251, 253, 255, 257, 266 f., 280
Hohenlohe, Marie von 149, 155, 157, 172, 229, 233, 248 f.
Hünten, Franz 44
Hugo, Victor 76
Hummel, Johann Nepomuk 34 bis 38, 44–49, 52 ff., 67

d'Indy, Vincent 269
Iwanowsky, Carolyne von, siehe Sayn-Wittgenstein, Carolyne von

Janina, Olga Gräfin 235, 241 bis 245
Joachim, Joseph 21, 176, 196, 199
Joukowsky, Paul von 291

Kalergis, Comtesse, siehe Moukhanoff, Madame
Kalkbrenner, Christian 67 f.
Kant, Immanuel 76 ff., 158
Karl X., König v. Frankreich 90
Karl Alexander, Großherzog von Sachsen-Weimar 138, 185 f., 197, 221–224, 226, 265 ff.
Karl Friedrich, Großherzog von Sachsen-Weimar 23, 25, 152 ff., 155, 221
Kapp, Julius 17
Khevenhüller, Gräfin 121
Khevenhüller, Graf 53
Klengel, Julius Baron von 174 f.

Klindworth, Agnes 224 f., 271
Klindworth, Karl 176
Kodály, Zoltán 47
Kreutzer, Rodolphe 67, 80, 83 ff.
Kusche, Ludwig 20

Lalo, Eduard 13
Lamartine, Alphonse de 19, 171
La Mennais, Hugues Félicité Robert de 77 f.
Lamond, Frédéric 17
Lamoureux, Charles 286
Langlé, Honoré François Marie 80
Laprunarède, Adèle Gräfin 84 ff.
Laprunarède, Graf 84 ff.
Laroche, Hermann Augustowitsch 144
Lehmann, Lilli 285
Lenau, Nikolaus 248
Lesser, Amalaswinta Helene Armandine Cléparode Baronin von 62 ff., 66, 69
Lesueur, Jean François 80, 286
Levi, Hermann 289
Lichnowsky, Prinz Felix von 140, 142 ff., 145 ff., 150, 156, 159 f., 162
Ligne, Madame de 180
Liszt, Adam 21, 33–41, 44 ff., 49, 51, 54 ff., 57, 59, 61, 66, 68 ff.
Liszt, Blandine 93, 102, 191 f., 202, 205, 229
Liszt, Cosima, siehe Wagner, Cosima
Liszt, Daniel 61, 121, 191 f., 229
Liszt, Maria Anna 33, 35 ff., 38 ff., 44, 49, 63, 68, 74, 78, 85, 102, 122, 124, 129, 160, 179, 191, 206, 218, 229, 261
Louis Philippe, König von Frankreich 73 f., 79, 150
Lucca, Pauline 287
Ludwig I., König von Bayern 142
Ludwig II., König von Bayern 194, 209

MacDowell, Edward Alexander 269
Magnus-Heinze, Sarah 30
Mahler, Gustav 21, 83
Marialva, Charles Graf de 53
Marie Louise, Kaiserin der Franzosen 31
Marie Paulowna, Großherzogin von Sachsen-Weimar 23–29, 152 ff., 163 ff., 172 f., 184–188, 202, 221
Marschner, Heinrich 144
Méhul, Etienne Nicolas 63, 67
Mendelssohn-Bartholdy, Felix 42, 137 ff., 175, 225, 251, 253
Metternich, Fürst 51 ff., 57 ff., 120
Metternich, Pauline Fürstin 119 ff., 124, 135
Meyendorff, Olga Baronin von 263 f., 272, 289 f.
Meyerbeer, Giacomo 10, 16 f., 20, 42, 44 f., 46 f., 87, 127 f., 145, 167, 175, 180 f., 186, 220, 230, 246 f., 251, 257
Milhaud, Darius 10
Montaigne, Michel de 76
Montez, Lola 142 f.
Montmorency, Chlodwige de 93
Moscheles, Ignaz 44, 58, 60, 62 ff., 67, 79
Moukhanoff, Madame 263, 272, 280
Mozart, Leopold 40 f.
Mozart, Wolfgang Amadeus 13, 27, 40 ff., 46, 53, 65, 92, 115, 123, 167, 173, 175, 263
Munkácsy, Paul 270

Murat, Joachim, König von Neapel 79
Musset, Alfred de 100, 104, 180

Nagler, Ernestine 126
Napoleon I., Kaiser der Franzosen 31 f., 38, 59, 64
Napoleon III., Kaiser der Franzosen 230 f., 246, 248, 276 f.
Napoleon, Jérôme, Prinz 124
Naumann, Emil 197
Neumann, Philipp Baron von 119 ff., 124, 135
Newman, Ernest 20
Niemann, Albert 278 f., 289 f.
Nietzsche, Friedrich 255, 282
Nikolaus I., Zar aller Reußen 150 f.
Nohl, Ludwig 9, 21, 254, 272

Offenbach, Jacques 62, 231, 286 f.
Olbers, Wilhelm 30 f.
Ollivier, Emile 206
Orléans, Herzog von, siehe Louis Philippe, König von Frankreich
Oven, Alexander von 145

Paër, Ferdinando 64 ff., 67
Paganini, Niccolò 70 ff., 79, 81 f., 86, 161
Palestrina, Giovanni Pierluigi da 159, 225, 237
Pascal, Blaise 76
Pasta, Giuditta 114 ff., 267
Paszthory-Voigt de Leitersberg, Gizella 21, 39
Périgord, Fürstin 105
Pictet, Adolphe 93, 98 ff., 191
Planer, Minna 208
Pius IX., Graf Mastai-Ferretti, Papst 147, 218, 236 f., 239, 257
Potocka, Comtesse 93, 151
Poultry, François 124
Pourtalés, Eliza de 17, 70
Prinzessin Friedrich Karl von Preußen 136
Prokofieff, Serge 12
Pruckner, Dionys 176

Raabe, Peter 17 ff.
Rachmaninow, Serge 12 ff.
Raff, Joseph Joachim 175, 220, 252, 272
Ramann, Lina 17, 20
Ranzan, Herzogin von 86 f.
Ravel, Maurice 9 ff., 21, 247
Reicha, Antonin 62 ff., 65, 67
Reinthaler, Carl Martin 256
Reményi, Eduard 216 ff.
Ricordi, Giovanni 115
Ries, Ferdinand 41 f.
Ritter, Alexander 210
La Rochefoucauld, Vicomte de 80
La Rochefoucauld, Vicomtesse de 87
Röckel, August 278
Ronchaud, Louis de 110 f.
Roquette, Otto 249 f., 252
Rosas, Valentine de la Paz, Gräfin da 121
Rossini, Gioacchino 62, 83, 87, 89, 93, 95, 103, 105, 111, 113 ff., 167, 251, 268, 286
Rubini, Giovanni Battista 83
Rubinstein, Arthur 14, 21
Rubinstein, Joseph 131
Rückert, Friedrich 253
Ruziczka, Wenzeslaus 44

Sabbatil, Ferdinand 135
Sainte-Beuve, Charles 105
Saint-Cricq, Caroline de 74 f., 85

Saint-Géoffre, Ida Hélène Cillia de 93
Saint-Saëns, Charles-Camille 13
Saint-Simon, Claude Henri Comte de 77, 79, 234
Salieri, Antonio 38, 49, 54 f.
Sand, George 40, 48, 85 f., 91 f., 95 f., 98–102, 107–110, 116, 129, 138, 144, 150, 171, 202, 220
Sauer, Emil von 17
Sayn-Wittgenstein, Fürst zu 149, 155, 157, 163, 178, 209, 224, 229, 233, 235
Sayn-Wittgenstein, Carolyne Fürstin zu 18, 25 ff., 39, 45, 47, 56, 61, 122 ff., 130, 134, 148 ff., 151–156, 159, 161, 172 ff., 176 ff., 182, 184 ff., 190 ff., 195, 197, 201–205, 208 f., 214 ff., 219 f., 223, 225, 228–235, 237 ff., 243, 245, 248 f., 251 f., 253, 255 bis 261, 265 ff., 271, 274 f., 278 ff., 282 f., 288, 291 f.
Schiller, Friedrich von 90, 128, 164
Schindler, Anton von 46, 55
Schleiermacher, Friedrich Ernst Daniel 158
Schmalhausen, Lina 268 f., 272, 284 f., 288, 290
Schnorr von Carolsfeld, Malwina 250
Schober, Franz von 150
Schönauer, Therese 121
Schönberg, Arnold 12 f.
Scholz, Bernhard 199
Schorn, Adelheid von 233
Schubert, Franz 20, 52, 137, 147, 175
Schumann, Robert 23, 79, 86 f., 92, 108, 118 ff., 125 f., 136 ff., 167 ff., 175, 268
Schuppanzigh, Ignaz 34
Scott, Sir Walther 42
Serow, Alexander 145 ff.
Shaw, George Bernard 12
Shelley, Percy Bysshe 42 ff.
Sismondi, Sismondo de 93
Smithson, Harriet 83 ff.
Sobolewski, Eduard 26, 196 f., 200
Sophie, Großherzogin von Sachsen-Weimar 165, 174, 223, 265, 267
Spohr, Louis 20, 167
Stassow, Wladimir 146
Stavenhagen, Bernhard 17, 279 f. 286–290
Stein, Freiherr vom 42
Stern, Daniel (Pseudonym), siehe d'Agoult, Marie Gräfin
Strauß, Johann 30, 286
Strauß, Josef 30
Strauss, Richard 14, 83, 168
Szápáry, Graf 49

Talma 65
Taubert, Otto 197
Tausig, Aloys 176, 255, 260 f., 268
Teléky, Graf 47, 134, 216, 218
Thalberg, Sigismund 102–105, 268
Thode, Henry 289
Toulmon, Bottée de 59 f.

Vaughan Williams, Ralph 11
Verdi, Giuseppe 93, 167, 221
Verhulst, Heinrich 198
Victoria, Königin von Großbritannien 138, 287
Vogel, Bernhard 184
Vogt, Jean 198
Voltaire, François-Marie 76 f.

Waldenburg, Fürst zu 37
Wagner, Cosima 13, 17, 115, 179, 189, 191 f., 202–209, 229, 240, 247, 254 f., 276–280, 282 bis 285, 289 ff.
Wagner, Richard 12 ff., 20, 23 ff., 27 ff., 82 ff., 128, 161, 166 ff., 174 f., 180–194, 198, 201, 207 ff., 211, 214, 220–223, 225, 230, 236, 239, 246 f., 250, 254 f., 258, 260 f., 266 f., 274–280, 282 ff., 289 f.
Weber, Carl Maria von 20, 84, 86, 104, 167, 175
Weigl, Joseph 56
Wesendonk, Otto 191
Wieck, Clara 118 f., 167
Wilhelm I., Deutscher Kaiser 278
Willem III., König der Niederlande 280
Winter, Peter von 44, 58
Wolf, Hugo 10
Wüerst, Richard 198

Zichy, Baron 133